LA SCIENCE DES PHILOSOPHES

ET

L'ART
DES THAUMATURGES
DANS L'ANTIQUITÉ

PAR

Albert de ROCHAS

ANCIEN MEMBRE DU CONSEIL D'INSTRUCTION DE L'ÉCOLE
POLYTECHNIQUE

> « Tout ce que les plus subtils et ingé-
> nieux d'entre les hommes peuvent faire
> en imitant la nature, a coustume d'estre
> compris sous le nom de magie, jusques à
> ce que l'on ait découvert les divers res-
> sorts et moyens qu'ils pratiquent pour
> venir à bout de ces opérations extraordi-
> naires. »
> (NAUDÉ. *Apologie pour les grands
> hommes accuses de magie*,
> chapit. IV).

PARIS

G. MASSON, ÉDITEUR

LIBRAIRE DE L'ACADÉMIE DE MÉDECINE

120, BOULEVARD SAINT-GERMAIN, 120

—

1882

*Tiré à 220 exemplaires, dont 20 sur papier
à la cure de Renage.*

LA SCIENCE DES PHILOSOPHES

ET

L'ART
DES THAUMATURGES
DANS L'ANTIQUITÉ

PAR

Albert de ROCHAS

ANCIEN MEMBRE DU CONSEIL D'INSTRUCTION DE L'ÉCOLE
POLYTECHNIQUE

> « Tout ce que les plus substils et ingénieux d'entre les hommes peuvent faire en imitant la nature, a coustume d'estre compris sous le nom de magie, jusques à ce que l'on ait découvert les divers ressorts et moyens qu'ils pratiquent pour venir à bout de ces opérations extraordinaires. »
>
> (NAUDÉ. *Apologie pour les grands hommes accusés de magie*, chapit. IV)

PARIS

G. MASSON, EDITEUR

LIBRAIRE DE L'ACADÉMIE DE MÉDECINE

120, BOULEVARD SAINT-GERMAIN, 120

1882

PRÉFACE

'HISTOIRE nous a conservé le souvenir d'un certain nombre de faits présentant tous les caractères de la certitude et qui ont semblé prodigieux à ceux qui en ont été les témoins.

Ces faits peuvent se diviser en deux classes. Les uns sont dûs à des causes que nous ignorons encore : les autres ne sont que des conséquences plus ou moins singulières des lois physiques connues.

A mesure que la science progresse, le nombre des premiers diminue et l'intérêt qui s'attache à leur étude augmente.

Cette étude, je ne veux point l'aborder directement, mais je me propose de la faciliter en délimitant le domaine qu'elle doit embrasser. Pour cela, il convient de procéder à un travail d'élimination et de rechercher quelles furent, aux différents âges de l'humanité, les ressources que la science présenta aux thaumaturges.

Les Grecs nous ont laissé sur ce sujet un certain nombre de documents précis dont les plus importants sont aujourd'hui encore à peine connus, aussi bien de ceux qui se sont occupés de l'histoire des sciences physiques que de ceux qui ont écrit sur la magie; ce sont ces documents que je vais présenter au public.

Après une introduction contenant un exposé sommaire des progrès des sciences physiques dans l'antiquité et de l'influence exercée, sur les savants de la Renaissance, par les traditions de l'école d'Alexandrie, je donne la première traduction française des *Pneumatiques* de HÉRON et de PHILON.

Une seconde publication renfermera des extraits de la *Catoptrique* d'HÉRON, des *Automates* du même auteur, d'un chapitre des *Philosophumena* de SAINT HIPPOLYTE relatif aux mages, ainsi que quelques détails sur les prodiges rapportés par les anciens auteurs sacrés ou profanes. Enfin, dans une *Conclusion*, j'essaierai d'établir parmi ces prodiges la distinction dont j'ai parlé au début de cette préface.

INTRODUCTION

CHAPITRE PREMIER

Notions sommaires sur l'histoire de quelques parties des sciences physiques dans l'antiquité.

’ANCIENNES traditions nous montrent la science concentrée presque toute entière au sein des temples de l'Egypte et de l'Asie. Il y avait là des foyers de lumière qui, cachés sous le voile épais de l'initiation, se sont éteints sans avoir projeté d'autres lueurs sur l'ancien monde que quelques rayons qui ont éclairé la Grèce. En même temps et dans les mêmes contrées, les esclaves se transmettaient de génération en génération, avec ce dévouement haineux propre aux races persécutées, des procédés industriels, souvent égaux, quelquefois supérieurs aux nôtres ; nous

pouvons les constater par leurs produits que le temps a respectés, mais nous en ignorons complètement l'origine.

Environ six siècles avant notre ère, **Thalès**, de Milet, alla étudier chez les prêtres de Memphis et de Thèbes et rapporta dans les colonies helléniques de l'Asie mineure quelques unes des doctrines orientales. Il fonda dans sa patrie la plus ancienne école philosophique de la Grèce, l'*École Ionique* où l'étude de la nature par la méthode expérimentale joua le principal rôle ; aussi ses disciples furent-ils souvent désignés dans l'antiquité sous le nom de φυσικοί.

D'après Thalès, il n'y avait dans l'ordre moral qu'un petit nombre de principes bien connus, tandis que ceux de l'ordre physique étaient pour la plupart ignorés ; l'homme devait les rechercher par l'observation des phénomènes et se servir de leur connaissance pour se guider dans la vie. La tradition a, pour ainsi dire, personnifié ses tendances en nous rapportant qu'il calcula l'arrivée d'une éclipse totale de soleil et prédit une abondante récolte d'olives.

Il connaissait les effets de l'aimant et de l'ambre frotté, et les attribuait à une âme particulière contenue dans ces corps.

D'après lui, la terre était ronde, reposait sur la surface d'un liquide tel que l'eau et occupait le centre du monde formé par les étoiles qui circulaient autour d'elle.

Pythagore, né en 592 dans l'île de Samos non loin de Milet, reçut une première instruction chez les prêtres de Sidon, qui devaient avoir des connaissances étendues sur tout ce qui touche à la marine ; puis il se rendit en

Egypte, non en simple particulier mais en ambassadeur,
auprès du roi Amasis dont il sut s'attirer l'amitié. Re-
commandé par ce prince aux différents colléges sacerdo-
taux, il paraît avoir été initié aux mystères les plus élevés.
Il fut fait prisonnier avec beaucoup d'autres prêtres,
lorsque Cambyse envahit l'Egypte, et emmené en captivité
à Babylone, où il vécut douze ans. Echangé en 513, il revint
dans sa patrie et alla s'établir dans les colonies Grecques
du sud de l'Italie, où il fonda une école, dite *Italique* ou de
Samos.

Pythagore ne dédaignait point l'étude des phénomènes
naturels, et c'est à lui qu'on doit la première expérience
de physique dont l'histoire fasse mention : la détermi-
nation des poids de divers marteaux qui, en frappant sur
une enclume, produisent des sons en rapports musi-
caux. Il avait en mathématiques des connaissances très
étendues; on lui attribue la découverte du théorème du
carré de l'hypothénuse. Il aurait, dit-on, puisé en
Egypte la connaissance de l'immobilité du soleil et du
mouvement de la terre, vérité qui ne fut dévoilée que 200
ans après par Philolaüs, un de ses disciples. Mais, imbu des
doctrines de l'Inde sur la transmigration des âmes et versé
peut-être dans les pratiques d'évocations qui ont refleuri
de nos jours, il porta plutôt les efforts de son génie
sur les recherches relatives à l'harmonie générale des
mondes. Aussi la tradition nous le représente-t-elle
comme un maître dans l'art des thaumaturges et des
sorciers.

Pendant près de 300 ans, il sortit de *l'école Ionique et
de l'école Italique,* une foule de traités qui ne nous sont
plus, malheureusement, connus que par des citations
plus ou moins exactes, disséminées dans les écrits d'Aristote, de Plutarque, de Cicéron, de Sextus-Empiricus,

d'Origéne, de Porphyre, de Saint Augustin, de Simplicius, etc., etc. (1).

Vers le milieu du IVe siècle, avant notre ère, leurs doctrines avaient pour principaux représentants : DIOGÈNE d'Apollonie, ANAXAGORAS de Clazomènes et ARCHELAUS de Milet, disciples de Thalès ; HÉRACLITE d'Ephèse, EMPÉDOCLE d'Agripente, LEUCIPPE et DÉMOCRITE d'Abdère, élèves plus ou moins directs de Pythagore.

Chacun de ces philosophes avait ses idées particulières sur la métaphysique et l'origine des mondes, mais leurs théories sur la composition des corps, différaient peu les unes des autres ; je vais les exposer sommairement par école (2).

---

(1) Tous ces auteurs étaient des philosophes, c'est-à-dire des gens n'ayant sur la science que des idées générales ; de plus, ils vivaient bien longtemps après les physiciens de la Grèce. Leur incompétence seule suffisait à les exposer à beaucoup d'erreurs ; qu'on juge de ce que cela a dû être quand il s'est agi de résumer des expériences ou des théories obscurcies à dessein et écrites dans une langue tombée en désuétude. Il ne faut pas oublier non plus que les physiciens écrivaient en vers, qu'ils chantaient les merveilles de la nature et qu'ils cherchaient avant tout à frapper l'esprit de leurs auditeurs par la grandeur des pensées et la mélodie des mots. Bien souvent on a pris leurs figures et leurs comparaisons pour des réalités.

L'Egypte avait deux écritures, l'une pour les profanes, l'autre pour les initiés. Tout, du reste, ne s'écrivait pas ; il y avait certaines parties de la science que l'on ne pouvait apprendre que de la bouche du maître. Aristote en divulgua quelques-unes dans ses livres et Alexandre lui en fit le reproche ; mais le philosophe répondit qu'il avait écrit d'une façon assez obscure pour qu'il n'y eut pas lieu de craindre de voir se répandre ces mystères.

(2) Voir pour l'indication des sources : HOEFER, *Histoire de la Chimie.*

ECOLE IONIQUE

L'air est le principe de tout, c'est de l'air que les poissons respirent dans l'eau, et, s'ils meurent dans l'air, c'est qu'ils en respirent trop à la fois et qu'il y a mesure à tout. L'air est la source de toute vie et de la pensée elle-même, car l'homme et les êtres vivants ne vivent que parce qu'ils respirent. Toute vie, toute pensée cesse au moment où la respiration s'arrête.

Tout est dans tout ; chaque atôme est un monde en miniature. Nous mangeons des aliments qui nourrissent les muscles, le sang, les os, en un mot toutes les parties du corps. La nutrition serait-elle possible s'il n'y avait pas dans ces aliments des molécules ($\mu\acute{o}\rho\iota\alpha$) identiques avec celles dont se composent les muscles?

Les corps composés peuvent être réduits par l'analyse à leurs éléments ou particules similaires ($\dot{o}\mu\omega\iota\omega\mu\acute{e}\rho\iota\alpha$); mais ces éléments sont insécables et indestructibles, il s'ensuit que le nombre des homéoméries ne peut être augmenté ni diminué. La quantité de matière dont se compose le monde demeure donc constante quelles que soient les transformations qu'on y remarque.

C'est par une erreur de langage que la composition ($\sigma\acute{u}\gamma\kappa\rho\iota\sigma\iota\varsigma$) et la décomposition ($\delta\iota\acute{\alpha}\kappa\rho\iota\sigma\iota\varsigma$) des corps sont appelées naissance et mort.

Il n'y a pas d'espaces vides ; les intervalles ($\pi\acute{o}\rho\omicron\iota$) qui séparent les molécules sont, non pas vides, mais remplis d'air.

Les plantes sont des êtres vivants, doués d'une véritable respiration.

L'air possède les semences de tous les êtres et ces semences, précipitées par l'eau, engendrent les plantes.

Le soleil est un globe de feu, la lune a des montagnes et des vallées, une mer et un continent ; elle est habitée. Les aérolithes tombent du soleil.

La vision est produite par une infinité de rayons qui, projetés par l'œil, vont, comme autant de bras invisibles, tâter et saisir les objets perçus.

ECOLE ITALIQUE.

Le feu est le principe de tout ; c'est la force primordiale d'où découlent tous les phénomènes physiques.

Le soleil et les astres sont des matières aériformes en ignition ; la terre a été elle-même en ignition autrefois.

Il y a dans la nature, outre le feu, principe actif par excellence, trois corps : l'air, l'eau et la terre, qui sont la base de tous les autres. Ces quatre corps élémentaires (στοιχεῖα) ne doivent pas être considérés comme les dernières molécules immuables et indécomposables de la matière. L'expérience apprend, en effet, qu'ils peuvent être modifiés ; la terre se change en eau, l'eau en air et l'air en feu, et inversement.

Le feu tire son aliment des parties subtiles de l'air comme l'eau tire son aliment de la terre.

Ces éléments sont composés d'une multitude de particules très petites, indivisibles, qui sont les vrais éléments de la nature et que l'on appelle pour cela atomes (ἄτομα) c'est-à-dire insécables.

Les atomes sont tous semblables entr'eux dans le même élément, mais ceux d'un élément ne sont point semblables à ceux d'un autre, puisque les atomes de l'air se combinent avec ceux de l'eau pour donner naissance à tel ou tel corps et ainsi des autres. Ils sont variables non-seulement en grosseur mais en poids.

La matière contient des pores ou intervalles vides (κοῖλα) qui favorisent les mouvements des atomes, les uns par rapport aux autres ; l'expérience montre, en effet, qu'un vase rempli de cendre peut contenir en même temps le même volume d'eau, que le vin peut être comprimé dans une outre, etc.

L'affinité ($\varphi\iota\lambda\iota\alpha$) et la répulsion ($\nu\varepsilon\tilde{\iota}\kappa\circ\varsigma$) président aux phénomènes de composition et de décomposition de la matière. Les particules homogènes s'attirent et se combinent, les particules hétérogènes se repoussent et se désagrègent.

Les atomes étant impénétrables, chaque atome résiste à celui qui veut le déplacer ; cette résistance donne lieu à un mouvement vibratoire ($\pi\alpha\lambda\mu\acute{o}\varsigma$) qui se propage de proche en proche. C'est ainsi que se communiquent tous les mouvements du monde.

Le monde physique actuel ($\kappa\acute{o}\sigma\mu\circ\varsigma$) est la réunion de toutes les combinaisons produites par les éléments simples; à l'origine des choses, ces éléments n'étaient point combinés et constituaient le cahos ($\pi\circ\lambda\lambda\acute{\alpha}$).

Les objets lumineux émettent en ligne droite et dans tous les sens, une infinité d'images qui sont comme des pellicules enlevées de l'extrême surface des corps et produisent le phénomène de la vision quand elles frappent les corps. Ces images s'appelaient : idoles, simulacres, effigies, spectres, etc.

Voici un passage cité littéralement d'**Empédocle** par Aristote dans son traité sur la respiration. Il était en vers et décrit l'instrument qu'on appelle aujourd'hui dans les cabinets de physique, *Crible d'Aristote* ; il donnera une idée du style scientifique à ces époques reculées :

« Ainsi quand une jeune fille s'amuse avec des clepsydres en airain bien travaillé, tantôt plaçant sous sa main adroite le trou du tuyau, elle enfonce le vase dans le corps léger de l'eau argenté ; mais le liquide n'entre pas dans le creux du vase, il est repoussé par la masse d'air qui presse au dedans du vase sur les trous nombreux, jusqu'à ce que l'enfant laisse une libre entrée au flux pressé de l'eau ;

alors, la résistance de l'air venant à manquer, l'eau entre sans obstacle. Et, de même encore, quand l'eau occupe le fond du vase d'airain, l'ouverture étant fermée par la main humaine ainsi que toute entrée, l'air du dehors qui veut s'introduire au-dedans retient le liquide autour des portes de cet isthme retentissant dont il occupe les bords jusqu'à ce qu'on lache la main, et alors, plus vivement encore qu'auparavant, l'air venant à entrer, l'eau s'échappe sans obstacle. »

Nous ne saurions spécifier la part que l'on doit laisser aux Grecs dans la conception d'idées dont les découvertes de la chimie moderne ont généralement démontré la justesse. A l'exemple de Thalès et de Pythagore, Démocrite était allé en Orient et il avait longtemps voyagé, dit-on, en Perse, en Syrie et en Egypte. Six siècles plus tard, lorsque le paganisme expirant dévoila une partie de ses mystères, on entendit pour la première fois parler dans le public de *l'Art sacré*, qui, jusque là, avait été cultivé dans le plus profond secret par les prêtres de Thèbes et de Memphis. Cet art nouveau n'était autre chose que la Chimie et, parmi les anciens initiés dont on se faisait gloire, on citait le philosophe d'Abdère (1). Quoi qu'il en soit, Démocrite, qui vécut jusqu'à 104 ans, passa une partie de sa vie, dit Pétronne *(Arbit.)*, à faire des expériences afin

---

(1) Zozime le Panopolitain, qui vivait à Alexandrie vers le iiie siècle de notre ère, a laissé sur l'art sacré un certain nombre de traités encore manuscrits. M. Hœfer en a publié des extraits généralement incompréhensibles pour nous; mais il en est un, fort curieux, qui donne la description et la figure d'appareils dont Zozime avait vu les modèles dans un ancien temple de Memphis.

L'une de ces figures montre d'une façon évidente que la distillation était connue des anciens Egyptiens et que, très probablement,

d'approfondir les secrets des minéraux et des plantes.
Il s'attacha à démasquer les prestiges des mages, avec lesquels il entra souvent en lutte (SOLIN, xx; DIOG. LAERT;
Dém.). Suivant Vitruve (liv. ix, intr.), il composa un livre
intitulé χειροχμήτων, c'est-à-dire *Recueil d'expériences*, où
il avait marqué avec son anneau et de la cire rouge, toutes
celles qu'il avait faites lui-même. (Cf. PLINE, *Histoire nat.*
liv. xxiv, ch. 99 et 102). Sénèque nous apprend (*Epist.* 10),
que c'est à lui qu'on doit le fourneau à reverbère, les
moyens d'amollir l'ivoire, et de produire artificiellement
des pierres précieuses, notamment l'émeraude.

ÉCOLE DE PLATON

Quand, au siècle de Périclès, Athènes fut devenue la
capitale de la Grèce, il s'y fonda de nombreuses écoles
philosophiques; mais le génie grec livré à lui-même était
trop porté vers les brillantes conceptions pour s'astreindre
aux lentes déductions de la méthode expérimentale; avec
Socrate et Platon, il dédaigna l'étude de la nature pour
s'élever aux plus hautes spéculations de la morale, de la
géométrie et de la métaphysique. Il créa, de toutes pièces

---

il faut placer l'alcool dans l'arsenal des thaumaturges. Elle est
accompagnée de la prescription suivante :

« Fais trois tubes (*f*) d'airain dont les parois soient assez
épaisses et de seize coudées de longueur. Les ouvertures ou
langues pratiquées à la partie inférieure du ballon (*d*) doivent
exactement s'adapter à ces tubes qui eux-mêmes viennent aboutir
à d'autres petits ballons (*c*). Un fort tube (*e*) fait communiquer le
matras avec le grand ballon (*d*) en verre, et l'appareil porte,
chose étrange, l'esprit (πνεῦμα) en haut. Après avoir ainsi adapté
les tubes, on en lute exactement toutes les jointures. Il faut avoir
soin que le grand ballon en verre que l'on place au-dessus du
matras soit assez épais pour que la chaleur, qui fait porter l'eau
en haut, ne le brise pas. »

des systèmes et ne se préoccupa jamais de vérifier les conséquences qui pourraient en découler.

« De tous les êtres, dit Platon, le seul qui puisse posséder l'intelligence, c'est l'âme ; or l'âme est invisible, tandis que le feu, l'air, l'eau et la terre sont des corps visibles. Mais celui qui aime l'intelligence et la science doit rechercher, comme les vraies causes premières, les causes intelligentes, et mettre au rang des causes secondaires toutes celles qui sont mues et qui font mouvoir nécessairement. »

On ne doit donc point s'étonner de voir l'illustre fondateur de l'Académie accuser Archytas de Tarente, son contemporain et son ami, d'avoir abaissé la science par des applications mécaniques.

Archytas (1) passe pour l'inventeur de la vis et de la poulie ; on lui attribuait la fabrication d'une colombe en bois dont le vol imitait, à s'y méprendre, celui d'un oiseau naturel ; suivant Diogène Laërce, « il traita le premier la mécanique en se servant de principes géométriques. »

« Cette mécanique, si recherchée, si vantée, dit Plutarque (*Vie de Marcellus*) eut pour premiers inventeurs Eudoxe et Archytas qui voulurent par là embellir et égayer

---

(1) Archytas fut élu six fois chef de la République par les Tarentins et remporta plusieurs victoires comme général ; il composa des traités philosophiques aujourd'hui perdus, ou du moins dont il ne reste que des fragments douteux. Il était disciple de Philolaüs qu'on accusa d'avoir, le premier, dévoilé les secrets des Pythagoriciens dans son livre sur *La Nature*.

Parmi ces secrets se trouvait sans doute la théorie du mouvement de la terre autour du soleil que Plutarque lui attribue. Il avait composé deux autres livres, l'un sur le *Monde* l'autre sur l'*Ame*. Platon les avait en telle estime qu'il acheta les trois manuscrits à ses héritiers au prix de 100 mines (près de 10.000 francs de notre monnaie).

pour ainsi dire, la géométrie, en appuyant par des exemples sensibles et sur des preuves mécaniques, certains problèmes dont la démonstration ne pouvait être fondée sur le raisonnement et sur l'évidence. Tel est le problème des deux moyennes proportionnelles, qu'on ne peut trouver par des démonstrations géométriques et qui sont néanmoins une base nécessaire pour la solution de plusieurs autres problèmes. Ces deux géomètres le résolurent par des procédés mécaniques, au moyen de certains instruments appelés *mésolabes*, tirés des lignes courbes et des sections coniques. Mais, quand Platon leur eut reproché avec indignation qu'ils corrompaient la géométrie, qu'ils lui faisaient perdre toute sa dignité, en la forçant, comme un esclave, de descendre des choses immatérielles et purement intelligibles, aux sujets corporels et sensibles, d'employer une vile matière qui exige le travail des mains et sert à des métiers serviles, dès lors, la mécanique dégradée, fut séparée de la géométrie, et, longtemps méprisée par la philosophie, elle devint un des arts militaires. »

Les idées de **Platon** sur la physique sont presque toutes réunies dans le *Timée*, où l'illustre philosophe qui, lui aussi, était allé s'instruire en Egypte et en Italie, émet sur la constitution moléculaire des corps, des hypothèses auxquelles la science moderne semble revenir ; il laisse entrevoir, malheureusement sous une forme voilée, des observations qui ont de singulières analogies avec les nôtres.

Voici d'abord la définition des éléments tels que les comprenaient les Sages :

« Et d'abord, nous voyons que le corps que nous avons appelé eau, en se congelant, devient, à ce qu'il semble, des pierres et de la terre ; la terre dissoute et décomposée s'évapore en air ; l'air enflammé devient du feu ; le feu comprimé et éteint redevient de l'air, à son tour l'air condensé et épaissi se transforme en nuage et en brouillard, les nuages, en se condensant encore plus s'écoulent en eau, l'eau se change de nouveau en terre et en pierres, tout cela forme un cercle dont toutes les parties ont l'air de s'engendrer les unes les autres. Ainsi, ces choses ne paraissant jamais conserver une nature propre, qui oserait affirmer que l'une d'elles est telle chose et non telle autre?

« On ne le peut, et il est beaucoup plus sûr de s'exprimer à leur égard de la façon suivante : Le feu, par exemple, que nous voyons soumis à de perpétuels changements, nous ne l'appellerons pas feu, mais quelque chose de semblable au feu, comme nous n'appellerons pas l'eau de l'eau, mais quelque chose de semblable à l'eau, et nous ne désignerons aucun de ces objets par des termes qui marquent de la persistance, comme quand nous disons ceci, cela, pour désigner quelque chose ; car, ne restant jamais les mêmes, ces objets se refusent à ces dénominations, ceci, de ceci, à ceci et à toutes celles qui les présentent comme ayant une certaine stabilité. Il ne faut pas parler de ces sortes de choses comme d'*individus distincts*, mais il faut les appeler toutes et chacune d'elles comme des *apparences* soumises à de perpétuels changements... »

« Ces quatre corps, ajoute-t-il ailleurs, nous paraissent naître les uns des autres, mais ce n'était-là qu'une apparence trompeuse, car tous les quatre naissent des triangles que nous avons désignés... »

Ces triangles étaient des triangles rectangles qu'il divise en deux classes, les isocèles et les scalènes. Comment pouvaient-ils être l'origine des molécules de tous les corps ? Platon en donne bien une explication ; mais je suis d'autant moins honteux de ne l'avoir point comprise, qu'il a soin de dire : « Quant aux principes de ces triangles eux-mêmes, Dieu seul qui est au-dessus de nous, et, parmi les hommes, ceux qui sont lés amis de Dieu, les connaissent. »

Toujours est-il qu'il arrive aux conclusions suivantes :

La molécule du genre *Terre* a la forme d'un cube (chaque face étant formée par la juxtaposition de deux triangles rectangles isocèles) « parce que, des quatre genres, la terre est le plus immobile ; elle est le corps le plus susceptible de recevoir une apparence fixe ; il est donc nécessaire qu'elle soit formée du solide qui a la base la plus ferme. » La molécule du genre *Feu*, qui est le plus mobile et le plus léger des quatre, aurait la forme du plus petit et du plus aigu de tous les solides qu'on peut constituer avec un triangle, par conséquent celle d'une pyramide triangulaire.

La molécule du genre *Eau* et celle du genre *Air* auraient la forme, l'une de l'octaèdre, l'autre de l'icosaèdre (1) réguliers jouissant de propriétés intermédiaires.

« Il faut concevoir toutes ces parties élémentaires dans une telle petitesse que quelle que soit l'espèce à laquelle elles appartiennent nous ne pouvons les discerner une à

---

(1) L'*octaèdre* peut être considéré comme formé par deux pyramides accolées par leur base, l'*icosaèdre* par vingt pyramides triangulaires dont les sommets se rencontrent au centre d'une sphère et qui ont les hauteurs et les bases égales. Ces deux polyèdres sont avec le *tetraèdre* (pyramide), l'*hexaèdre* (cube) et le *dodécaèdre*, les seuls polyèdres réguliers que l'on puisse inscrire dans une sphère. Aussi Platon est-il conduit à donner un rôle au dodécaèdre; il se contente de dire que Dieu s'en est servi pour tracer le plan de l'Univers. Ses commentateurs en ont fait la figure de la molécule de l'Ether. Le dodécaèdre consiste en douze pyramides pentagones dont les sommets sont réunis au centre de la sphère circonscrite.

Plutarque dit d'une façon expresse que Platon avait reproduit dans ses théories sur la forme des molécules les idées même de Pythagore.

une ; mais, quand elles sont réunies en grand nombre, la masse qu'elles produisent est visible. »

Platon explique ensuite comment les variétés des triangles générateurs entraînent la variété des corps, comment ceux-ci peuvent se dissoudre l'un dans l'autre, ou même se changer de l'un en l'autre, par la composition ou la décomposition des formes affectées par leurs molécules.

« L'eau, décomposée par le feu ou même par l'air, peut devenir en se recomposant, un corps de feu ou deux corps d'air. Quant à l'air, lorsqu'il est décomposé, d'une seule de ses parties peuvent naître deux corps de feu. »

De même qu'il y a plusieurs espèces d'airs, il y a plusieurs espèces de feu et aussi plusieurs espèces d'eau. Platon classe parmi les eaux tous les corps fusibles et par conséquent les métaux.

« Le cercle de l'univers qui comprend en soi tous les genres *(tous les corps sous leurs divers états)*, et qui, par la nature de sa forme sphérique, aspire à se concentrer en lui-même, resserre tous les corps et ne permet pas qu'aucune place ne reste vide. C'est pour cela que le feu principalement s'est infiltré dans toutes choses, ensuite l'air qui vient après le feu pour la ténuité de ses parties et les autres corps dans le même ordre. Car ce qui est composé des plus grandes parties est aussi ce qui contient en soi les plus grands vides et les vides les plus petits se trouvent dans ce qui a été formé des parties les plus petites. Le mouvement de condensation pousse les petites dans les intervalles des grandes...

« Quand le feu qui est contenu dans l'eau fusible s'échappe, comme il ne peut s'évaporer dans le vide, il comprime l'air environnant qui pousse l'eau encore fluide dans les places qu'occupait le feu et s'unit lui-même avec elle. L'eau, ainsi comprimée et recouvrant son égalité puisqu'elle est dégagée du feu auteur de l'inégalité, se resserre et se contracte. On a appelé *froid* cette perte de feu et *glace* la cohésion qui en résulte entre les parties de l'eau.

Il est difficile de se refuser à voir dans ce dernier paragraphe, une théorie de la chaleur latente.

Voici maintenant le principe d'Archimède en germe.

Tout corps a un poids, en ce sens que si l'on pouvait mettre deux parties de feu dans l'un des plateaux d'une balance et une partie dans l'autre, la balance s'inclinerait du côté du premier. Mais, comme Dieu a assigné sa place à chaque élément, un corps tend toujours à rejoindre ses semblables ; c'est pour cela que l'air s'élève quand on le met dans l'eau et que le feu s'élève quand il est dans l'air.

Au-dessus de l'air il y a une substance immatérielle et indestructible qui s'appelle l'*Ether* et qui forme les astres ainsi que le milieu dans lequel ils sont plongés.

Combinant les hypothèses de l'école ionique et de l'école italique, Platon suppose que le phénomène de la vision est dû aux vibrations produites par la rencontre des effluves éthérées émises par les corps lumineux avec des effluves de même nature qui sortent de l'œil. Ces effluves se meuvent en ligne droite, et, si un corps dont la surface est bien polie, résiste à leur passage, elles se réfléchissent en faisant des angles de réflexion égaux aux angles d'incidence (1).

Il connaissait le phénomène de l'aimantation du fer doux par contact ; il en parle dans *Ion*. Il attribuait les phéno--

---

(1) Les règles pratiques de la perspective étaient déjà connues de tous les savants. VITRUVE (préf. du liv. VII), rapporte que le premier livre écrit sur la matière, le fut par Agatharque qui exécutait les décorations pour le théâtre d'Athènes à l'époque d'Eschyle. A son exemple, Anaxagoras (de l'école ionique) et Démocrite (de l'école italique) écrivirent sur le même sujet. « Ils

mènes d'attraction de l'aimant et de l'ambre frotté à l'impulsion d'un fluide qui, sortant des pores du corps aimanté ou électrisé, produisait dans l'air un courant rétrograde pour boucher le vide produit dans ces pores.

Après avoir donné encore l'explication de quelques phénomènes naturels, il termine ainsi la partie du Timée qui s'occupe de physique.

« Il ne serait pas difficile d'en décrire encore d'autres, en cherchant toujours la vraisemblance, et celui qui pour se délasser, laissant de côté l'étude de ce qui est éternel, et discourant avec vraisemblance sur ce qui a un commencement, se procure ainsi un plaisir sans remords, celui-là se ménage durant sa vie un amusement sage et modéré. »

On le voit, l'illustre philosophe d'Athènes croyait avoir des bases suffisamment solides pour asseoir les grandioses conceptions qui embrassaient le monde dans son ensemble. Pour lui, toutes les recherches nouvelles n'étaient que d'innocentes distractions; il faisait, des expériences des physiciens, le cas que l'auteur du Discours sur l'histoire universelle a dû faire des travaux des numismates.

Aristote, disciple de Platon, n'était pas plus que lui compté parmi les physiciens. « Les opinions, dit Vitruve (préf. du liv. vii), de Thalès, de Démocrite, d'Anaxagoras, de Xénophane et des autres physiciens sur les lois de la nature, et les principes que les Socrate, les Platon, les Aristote, les Zénon, les Epicure et les autres philosophes ont posés pour la conduite de la vie..., tout serait tombé

---

ont enseigné comment il fallait, d'un point fixe pris pour centre, si bien imiter avec des lignes, la divergence des rayons par rapport à la prunelle des yeux pour qu'on arrivât à faire illusion et à représenter sur la scène de véritables édifices qui, peints sur des surfaces planes et verticales, paraissent les uns fuir, les autres faire saillie en avant. »

dans l'oubli, si nos ancêtres n'avaient eu le soin de le transmettre à la postérité dans leurs ouvrages. » Il avait cependant composé un grand nombre d'ouvrages dont les titres semblent indiquer des études sur les sciences physiques; je citerai notamment : les *Questions mécaniques*, les *Auscultations physiques*, quatre livres sur le *Ciel*, deux sur la *Production* et la *destruction des choses*, quatre de *Météorologiques*, un sur le *Monde*, d'autres enfin sur la *Respiration*, sur l'*Optique*, sur les *Couleurs*, sur l'*Ouïe*, etc.; mais, au lieu d'exposer les phénomènes et les lois qui s'en déduisent, il fait des dissertations sur leur essence même; il parle du mouvement, du lieu, du temps, du vide, de l'infini, du hasard, non pour les mesurer, mais pour spécifier leur nature.

Aristote a reproduit la plupart des idées de son maître et il les a développées en y ajoutant le fruit de ses immenses lectures. On ne peut lui refuser une haute intelligence et une érudition extraordinaire, mais, comme tous les esprits encyclopédiques, il n'a bien souvent fait qu'effleurer les questions et nous ne devons point nous fier à lui sans réserves dans l'exposition qu'il fait des théories de ses devanciers. De plus, il a poussé la subtilité et l'esprit d'abstraction au-delà des limites qu'admet l'esprit scientifique moderne; si, comme il l'a écrit à Alexandre, il a voulu être obscur pour le profane, il y a réussi, peut être au-delà de ses désirs.

Je ne relèverai ici, dans ses nombreux écrits, que les passages qui peuvent servir à l'histoire ou à l'intelligence des idées émises dans les œuvres de la période Alexandrine, sujet principal de cette étude.

Dans le livre IV des Auscultations physiques, il traite la question du vide; il dit qu'il ne s'agit point de démontrer, comme le fait Anaxagoras, que l'air est quelque chose, mais bien de savoir s'il y a des portions de l'espace où il n'existe aucune espèce de corps que nos sens puissent percevoir. Démocrite, Leucippe et en général les Pythagoriciens s'étaient prononcés pour l'affirmative ; lui, conclut à la négative.

Il n'admet pas la théorie de Platon sur la forme des molécules des corps, parce que, dit-il entr'autres choses, il n'y a point de vide dans l'Univers et que l'espace ne peut être rempli exactement que par deux espèces de polyèdres, les cubes et les pyramides (*Du Ciel*, iii, 8) ;

La terre est ronde et son centre situé au centre du monde (*Du Ciel*, ii, 14) ; la surface de l'eau est sphérique et concentrique à la surface de la terre (1).

C'est par suite de la pauvreté de la langue que les philosophes désignent sous le nom de *Feu* le corps qui jouit de la propriété d'être sec, chaud et de s'élever au-dessus de tous les autres, le mot *Feu* s'appliquant proprement à la chaleur porté à son degré le plus intense et pour ainsi dire à l'ébullition. — Le corps dont il s'agit est composé de particules extrêmement petites et mobiles ; au plus léger mouvement il entre en ignition ; ainsi c'est du feu en *puissance* et non en *acte*. (*Méteor.* i, 3).

Le mouvement est donc une cause de chaleur et, plus il est rapide, plus il dégage de chaleur. (*Id*).

Le vent n'est autre chose que de l'air en mouvement (*Du Monde*, 4). Lorsque la terre est desséchée, soit par sa

---

(1) Supposons, dit-il (*Du Ciel*, ii, 4) une section de la surface de l'eau par un plan passant par le centre de la terre, et supposons un point D de cette surface qui ne soit pas sur l'arc du grand cercle. S'il est à l'extérieur, l'eau le quittera pour aller en un point plus bas, parce que c'est le propre des corps pesants de se porter toujours vers le centre de la terre ; si le point D est au contraire à l'intérieur du cercle, l'eau voisine y coulera jusqu'à ce que le niveau soit ramené en ce point à la hauteur du reste de la surface.

chaleur propre soit par celle du soleil, elle produit une exhalaison chaude, qui engendre le vent par le déplacement de l'air. Les vents augmentent à mesure qu'ils s'éloignent de leur point de départ (*Météor.* II, 4 et 6).

Quand, par suite du froid, l'air tend à se convertir en eau, il se produit d'abord de la vapeur. Cette vapeur prend le nom de brouillard si elle reste en bas, et de nuage si elle monte. Si le froid augmente, les vapeurs se condensent et il se produit de la rosée ou de la pluie. — La rosée a lieu quand, par une nuit froide, la vapeur qui s'était dégagée de la terre par suite de la chaleur du jour, se condense en gouttelettes.— Un plus grand froid encore transforme les vapeurs en neige (*Météor.* X et XI).

Aristote parle en plusieurs autres endroits des liquides qui se condensent après avoir été évaporés ; parmi ces liquides il cite même expressément le vin. « L'eau de mer est rendue potable par l'évaporation ; le vin et tous les liquides peuvent être soumis au même procédé ; après avoir été réduits en vapeurs humides, ils redeviennent liquides. » (*Météor.* IX, 2). S'il ne fait pas mention de l'alcool, c'est que sa fabrication était probablement un secret réservé aux initiés.

Il connaissait les miroirs en verre : « si les métaux et les cailloux doivent être polis pour servir de miroirs, le verre et le cristal ont besoin d'être doublés d'une feuille de métal pour reproduire l'image des corps qu'on leur présente » (1); il savait que l'angle de réflexion est égal à l'angle d'incidence. (*Probl.* XVI).

En mécanique, il établit d'une façon assez nette le principe que deux forces inégales animées de vitesses réciproquement proportionnelles produisent des effets égaux ; il

----

(1) Cette phrase est citée par M. L FIGUIER, sans indication de l'ouvrage où elle se trouve

signale la force d'inertie, la force centrifuge et le poids
spécifique (1); il explique l'effet du levier, de la balance, du
coin, de la hache, du gouvernail, du rouleau, de la poulie,
de la moufle, de la manivelle, du treuil, de la chèvre, de
la machine à élever l'eau connue sous le nom de cicogne;
enfin il parle, comme d'une merveille, du cric dont il ne
connaît pas le détail.

Les nombreuses guerres et les lointaines expéditions qui
remplissent le iv⁰ siècle avant notre ère, eurent pour effet
de ramener une partie des savants de la Grèce à des
travaux plus positifs, et de leur donner, en les associant
de nouveau à l'élément oriental, le lest dont ils avaient
besoin pour ne point laisser leur esprit flotter au gré de
tous les vents de leur imagination.

Les énormes engins de charpente, usités depuis longtemps en Egypte et en Assyrie pour l'attaque des places,
ainsi que l'attestent les peintures des hypogées de Béni-
Assan et les bas-reliefs du palais de Nimroud, s'étaient in-
troduits dans les contrées hélléniques par les ouvriers
d'art que Denys de Syracuse avait appelés de tous côtés
à son secours contre les entreprises des Carthaginois; c'est
par suite d'un amour-propre national, dont il nous reste
tant d'exemples, qu'Athénée le mécanicien en attribue l'invention à Polyeidos de Thessalie, ingénieur de Philippe de
Macédoine. Toujours est-il que Polyeidos écrivit un traité
sur ces machines et que Diadès et Chœréas, ses élèves,
suivirent Alexandre le Grand en Asie.

L'apparition des ingénieurs dans les armées grecques
est d'une importance capitale dans l'histoire de la civilisa-

____

(1) Un morceau de bois de cent livres pèse plus dans l'air qu'un
morceau de plomb d'une livre, mais, dans l'eau, il pèse moins.
(*Du Ciel*, iv, 4).

tion antique. Désormais ces hommes ennobliront, par l'éclat
des services militaires, les arts mécaniques jusqu'alors si
méprisés et, sous le nom de μηχανοποίοι, ils vont, quoiqu'en
ait dit Plutarque, occuper un rang distingué parmi les savants de la première Ecole d'Alexandrie.

PREMIÈRE ÉCOLE D'ALEXANDRIE.

Quand Alexandre eut constitué son empire, il voulut lui
donner une capitale, et il choisit lui-même l'emplacement
de la ville à laquelle il imposa son nom. Placée au centre
du monde connu, presque à la jonction de trois continents,
Alexandrie pouvait, grâce à son admirable situation, concentrer dans ses ports le commerce de toutes les contrées
sur lesquelles le conquérant avait étendu son influence.
Par la Méditerranée, elle rayonnait sur l'Occident; par le
lac Maréotis, le Nil et le Golfe arabique, elle pouvait facilement communiquer avec l'extrême Orient. Aussi vit-elle
bientôt affluer dans ses murs les commerçants et les indus-
triels, qui, en peu d'années, en firent une ville des plus
florissantes du monde.

Afin d'y attirer les savants et les philosophes, Ptolémée
Soter, à qui l'Egypte était échue en partage après la mort
d'Alexandre, s'efforça de rassembler dans sa capitale tout
ce qui pouvait faciliter leurs études; il commença par y
fonder une bibliothèque qui, à sa mort, contenait déja plus
de 200,000 volumes (1).

---

(1) Il ne faut point établir entre les bibliothèques anciennes et
les nôtres des comparaisons basées sur le nombre des volumes
qu'elles contiennent. Pour se rendre compte de la richesse des
premières, il est bon de se rappeler d'abord que, quand on pouvait
se procurer l'ouvrage d'un auteur, on le faisait presque toujours
copier à double pour obvier aux accidents, parce qu'on n'avait

Ptolémée Philadelphe, son fils et son successeur, ne cessa de l'augmenter, en achetant des livres à Athènes et à Rome ; il acquit notamment des héritiers de Théophraste

---

point, comme aujourd'hui avec l'imprimerie, la ressource de pouvoir remplacer, dans le commerce, un livre détruit. De plus, un volume contenait bien peu de matière ; voici les détails intéressants que donne à ce sujet M. Couat. (*Annales de la Faculté des lettres de Bordeaux. — 1879.*)

« La plante employée pour les manuscrits était encore le papyrus que l'on cultivait surtout dans les marais du Delta. Pour faire une feuille de manuscrit, on divisait la tige du papyrus en bandes très-minces que l'on collait les unes à côté des autres. Par-dessus celles-ci on appliquait des bandes transversales disposées de la même manière. Après avoir été trempée dans l'eau du Nil, puis mise sous presse, séchée et polie, la feuille était devenue souple et résistante. Le meilleur papyrus se faisait avec la partie intérieure de la tige ; le reste était employé pour le papier d'emballage ; l'écorce servait à faire des cordes. La feuille était large de six pouces au moins, elle dépassait rarement treize pouces (0m25) ; quand elle était ainsi préparée, le copiste y écrivait avec un roseau taillé comme une plume d'oie. Encre noire faite avec de la suie et de la gomme, encre rouge, mine de plomb, pierre à aiguiser, pierre ponce, éponge, règle, compas ; tels étaient les instruments du copiste. Il écrivait parallèlement à la longueur des feuilles ajoutées les unes aux autres. Les lignes, larges comme la main, formaient des séries de colonnes parallèles, séparées par des intervalles irréguliers. Le volume fini était roulé autour d'un bâton à peu près comme nos cartes murales et attaché avec une agrafe. Le lecteur prenait le bâton de la main droite, la feuille de la main gauche et il lisait en déroulant de la main droite, en roulant au contraire de la main gauche, afin de n'avoir qu'une ou deux colonnes sous les yeux. Quand la lecture était terminée, il roulait de nouveau le volume autour du bâton.

Ces rouleaux étaient enfermés dans des boîtes ornées quelquefois avec un grand luxe. Il en fallait beaucoup pour un ouvrage d'une certaine étendue. Un volume ne contenait en effet, ni un livre, ni même un chapitre ou une pièce de théâtre, mais seule-

la bibliothèque entière d'Aristote. De plus, il fit construire un magnifique édifice, appelé le *Muséum* parce qu'il était consacré aux Muses, où les savants les plus illustres étaient logés et nourris aux frais de l'Etat. Le Muséum était contigu au palais du roi ; il contenait de vastes amphithéâtres pour les cours publics, des salles d'anatomie (1), un observatoire, un jardin d'acclimatation, des galeries où l'on réunit à grands frais tous les appareils rares ou curieux, que l'on pût se procurer, enfin la bibliothèque. Celle-ci fut même bientôt à l'étroit dans la portion du bâtiment qui lui était consacré, et on dut construire pour les nouvelles acquisitions une annexe, le *Sérapéum*, qui fut aménagé de façon à abriter, en outre, des ateliers pour la préparation du papyrus et la copie des manuscrits. A la fin du règne de Philadelphe, la bibliothèque contenait, suivant le rapport officiel de son conservateur Callimaque, 400,000 volumes dont 90,000 étaient des originaux et les autres des copies.

Non content de cela, dit VITRUVE (préf. du liv. VII), ce prince voulut l'augmenter encore en jetant, pour ainsi dire

---

ment une partie de tout cela. Un chant de l'Iliade remplissait plus d'un volume. Un papyrus égyptien découvert en 1821 contient la fin du dernier chant de l'Iliade depuis le vers 127 ; il est haut de dix pouces, long de huit pieds et contient seize pages de 43 vers environ chacune. Les papyrus d'Herculanum ont de 2,000 à 4,000 lignes quand ils contiennent un ouvrage entier, et de 200 à 600 quand ce sont seulement des parties d'ouvrage... De nos jours un volume de 600 pages in-8° contient près de 23,000 lignes plus remplies que celles des manuscrits anciens.

(1) Erasistrate de Chalcédoine et Hiérophile de Cos, poursuivis dans leur pays pour avoir disséqué des hommes, vinrent s'établir à Alexandrie afin de pouvoir se livrer à leurs études d'anatomie dans les salles du Muséum. Cette science paraît cependant avoir fait peu de progrès.

la semence de nouveaux ouvrages. Il institua donc des jeux en l'honneur des Muses et d'Apollon, et, de même qu'il y avait pour les athlètes des récompenses et des honneurs, de même il y en eut pour tous les écrivains qui remporteraient le prix.

Ptolémée Evergète succèda à Philadelphe et hérita de sa passion pour les livres. Galien rapporte qu'il demanda aux Athéniens l'exemplaire qu'ils possédaient des œuvres d'Eschyle, de Sophocle et d'Euripide, afin d'en faire prendre copie et que, pour gage, il déposa quinze talents d'argent (75,000 francs). Cette copie fut exécutée avec le plus grand soin et sur le plus beau papyrus, puis remise aux Athéniens, à la place de l'original, par ordre du roi qui abandonna son gage pour le prix de la substitution. Evergète avait donné l'ordre qu'on demandât à tous les marchands et navigateurs qui venaient à Alexandrie, tous les livres qu'ils avaient avec eux. On en prenait une copie que l'on rendait au possesseur et l'original était déposé à la bibliothèque, où il était lu par des savants qui le classaient parmi les livres de choix ou ceux d'un intérêt secondaire. La bibliothèque d'Alexandrie ne cessa de s'accroître ainsi pendant deux siècles. Elle dut certainement puiser une partie de ses richesses dans les grandes villes de l'Orient, car celle de Ninive était célèbre à cette époque. Alexandre le Grand avait déjà fait traduire en grec les ouvrages d'histoire des Chaldéens (1). Les Ptolémées firent traduire les livres hébreux de l'ancien testament par soixante-dix savants grecs ; sous leur règne, Manéthon composa un ouvrage sur la chronologie égyptienne et traduisit les ouvrages d'Hermès Trismesgiste ; Bérose enfin fit un livre sur les antiquités Assyriennes.

------

(1) Voyez LALANNE, *Curiosités bibliographiques*, p. 146.

Tout le papyrus qui se fabriquait en Egypte étant employé pour la bibliothèque, il fut interdit d'en exporter. Les rois de Pergame, qui rivalisaient avec les Ptolémées, durent chercher une autre substance pour recevoir l'écriture; c'est alors qu'on donna une extension considérable à l'usage des peaux convenablement préparées qui prirent le nom de *Pergameneum* d'où est venu le mot *Parchemin*.

Quand César se rendit maître d'Alexandrie, en l'an 47 avant notre ère, il y avait 400,000 volumes au Muséum et 300,000 au Sérapéum, mais un incendie, allumé dans un combat, détruisit alors complètement la première de ces collections. Peu de temps après, Antoine, pour faire sa cour à Cléopâtre, lui donna en compensation la bibliothèque des rois de Pergame, composée de 200,000 volumes, à *un seul exemplaire*. La bibliothèque ainsi reconstituée subsista jusqu'à la destruction du Sérapéum sous Théodose, en l'an 390 de notre ère ; elle disparut alors presque complétement; et quand, en 640, les Arabes entrèrent dans Alexandrie, sous la conduite d'Omar, ils n'en trouvèrent que les débris.

Parmi les savants qui illustrèrent la cour des Ptolémées et qui constituent la première école d'Alexandrie, les plus célèbres sont par ordre de date : EUCLIDE qui fut appelé d'Athènes par Ptolémée Soter ; ARCHIMÈDE qui habitait Syracuse, mais était en rapports constants avec CONON de Samos et DOSITHÉE, pensionnaires du Muséum ; ERATOSTHÈNE à qui remonte la première tentative vraiment scientifique pour déterminer la grandeur de la terre et qui peut être considéré comme le fondateur de la géographie physique ; le mathématicien APOLLONIUS de Perge ; enfin, au IIe siècle avant notre ère, HIPPARQUE le créateur de l'astronomie mathématique qui découvrit la précession des équinoxes, et les mécaniciens CTÉSIBUS, HÉRON et PHILON.

La science est arrivée alors à une hauteur qu'elle ne dépassera plus dans l'antiquité ; sous le règne de Ptolémée Evergète, prince ami des lettres mais soupçonneux et jaloux, les savants, tantôt comblés d'honneur, tantôt soumis aux traitements les plus cruels, prennent le parti de fuir une ville où ils ne sont plus en sûreté : peu à peu il se réfugient dans les îles et les cités voisines de l'Egypte. Désormais dispersés, obligés de lutter avec les difficultés de l'existence, ils abandonnent les recherches pour se créer des ressources par l'enseignement.

Il convient donc de faire ici une halte. Nous avons en main non plus des extraits, mais les traités eux-mêmes ; ces traités ne sont plus écrits de manière à n'être compris que par les initiés, mais au contraire de manière à vulgariser la science. Nous ne les possédons pas tous, il est vrai ; mais il est possible de se rendre compte à peu près de ce que pouvaient contenir ceux qui nous manquent.

Au temps des pythagoriciens, écrit ANATOLIUS (1), les philosophes pensaient que la science ne devait se préoccuper que des objets éternels, immuables et purs de tout mélange ; mais, à une époque plus récente, on a estimé que le mathématicien devait s'occuper non-seulement de la matière incorporelle et idéale, mais encore de ce qui touche à la matière corporelle et sensible. « En effet, il doit être habile dans la théorie du mouvement des astres, de leurs vitesses, de leurs grandeurs, de leurs figures, de leurs distances. Il doit, en outre, considérer les diverses modifica-

____

(1) Anatolius d'Alexandrie, évêque de Laodicée, assistait en 270 au concile d'Antioche. — L'extrait cité est emprunté à l'ouvrage de M. Henri Martin, *sur la vie et les écrits* de Héron d'Alexandrie, pp. 428-436.

tions de la vue : il doit savoir scruter les causes pour lesquelles les objets ne paraissent pas, à toute distance, ce qu'ils sont, ni tels qu'ils sont en réalité, gardant, il est vrai, leurs rapports mutuels, mais produisant de fausses apparences en ce qui concerne leurs positions et leur ordre, soit dans le ciel et dans l'air, soit dans les miroirs et dans toutes les surfaces polies, soit enfin dans ceux des objets visibles qui sont transparents et dans tous les corps de cette nature. On pensait, de plus, que le mathématicien devait être mécanicien et habile dans la géodésie et dans la logistique (arithmétique pratique) et qu'il devait aussi s'occuper de l'union mélodieuse des sons et de leurs combinaisons dans la mélodie. »

Tel est bien le bilan de la science officielle à l'époque Alexandrine; tous les documents qui nous restent confirment l'exactitude de cette énumération; tous les traités, dont le texte ou la matière seulement nous ont été conservés, ont pour objet, ainsi qu'on le verra plus loin : les cinq machines simples et leurs dérivés, les machines de tir, les machines d'approche pour les sièges, les théâtres à automates ; les fortifications, les ports, les horloges hydrauliques, les pneumatiques, l'optique, la géométrie, l'arithmétique, l'astronomie. Existait-il, en outre, une science occulte ? C'est une question que j'examinerai plus tard. Pour le moment, je vais exposer d'une façon sommaire les matières contenues dans les traités qui nous sont restés, laissant de côté la logistique, la musique, la géodésie et l'astronomie qui ne peuvent avoir que des applications très-rares à l'art du thaumaturge.

Optique.

« L'optique, dit Damien (1), suppose que les rayons visuels qui sortent de l'œil vont en ligne droite et que, l'œil venant à se tourner suivant une autre direction, la direction des rayons visuels tourne en même temps, et qu'à l'instant même où l'œil s'ouvre, les rayons visuels arrivent à l'objet visible. D'un autre côté, elle suppose que les objets vus à travers l'éther ou à travers l'air sont vus en ligne droite, attendu que toute lumière va en ligne droite. Mais, les objets vus par transparence à travers le verre, les pellicules ou l'eau, sont vus suivant des angles de réfraction, et les objets qui apparaissent sur des surfaces réfléchissantes, sont vus suivant des angles de réflexion.

« L'optique ne sonde point la nature des choses ; elle ne cherche point si certaines émanations, certains rayons émis par les yeux vont toucher les surfaces des corps, ou bien si les images, émises par les objets sensibles, vont en ligne droite pénétrer dans les yeux, ou bien si le souffle lumineux de la vue produit une tension et un tourbillonnement de l'air situé entre l'œil et l'objet (2). Elle examine seulement si chacune de ces hypothèses maintient la direction rectiligne du mouvement ou de la tension, et si,

---

(1) Ce Damien, disciple d'Héliodore de Larisse, paraît avoir vécu vers le v111e siècle de notre ère. Il a laissé une optique qui a été éditée plusieurs fois ; la traduction de l'extrait que je donne ici est empruntée à M. Henri Martin. (*Rech. sur Héron d'Al.* p. 414).

(2) C'était là l'opinion d'Héliodore de Larisse qui cite comme un exemple l'empereur Tibère qui voyait clair la nuit, et certains animaux dont les yeux luisent dans les ténèbres.

lorsqu'il s'agit d'expliquer les différences des grandeurs apparentes des objets, chacune de ces hypothèses respecte le principe d'après lequel la convergence a lieu suivant un angle. Elle examine principalement comment la vision s'opère par tous les points de la pupille et de l'objet, et non par un seul point déterminé, et comment elle s'opère, soit suivant un angle dont le sommet est vers l'œil, soit suivant un angle dont l'ouverture est vers l'œil et le sommet en dehors, soit suivant des lignes parallèles. »

Les anciens divisaient l'optique en quatre parties : l'optique proprement dite, la catoptrique, la dioptrique et la scénographique.

Sur l'*Optique proprement dite*, il ne nous est resté des Alexandrins qu'un traité d'Euclide (1).

Le géomètre grec démontre la direction rectiligne des rayons de lumière par la direction rectiligne des ombres et par la manière dont s'effectue la vision qui ne permet pas d'embrasser à la fois tous les points d'un objet perçu à une certaine distance. Il part de là pour établir une série de théorêmes qui constituent les éléments de ce que nous appelons aujourd'hui la Perspective, par exemple : — De plusieurs objets de même grandeur, le plus rapproché de nous se voit plus distinctement que les plus éloignés ; — tout objet placé à une distance qui dépasse certaine limite ne se voit plus ; — les objets de même grandeur et de distances inégales paraîtront de grandeurs différentes ; le plus éloigné paraîtra le plus petit et le plus

---

(1) Biton, dont il nous est resté un traité *des machines* publié par Thévenot, dit qu'il avait aussi composé un traité d'Optique.

rapproché le plus grand ; — un corps rectangulaire paraît
arrondi à distance; une sphère, vue à une certaine distance,
a l'apparence d'un cercle ; — si des objets se meuvent sur
une ligne droite avec la même vitesse, le plus éloigné paraîtra précéder les autres, étant donné une certaine position de l'œil; il paraîtra au contraire suivre les autres, si
l'œil est à une autre place.

Pour la *Catoptrique*, il y avait, au dire de Théon (1), un
grand ouvrage d'Archimède relatif aux miroirs ; cet ouvrage
est aujourd'hui perdu (2), mais il nous est resté l'abrégé
d'un traité de Héron de Constantinople, que j'analyserai en
détail dans le second volume de cette étude ; je me bornerai ici à indiquer les matières qui en ont fait le sujet
par un autre fragment du livre de Damien.

« On nomme Catoptrique principalement la théorie des
réflexions produites par les surfaces polies, et non seulement par un seul miroir, mais encore quelquefois par
plusieurs, et, de plus, la théorie des couleurs qui paraissent dans l'air à travers les vapeurs, par exemple les couleurs de l'arc-en-ciel ; mais on applique aussi ce même
nom de catoptrique à un autre objet, savoir à la théorie de
ce qui arrive aux rayons du soleil dans le brisement, dans
l'illumination elle-même et dans les ombres; par exemple
à la question de savoir quelle est la ligne qui limite l'om-

---

(1) Théon d'Alex. : *Grande comp. math. de Ptolemée.*

(2) Le traité perdu d'Archimède était probablement relatif aux
miroirs comburants et c'est ce qui aura donné lieu à la légende
des vaisseaux embrasés au siège de Syracuse, circonstance dont
ne font mention ni Plutarque, ni Polybe (voir dans la *Poliorcétique des Grecs* de M. Wescher, les fragments inédits de Polybe
sur ce siège); le premier qui en ait parlé est Lucien dans le morceau intitulé Hippias.

bre dans chaque circonstance, ou bien à ce qu'on nomme
la théorie des instruments comburants, c'est-à dire la
théorie des rayons qui concourent par réflexion, et qui,
par la convergence d'un faisceau de lumière réfléchie, en
vertu de la disposition spéciale du miroir et se concentrant
en un point, soit suivant une ligne droite (1) soit circulai-
rement, embrasent un certain espace. Ces théories, reposant
sur les mêmes hypothèses que celle qui concerne les rayons
de la vue, observent la même méthode ; car, de même que
les rayons de la vue vont frapper les objets, de même s'o-
père l'illumination des objets par les rayons solaires, et,
tantôt suivant des lignes droites non brisées, tantôt suivant
des lignes plongeantes comme il arrive dans les verres où
les rayons, réfractés et convergeant en un point, enflam-
ment les objets qui se trouvent à l'entour, tantôt aussi suivant des lignes de réflexion, et c'est ainsi qu'on voit paraître sur les lambris ces lumières mobiles auxquelles on
donne le nom d'*Achilles* ; et, de même que la vision s'o-
père par tous les rayons de la vue, de même l'illumination

---

(1) Les miroirs concaves en forme de cône de révolution, ont
pour propriété de concentrer sur leur axe tous les rayons qui
arrivent parallèlement à cet axe ; l'effet calorifique, produit ainsi
sur une longueur déterminée de l'axe, est maximum quand
l'angle au sommet est droit ; cet effet est, du reste, supérieur d'un
quart à celui qui serait produit sur la même longueur d'axe
par un miroir hémisphérique de même base.

Ces propositions se démontrent facilement par la géométrie
élémentaire (Voir à ce sujet une note de M. Dupuy, tome 35 des
Mémoires de l'Académie des inscr. année 1770)

PLUTARQUE (dans *Numa*) rapporte que l'on employait, pour
rallumer le feu sacré quand il venait à s'éteindre, un miroir en
airain engendré par la rotation d'un triangle rectangle isocèle
autour de l'un des côtés égaux ; c'est-à-dire précisément le cône
dont l'angle au sommet est droit, et qui, de tous les miroirs,
donne la chaleur la plus grande sur son axe.

s'opère par les rayons émis de toutes les parties du soleil. — La partie de l'optique qui examine ce qui a lieu quand les rayons pénètrent à travers les eaux ou à travers les membranes transparentes n'offre pas une théorie aussi étendue, elle cherche à expliquer ce qui se passe dans les eaux, les membranes et le verre quand, vus à travers ces corps, des objets qui se tiennent paraissent séparés, des objets simples paraissent composés, des objets droits paraissent brisés, et des objets immobiles semblent se mouvoir. »

Cette dernière partie pourrait bien être, quoiqu'en dise M. Henri Martin (1), le sujet des traités de dioptrique aujourd'hui perdus.

La *Dioptrique* ne serait d'après M. Henri Martin, que la description d'un appareil nommé Dioptre analogue à nos alidades et l'énumération des diverses applications qu'il pouvait avoir dans l'astronomie et la topographie. Tel est, en effet, le contenu d'un ouvrage de Héron qui nous est resté sous le titre Περι διόπτρας ; mais la raison ne me paraît point concluante.

Les lunettes composées d'une série de verres combinés paraissent n'avoir point été connues dans l'antiquité ; il n'en est point de même des verres grossissants. On vient de lire la mention qu'a faite Damien des verres destinés à concentrer les rayons du soleil. Dans un poème, réputé Orphique, sur les pierres, on lisait déjà (v.v. 770-784) que, pour rallumer le feu sacré, il fallait faire tomber les rayons du soleil sur des flambeaux à l'aide d'un cristal. Le dialogue suivant, tiré des *Nuées* d'Aristophane (acte II, scène I), confirme d'une façon piquante l'ancienneté de ces instruments.

---

(1) *Recherches sur la vie et les écrits de Héron d'Alexandrie* Paris 1854, p. 88 et suiv.

Strepsiade, personnage grossier, indique à Socrate comment il compte s'y prendre pour ne point payer ses dettes.

« Streps. — As-tu vu chez les droguistes la belle pierre transparente dont ils se servent pour allumer du feu ?

Socr. — Tu veux parler du verre ?

Streps. — Oui.

Socr. — Eh bien ! qu'en feras-tu ?

Streps. — Quand le greffier aura écrit son assignation contre moi, je prendrai le verre, et me mettant ainsi au soleil, je ferai fondre son écriture. »

On sait que l'écriture se traçait alors sur des tablettes recouvertes de cire.

Les anciens ont certainement remarqué en même temps que cette propriété des surfaces convexes transparentes, celle qu'elles possédaient de grossir les objets. Sénèque, dit en effet, dans ses *Questions Naturelles* (liv. i) que de petites lettres vues à travers une boule de verre pleine d'eau paraissent plus grosses. M. Layard a, du reste, trouvé dans les ruines de Ninive (1), une lentille plan-convexe à base hexagonale taillée dans un morceau de cristal de roche. Je reviendrai plus tard sur ce sujet pour montrer que l'antiquité connaissait la lanterne magique.

Sénèque parle encore dans le livre i de ses *Questions Naturelles* (chap. 7) du prisme comme d'un instrument bien connu de son temps. « On a coutume, dit-il, de faire une sorte de baguette à plusieurs angles qui, présentée au

---

(1) On peut consulter sur ce sujet : Egger, *Mémoires d'hist. ancienne*, 1863, p. 136, 415 ; Boissonade, *Magasin encyclop. de 1798*, t. v. p. 456. ; *Athen. franc.* 18 sept 1852 ; Wilkinson, *A popular acount of the ancient Aegyptian*, 1854, t. ii, p. 61. ; Th. Henri Martin, *Sur des instruments d'optique faussement attribués aux anciens par quelques savants modernes.* — Rome, 1871, in-4°.

soleil, d'une certaine manière, fait voir les couleurs qu'on remarque dans l'arc-en ciel. »

La *Scénographique* était une application directe de l'optique proprement dite; il ne nous est resté sur ce sujet que le passage suivant de Damien; je le reproduis ici pour montrer jusqu'à quel point les anciens avaient poussé l'étude des illusions d'optique. « La Scénographique, partie de l'optique, cherche comment il faut tracer les figures des édifices. En effet, comme les objets ne paraissent pas tels qu'ils sont, on n'opère pas de manière à montrer les proportions réelles des objets, mais on arrange ces proportions telles qu'elles doivent paraître. Le but de l'architecte est de produire une œuvre bien proportionnée suivant l'apparence, et, autant que possible, d'inventer des remèdes contre les tromperies de la vue, en se proposant la symétrie et la proportion, non en réalité mais au jugement des yeux. C'est pourquoi, puisqu'une colonne bien cylindrique devait paraître amincie et rétrécie vers le milieu au jugement des yeux, l'architecte la fait plus grosse vers le milieu. Pour représenter un cercle, quelquefois ce n'est pas un cercle qu'il trace, mais une section d'un cône acutangle ; pour représenter un carré, il fait un rectangle oblong ; et pour représenter des colonnes nombreuses et de diverses grandeurs, il leur donne des proportions différentes quant au nombre et quant aux dimensions. C'est encore le même raisonnement qui donne au constructeur de colosses les proportions apparentes que son œuvre devra présenter aux regards pour produire un effet convenable, au lieu d'avoir en réalité dans sa structure celles inutilement exactes ; car les objets ne paraissent pas tels qu'ils sont, quand on les voit à une grande hauteur. »

Hydraulique et Pneumatique.

Archimède, Ctésibios et Héron auraient, d'après les témoignages anciens (1), écrit sur la conduite des eaux ; tous ces ouvrages sont perdus. Il en est de même de ceux de Ctésibios, Héron et Philon sur les horloges hydrauliques.

Il nous est resté d'Archimède un traité *des corps portés sur un fluide.* Voici, d'après Vitruve *(préf. du livre* ix) le fait qui donna lieu à ses recherches.

« Hiéron régnait à Syracuse. Après une heureuse expédition, il voua une couronne d'or aux dieux immortels, et voulut qu'elle fût placée dans un certain temple. Il convint du prix de la main d'œuvre avec un artiste auquel il donna en poids la quantité nécessaire. Au jour fixé, la couronne fut livrée au roi qui en approuva le travail. On lui trouva le poids de l'or qui avait été donné.

« Plus tard, on eut quelqu'indice que l'ouvrier avait soustrait une partie de l'or et l'avait remplacé par le même poids en argent mêlé dans la couronne ; Hiéron indigné d'avoir été trompé et ne pouvant trouver moyen de convaincre l'ouvrier du vol qu'il avait fait, pria Archimède de songer à cette affaire. Un jour, tout occupé de cette pensée, Archimède se trouvait dans une salle de bains ; il observa quand il entra dans la baignoire, qu'à mesure que son

---

(1) Vitruve (1, i), parlant des qualités nécessaires à l'architecte, dit que celui-ci doit se livrer à l'étude des philosophes pour arriver à résoudre par exemple les questions qui se rapportent à la conduite des eaux : il ne pourrait sans cela comprendre les traités que Ctésibios, Archimède et les autres ont écrits sur la matière.

corps s'y enfonçait l'eau s'échappait par dessus les bords.
Ce fait lui suggéra la solution du problème qui lui avait été
posé (1) ; sans plus attendre, il s'élance hors du bain, et,
dans sa joie, il se précipite vers sa maison, sans songer à
s'habiller. Dans sa course, il criait de toutes ses forces,
qu'il avait trouvé ce qu'il cherchait, car il disait en grec :
Εὕρηκα, εὕρηκα.

« Aussitôt après cette première découverte, il fit faire,
dit-on, deux masses de même poids que la couronne, l'une
d'or, l'autre d'argent ; ensuite il remplit d'eau, jusqu'au
bord, un grand vase et y plongea la masse d'argent, qui, à
mesure qu'elle enfonçait, faisait sortir un volume d'eau égal
à sa grosseur. Ayant ensuite ôté cette masse, il mesura
l'eau qui manquait en en remettant avec une mesure gra-
duée jusqu'à ce que le vase fût de nouveau plein jusqu'au
bord. Cette expérience lui fit connaître à quel poids d'argent répondait un certain volume d'eau.

« Il plongea de même la masse d'or dans le vase plein
d'eau ; et, après l'avoir retirée et avoir également mesuré
l'eau expulsée, il reconnut qu'il n'en manquait pas autant
et que cette différence en moins correspondait à celle qui
existait entre le volume de la masse d'or et celui de la
masse d'argent qui avait le même poids.

« Le vase fut rempli une troisième fois et la couronne
elle-même y ayant été plongée, il trouva qu'elle en avait
fait sortir plus d'eau que la masse d'or, qui avait le même
poids, n'en avait fait sortir, et calculant d'après le volume

---

(1) Vitruve a voulu dire ceci. Archimède, en voyant l'eau sortir
de la baignoire quand il y entrait, réfléchit que si la baignoire
était pleine avant son entrée, le volume de l'eau sortie serait
précisément celui de la partie immergée de son corps ; il avait
donc ainsi le moyen de mesurer exactement le volume d'un corps
quelconque.

d'eau que la couronne avait fait sortir de plus que la masse
d'or, il découvrit la quantité d'argent qui avait été mêlée
à l'or, et fit voir clairement ce qui avait été dérobé. »

Dans son traité, Archimède part de l'hypothèse suivante :

« On suppose que la nature d'un fluide est telle que ses
parties étant également placées et continues entr'elles,
celle qui est la moins pressée est chassée par celle qui l'est
davantage. Chaque partie du fluide est pressée par le fluide
qui est au-dessus, suivant la verticale, soit que le fluide
descende, soit qu'une cause le force à passer d'un lieu
dans un autre. »

Voici maintenant les principales propositions du livre :

La surface de tout fluide en repos est sphérique, et
le centre de cette surface sphérique est le centre de la
terre.

Si un corps, qui sous un volume égal a la même pesanteur qu'un fluide, est abandonné dans ce fluide, il s'y plongera jusqu'à ce qu'il n'en reste rien hors de la surface du
fluide ; mais il ne descendra pas jusqu'au fond.

Si un corps plus léger qu'un fluide est abandonné dans
ce fluide, il s'y enfoncera jusqu'à ce qu'un volume de
liquide égal au volume de la partie du corps qui est enfoncé ait le même poids que le corps entier.

Si un corps plus léger qu'un fluide est enfoncé dans ce
fluide, ce corps remontera avec une force d'autant plus
grande qu'un volume égal du fluide sera plus pesant que
ce corps.

Un corps qui, à volume égal, est plus pesant qu'un
fluide, continuera à descendre jusqu'à ce qu'il soit arrivé
au fond.

C'est dans les traités de pneumatique de Héron et de
Philon que nous trouvons exposées les idées des Alexan-

drins sur la constitution des corps et en particulier des fluides. Elles peuvent se résumer ainsi :

Tout corps est composé de molécules très-petites entre lesquelles se trouvent des espaces vides ou *pores* d'une grosseur moindre que ces molécules.

Les corps se présentent à nous sous quatre aspects, celui de la terre, celui de l'eau, celui de l'air, et celui du feu (chaleur, lumière); ces quatre formes typiques sont appelées *éléments*.

Un élément peut se transformer en un ou plusieurs autres, par l'action d'un autre élément, comme quand l'eau se réduit en vapeur ou qu'un solide se dissout dans l'eau ou qu'on fait brûler un solide.

L'air est élastique; quand on le comprime, ses molécules se rapprochent, plus que ne le comporte leur état d'équilibre naturel, en pénétrant dans les espaces vides qui les séparent. Quand au contraire on les dilate, les molécules s'espacent davantage. Mais, dès que la force qui les comprimait ou les dilatait cesse d'agir, les molécules reviennent très-rapidement reprendre leur espacement normal.

Le feu est composé de particules d'une ténuité extrême qui peuvent pénétrer dans les pores du corps. Il agit de deux manières différentes suivant son intensité; quand il est modéré et se manifeste seulement par une certaine sensation de chaleur, il se borne à écarter les molécules entre lesquelles il a pénétré et il augmente ainsi le volume des corps sur lesquels il agit; mais quand il devient plus violent et prend l'aspect d'une flamme, il use ces particules et les rend plus ténues, de telle sorte que, finalement, le corps est en partie consumé.

Les corps se superposent par ordre de densité ; en bas, les solides et les liquides, au-dessus, l'air, puis le feu. Ils tendent toujours à se suivre dans cet ordre sans laisser d'intervalle entre eux ; c'est là une des propriétés de la matière dont on ne peut empêcher l'effet que par l'application d'une force étrangère.

Cette propriété se manifeste par l'attraction qu'exercent les différents éléments les uns sur les autres : qu'on jette une pierre, à mesure que la pierre se déplace, l'espace qu'elle abandonne est aussitôt occupé par l'air qu'elle attire après elle ; plongez un tube de verre dans l'eau, vous verrez l'eau se coller contre les parois du tube. Cette force d'attraction n'est point la même entre tous les éléments ; peu considérable entre un liquide et un solide, elle l'est beaucoup entre un liquide et l'air. C'est pour cela que, quand il y a de l'air sur de l'eau dans un tube et qu'on retire l'air, l'eau le suit, obéissant ainsi à une force qui agit en sens inverse de la pesanteur. On voit que, d'après les idées des anciens, l'eau pourrait ainsi monter jusqu'à ce que le poids de la colonne d'eau soulevée fît équilibre à la force d'attraction exercée par l'air sur l'eau, et que l'explication du phénomène observé par le fontainier de Florence eût été facile pour eux s'ils l'avaient connu.

La théorie que je viens d'indiquer, d'après Philon, pour l'ascension de l'eau, n'était point seule admise. On lira, plus loin, comment Héron l'attribuait à la pression de l'air. Les anciens, qui savaient cependant que l'air était pesant, n'ont jamais eu l'idée de songer à l'effet de son poids.

Mécanique.

Suivant Vitruve (x, 1), les Grecs divisaient la mécanique, ou plutôt les arts qui constituaient le domaine de l'ingénieur, en trois genres : le *Scansorium* ou Ἀκροβατικόν, le *Spiritale* ou Πνευματικον et enfin le *Tractorium* ou Βαρούλκον. Cette énumération est incomplète ; il faut y ajouter notamment le Βελοποιϊκόν ou *art de construire les machines de jet* et faire précéder le tout des *Principes de mécanique théorique*.

Ces principes ont été exposés dans des traités perdus de Philon et de Héron ; Vitruve en dit quelques mots dans le chap. III, du livre X. Il nous est resté d'ARCHIMÈDE un livre sur l'*Equilibre des corps* et un autre sur les *Centres de gravité dans les figures planes*. Quoiqu'en ait dit Plutarque (1), Archimède avait aussi très probablement écrit sur les applications de la mécanique (2).

------

(1) « Archimède avait une âme si élevée, un esprit si profond et une si grande richesse de théories géométriques, qu'il ne voulut jamais rien laisser par écrit sur la construction de ses machines qui lui avaient acquis tant de gloire et lui avaient fait attribuer non une science humaine, mais une intelligence divine ; regardant la mécanique, et en général tout ce qu'on exerce pour le besoin, comme des arts vils et obscurs, il ne se livra qu'aux sciences dont la beauté et la perfection ne sont liées à aucune nécessité et avec lesquelles toutes les autres ne sauraient entrer en comparaison. (*Vie de Marcellus*). »

(2) VITRUVE (I, 1) cite ARISTARQUE de Samos, PHILOLAUS, ARCHYTAS de Tarente, APOLLONIUS de Perga, ERATOSTHÈNE de Cyrène, ARCHIMÈDE et SCOPINAS de Syracuse comme ayant fait, à l'aide du calcul et de la connaissance qu'ils avaient des lois de la nature, de grandes découvertes dans la mécanique et la gnomonique, et laissé à ce sujet de savants traités à la postérité. — Dans la préface du livre VII, VITRUVE dit encore qu'il s'est servi pour écrire son livre sur les machines des traités laissés par DIADÈS, ARCHYTAS, ARCHIMÈDE, CTÉSIBIOS, NYMPHODORE, PHILON de Byzance, DIPHILE, DÉMOCLÈS, CHARIDAS, POLYEIDOS, PYRRHOS et AGÉSISTRATOS.

AMBROISE LE CAMALDULE, mort en 1439, parle d'un traité d'Archimède intitulé : *De machinis bellicis*. LÉONARD DE VINCI, donne dans un de ses manuscrits, un extrait, que nous reproduisons plus loin, de la description d'un engin à vapeur, décrit par Archimède ; enfin il existe dans la bibliothèque Bodléienne (cod. arab. CMLIV) une compilation arabe dont le texte peut se traduire ainsi : *Ce qu'Héron a tiré des livres des grecs Philon et Archimède sur la traction des fardeaux, les machines qui lancent des projectiles, les moyens pour faire monter l'eau et la recueillir, et autres choses semblables.*

On vient de voir ce qu'était la *Pneumatique*.

Le Βαρούλκος avait pour objet la traction et l'élévation des fardeaux ; il nous est resté sur ce sujet un traité de HÉRON qui n'a été publié qu'en partie. VITRUVE donne quelques détails sur cette partie de la mécanique dans son livre x ; le chap. II parle notamment des chèvres et cabestans ; dans les chapitres IV, V et VI il décrit différentes machines pour élever l'eau, ainsi que les roues de moulins.

L'anecdote suivante, racontée par Plutarque dans la Vie de Marcellus, permet de se rendre compte des effets que les anciens savaient tirer de leurs machines.

« Archimède dit un jour au roi Hiéron, qu'avec une force donnée, on pouvait remuer un fardeau, de quel poids qu'il fût. Plein de confiance en la puissance de sa démonstration, il se vanta que, s'il avait une autre terre, il remuerait à son gré celle-ci, en passant dans l'autre. Le roi, étonné de cette assertion, le pria de réduire en pratique son problème et de lui faire voir une grande masse remuée par une petite force. Archimède ayant fait tirer à terre, avec un grand travail et à force de bras, une des galères du roi, ordonna qu'on y mît une charge ordinaire, avec autant d'hommes qu'elle en pourrait contenir ; ensuite s'étant assis à quelque distance sans employer d'effort, en tirant doucement de la main le bout d'une machine à plusieurs poulies, il ramena à lui la galère qui glissait aussi légèrement et avec aussi peu d'obstacles que si elle avait fendu les flots. »

Le *Scansorium* me paraît avoir été l'art de construire les échafaudages, art de peu d'importance dans la vie civile parce que les édifices n'avaient généralement pas une grande hauteur dans l'antiquité, mais extrêmement utile pour les machines de siège : hélépoles, béliers et tortues diverses.

Le nombre des auteurs qui ont écrit sur ce sujet est considérable. J'ai déjà parlé de Diadès, ingénieur d'Alexandre ; on a vu que Vitruve citait (préf. du liv. VII), comme ayant traité des machines, ARCHYTAS, ARCHIMÈDE, CTÉSIBIOS, NYMPHODORE, PHILON de Byzance, DIPHILE, DÉMOCLÈS, CHARIAS, POLYEIDOS, PYRRHOS, AGÉSISTRATOS ; à ces noms j'ajouterai celui d'ATHÉNÉE, qui paraît avoir vécu peu de temps avant Vitruve. De tous ces ingénieurs il ne nous est resté sur le *Scansorium* que les livres de Philon et d'Athénée dont j'ai publié les premières traductions françaises.

Quant à *l'art de construire les machines de jet*, il était arrivé à un haut degré de perfection. Nous avons encore sur ce sujet des livres composés par HÉRON, PHILON et BITON. M. Prou a étudié spécialement l'un d'eux, le *traité de la Chirobaliste*, par Héron, et j'ai publié dans le *Bulletin Monumental* (1882) une notice sur l'artillerie des Grecs. Il suffit d'indiquer ici que les règles étaient devenues tellement précises pour ce genre de constructions, qu'il suffisait d'avoir le poids du projectile pour en déduire, par une équation très simple, le diamètre du faisceau de fibres qui devait servir de moteur par sa torsion ; des tables donnaient ensuite les dimensions de toutes les pièces de la machine en fonction de ce diamètre pris pour module. On parvenait ainsi à projeter des pierres pesant 80 kilos et à envoyer des projectiles légers jusqu'à plus de 700 mètres.

Acoustique.

Pythagore savait que le son est dû à l'ébranlement de l'air. Il enseignait même que le mouvement de chaque corps céleste produisait un son spécial, que ces sons étaient en rapports simples, que leur réunion constituait la grande harmonie de l'univers et que, si nous n'entendions pas celle-ci, c'est que nous y étions habitués depuis l'enfance. Aristoxène et Euclide ont composé des traités sur la théorie de la musique qui nous ont été conservés en partie. Vitruve, qui a eu entre les mains les livres d'Aristoxène, en donne un résumé dans son livre v.

« La voix, dit-il, est un souffle fluide qui est sensible à l'ouïe par le choc de l'air. Elle se transmet par une infinité de cercles concentriques, comme quand on jette une pierre dans l'eau dormante. On voit alors une infinité d'ondulations circulaires qui s'élargissent à partir du centre et qui s'étendent fort loin à moins qu'elles ne soient arrêtées par l'étroitesse du lieu ou quelqu'autre obstacle qui ne permette point que ces ondulations prennent leur entier développement... De même la voix, par son choc, produit des ondulations en cercle ; mais les cercles qui se produisent dans l'eau se meuvent seulement sur la surface, tandis que la voix se propage à la fois en largeur et en hauteur. »

Les anciens avaient poussé les applications de l'acoustique à un très haut degré de perfection, non-seulement dans la musique, mais encore dans l'art de renforcer les sons et de les propager au loin. On en a des exemples par le porte-voix avec lequel Alexandre envoyait, dit-on, les ordres à son armée, ainsi que par ces vases en airain dont Vitruve donne la description et que les architectes grecs plaçaient dans les gradins des théâtres, afin de renforcer la voix des acteurs. Il y a donc lieu de tenir largement compte de cette source d'illusions, dans l'examen des prestiges des Thaumaturges.

Magnétisme et Electricité.

Les savants de l'école d'Alexandrie ne nous ont rien laissé sur cette partie de la physique; Héron se borne à citer, dans les Pneumatiques, la secousse produite par la torpille à l'appui de sa théorie sur la porosité des corps. Il est vraisemblable cependant que les anciens n'avaient point négligé les applications curieuses de cette partie de la physique quelle que pût être du reste leur ignorance des causes.

Pline raconte, en effet, (xxxiv, 14) que Ptolémée Philadelphe et son architecte Dinocharès avaient dressé pour la reine Arsinoë, le plan d'un temple dont la voûte devait être construite en aimant, afin que la statue de fer de la nouvelle déesse y restât suspendue par le simple contact ; la mort du roi et de l'architecte empêcha l'exécution de ce dessein.

Lucrèce (vi, 1044-54) parle d'anneaux magiques et de petits morceaux de fer qui s'agitaient dans un bassin d'airain, lorsqu'on passait un aimant au-dessous du bassin.

Un autre poète du iv° siècle de notre ère a composé un poème intitulé *Magnes*, où il décrit un temple d'or et dans ce temple deux statuettes, l'une de Mars, en fer, et l'autre de Vénus, en aimant, servant à représenter l'amour de ces deux divinités. Il parle de la propriété qu'a l'aimant de se fortifier par le contact du fer.

Enfin, une foule d'auteurs chrétiens, en tête desquels il faut placer St-Augustin, mentionnent plus ou moins vaguement des statues de fer, fabriquées par les prêtres du paganisme, qui jouissaient de la propriété, réellement merveilleuse, de rester suspendues en l'air sous l'influence combinée de divers aimants convenablement disposés. Le moine

byzantin Cedrenus et Suidas ont même été jusqu'à spécifier
le temple de Sérapis à Alexandrie comme l'un des lieux où
ce prodige s'était vu.

Quant à l'art de diriger la foudre, que d'anciennes traditions attribuent aux Etrusques, j'en discuterai la réalité
dans la seconde partie de cet ouvrage.

SECONDE ÉCOLE D'ALEXANDRIE.

Quand l'Egypte fut devenue province romaine, l'école
d'Alexandrie puisa dans ses traditions comme un renou-
veau de vie intellectuelle, mais son esprit ne tarda point à
se modifier profondément.

Les anciennes religions, après avoir eu comme toutes
choses, suivant l'heureuse expression de M. Boucher-Le-
clercq (1), une jeunesse pleine d'énergie et de séduction,
en étaient arrivées à cet âge de décrépitude où l'opinion
les délaisse. Le Christianisme naissant faisait de rapides
progrès, mais ses enseignements, basés exclusivement sur
la morale, laissaient trop de côté les choses de l'intelligence, pour rallier à lui les philosophes; les classes éle-
vées de la société se défiaient de ces doctrines nouvelles,
écloses dans un coin obscur de la Judée, qui se propa-
geaient dans les misérables quartiers juifs des grandes
villes, soulevaient chez les conservateurs des craintes semblables à celles qu'engendre aujourd'hui l'Internationale.
D'autre part, les vastes conquêtes des Romains avaient fait
naître dans les esprits une tendance générale à l'éclectisme;
les différents cultes, sans cesse en contact par suite de
l'abolition des frontières, avaient perdu le caractère exclusif
et local qui les caractérisait dans l'origine; ils s'étaient

---

(1) Histoire de la divination dans l'antiquité.

fondus par la force même des choses les uns avec les autres, produisant un panthéisme grossier, analogue à cette langue bâtarde que parlent les marins de la Méditerranée. De tous temps les philosophes ont été portés à considérer les religions comme devant suivre les évolutions des peuples et présenter, en quelque sorte à chaque instant, des résultantes de leur état social, le rôle des sages se bornant à les codifier et à les épurer. Telle fut l'opinion qui donna naissance à l'ECOLE NÉOPLATONICIENNE, où l'unité de Dieu se dégageait au-dessus des divinités du paganisme transformées en puissances surnaturelles d'un ordre inférieur (*démons*) participant à la fois, et en proportions diverses, aux perfections divines et aux faiblesses humaines, répandues dans l'univers entier et présidant à tous les phénomènes de la nature. Ces idées, Pythagore et son école les avaient admises pour la plupart; après les avoir puisées aux mêmes sources, Platon les avait développées avec toute la puissance de son génie. Elles formèrent le fonds de la doctrine commune à tous les philosophes Alexandrins, mais bientôt, chacun se laissant aller à son penchant particulier, on vit les savants se subdiviser en trois catégories.

Les premiers, conservant en partie les traditions de la vieille école, peu soucieux des vagues théories de la métaphysique, continuèrent à cultiver avec succès les sciences mathématiques; tels sont : l'astronome PTOLÉMÉE; MÉNELAUS à qui l'on attribue l'invention de la trigonométrie; THÉON de Smyrne, auteur de la théorie des nombres; PAPPUS, qui nous a conservé dans ses écrits beaucoup de fragments des mathématiciens plus anciens; DIOPHANTE, inventeur de l'algèbre.

D'autres, s'emparant de l'Art sacré que les prêtres, usant de leurs ressources suprêmes, s'étaient enfin décidés à divulguer pour confirmer les vues de Platon sur l'unité de la matière, se livrèrent, avec une ardeur sans pareille dans le silence des laboratoires, à la recherche des deux grands secrets dont la possession était l'idéal terrestre : l'art de transformer en or les substances les plus communes et celui d'animer la matière inerte, et par suite, de donner l'immortalité. Qui peut dire s'ils n'étaient point soutenus dans leurs travaux par des observations, telles que l'action des ferments sur les matières organiques et la résurrection des rotifères au contact d'une goutte d'eau ? Le plus célèbre d'entre eux fut Zozime le Panapolitain.

D'autres enfin, s'abandonnant à un mysticisme sans limite, prétendirent entrer en relation avec les démons et arriver même par l'extase jusqu'à la communion directe avec Dieu. Plotin, Porphyre, Jamblique furent des thaumaturges comme Simon le magicien et Apollonius de Thyane dont ils procédaient directement. Il est fort difficile de déterminer la nature des miracles dont ces philosophes, pour la plupart modèles de toutes les vertus, émerveillèrent leurs contemporains ; les jongleries comme la science y paraissent également étrangères et c'est peut-être chez eux qu'il faut chercher les premières manifestations positives de ces forces encore inconnues, sur lesquelles les expériences de M. Crookes et du docteur Charcot viennent d'appeler si vivement l'attention.

L'école néoplatonicienne, après avoir brillé d'un vif éclat à Alexandrie pendant près de 150 ans, se vit persécutée dans la seconde moitié du IIIe siècle. L'empereur Julien, l'un de ses adeptes, l'avait associée à son pouvoir ; il l'entraîna dans sa chute et les philosophes allèrent chercher un refuge à Athènes, où les protégèrent quelque temps encore les vieux souvenirs de l'hellénisme.

ATHÈNES.

Les néoplatoniciens avaient transporté à Athènes les traditions scientifiques de l'école d'Alexandrie. Elles s'y main-
tinrent pendant près de deux siècles, et c'est là que les
empereurs d'Orient venaient chercher des savants quand ils
en avaient besoin.

PROCLUS fut ainsi mandé en 485 pour défendre Constantinople contre la flotte de Vitallien qu'il incendia avec des
miroirs ardents, disent les uns, avec du feu grégeois, disent
les autres.

Au milieu du siècle suivant, il en fut de même pour l'ingénieur ANTHEMIUS, que Justinien fit venir pour construire
l'église Sainte-Sophie. Anthemius était un physicien habile,
qui paraît avoir poussé ses études dans le même sens que
les mécaniciens de la première école d'Alexandrie. Il avait
composé un livre intitulé : *Des inventions mécaniques mer-
veilleuses*, dont Dupuy a publié un fragment dans les mémoires de l'Académie des inscriptions en 1877 ; ce fragment
contient la solution de plusieurs problèmes d'optique relatifs aux miroirs ardents. Suivant le rapport de Vitellion
(*Opt. liv. 1, dern. prop.*) il avait construit un miroir ardent
formé de 24 miroirs plans. Agathias (*Hist. du règne de
Justinien*, liv. v) rapporte une anecdote souvent reproduite
d'après laquelle Anthémius, pour se venger d'un personnage nommé Zénon contre lequel il avait perdu un procès
et qui logeait au-dessus de lui, aurait ébranlé les solives
du plafond, pendant un grand dîner donné par son enne-
mi, au moyen de tuyaux en cuir bouilli appliqués contre
elles et dans lesquels il produisait de violents jets de vapeur (1).

---

(1) Voir au sujet d'Anthémius les παραδοξογραφοι de WESTER-
MANN, p. 156 ; AGATHIAS, *Du règne de Justinien,* liv. v.

Rome.

Les lettres ne commencèrent à être cultivées que fort tard à Rome ; la première bibliothèque publique y fut fondée dans la seconde moitié du premier siècle avant notre ère, par Asinius Pollio. C'est à cette époque que parurent les trois seuls livres latins présentant quelque valeur au point de vue scientifique : l'*Histoire naturelle* de Pline, les *Questions naturelles* de Sénèque, et l'*Architecture* de Vitruve (1) ; encore ces travaux ne sont-ils guère que des compilations des livres grecs.

La plupart des empereurs se donnèrent, il est vrai, le luxe de fonder des bibliothèques ; (il y en avait 29 à Rome au iv° siècle (2) ; mais, en revanche, plusieurs d'entre eux, notamment Domitien, expulsèrent de la ville les philosophes, ainsi que les astronomes, les devins et les magiciens que l'on confondait sous le nom générique de *Mathématiciens* (3). Septime Sévère fit, dit-on, rechercher dans toute l'Egypte et sceller dans un tombeau tous les livres qui étaient supposés traiter de magie (4). Dioclétien publia un édit ainsi conçu : *Il est d'intérêt public qu'on apprenne l'art de la géométrie. L'art mathématique, au contraire, est condamnable et absolument interdit* (5). En même temps il fit rechercher et brûler les livres de magie, d'alchimie, et les livres chrétiens (6).

---

(1) Un autre architecte qui vivait à Rome sous Trajan, Apollodore, a laissé un traité sur les *Machines de guerre* ; mais ce traité est écrit en grec.
(2) Publius Victor.
(3) Suidas, s. v. *Domitien.*
(4) Dio Cassius, 4, xxv, 13.
(5) Code Justinien, ix, 8, 2.
(6) Suidas, s. v. *Dioclétien.*

Quand Constantin transporta en 330 le siège de l'empire à Byzance, il est probable qu'il se fit suivre d'une partie des richesses littéraires de son ancienne capitale.

A partir de ce moment, Rome ne fait que décroître en importance. Prise et reprise plusieurs fois dans le courant du ve siècle et dans celui du xie, elle dut voir disparaître dans les incendies (1) et les pillages, le plus grand nom-

----

(1) On a accusé le pape Saint Grégoire-le-Grand d'avoir fait brûler un grand nombre d'ouvrages païens, notamment *Tite-Live*; mais le fait n'est pas bien prouvé. Ce qui l'est, c'est que pendant les longues luttes qui eurent lieu, aux premiers siècles de notre ère entre les chrétiens et les païens, on brûlait de part et d'autre tous les livres qui paraissaient appartenir à la religion vaincue. Les livres de science, incompréhensibles pour les ignorants auteurs de ces barbares destructions, durent être souvent sacrifiés par les deux partis. C'est ce qui arriva pendant le séjour de saint Paul à Éphèse. « Plusieurs fidèles, dit FLEURY (*Histoire eccl.* i, 13) qui avaient étudié des curiosités inutiles, apportèrent leurs livres et les brûlèrent devant tout le monde. Le prix en fut compté et on trouva la valeur de 50,000 drachmes (revenant à plus de 50,000 livres de notre monnaie). *On croit* que c'étaient des livres de magie. »

A toutes ces causes de destructions il faut ajouter le funeste usage qui s'introduisit parmi les copistes, au ve et au vi^e siècle de notre ère, lorsque le parchemin devint rare, d'éponger ou de poncer les anciens manuscrits pour y transcrire le plus souvent des œuvres sans valeur ou des actes de vente et de donation. Les ouvrages grecs et les traités scientifiques furent les premières victimes de ce procédé en Occident ; car on sacrifiait naturellement de préférence les ouvrages auxquels on ne comprenait rien et l'ignorance du grec, à cette époque de barbarie, est consacrée par ce dicton si longtemps en usage parmi les copistes latins : *Grecum est, non legitur.*

Ce qui survécut aux premiers siècles se conserva ensuite plus facilement en Italie que dans le reste de l'Europe. Les Conciles y combattirent énergiquement l'ignorance, en imposant aux prêtres des campagnes l'obligation d'apprendre aux enfants la lecture et le chant; de là un certain respect pour les œuvres de l'esprit qui sauva bien des chefs-d'œuvre.

bre de ses livres. La seule bibliothèque, dont l'histoire fasse mention pendant ces époques de trouble, est celle que le pape Saint Hilaire établit, vers l'an 465, dans la basilique de Saint-Jean de Latran, et qui, transférée par le pape Nicolas V, au commencement du xve siècle, dans le palais du Vatican, est devenue, grâce surtout aux acquisitions de Sixte IV et de Léon X, une des plus riches du monde en manuscrits précieux.

CONSTANTINOPLE.

Constantinople, dont l'importance politique n'a existé qu'à des époques de décadence, n'a guère produit que des compilateurs dans les sciences comme dans les arts ; mais, malgré les nombreux incendies dont elle a été la victime, elle a conservé aux modernes un nombre considérable d'ouvrages des anciens.

Vers la fin du ive siècle, Théodose-le-Grand y fonda une bibliothèque dite impériale, où sept copistes étaient constamment employés à copier des manuscrits (Code Théod. titre ix, chap. xiv). Cette bibliothèque contenait 120,000 volumes lorsqu'elle fut brûlée par un incendie fortuit en 476, sous le règne de Basilisque.

La bibliothèque impériale, reconstituée après l'incendie de 476 dans la basilique surnommée l'*Octogone*, contenait 36,000 volumes, au commencement du viiie siècle. Douze professeurs, sous la direction d'un doyen, y enseignaient aux frais de l'État les lettres sacrées et profanes ; ils jouissaient d'une grande influence à la cour et les empereurs les consultaient souvent. Léon III, grand partisan des iconoclastes, n'ayant pas pu faire partager ses opinions à ces treize savants, eut recours à un argument décisif ; une nuit, il fit entourer la basilique de matières combustibles et y fit mettre le feu qui, du même coup, consuma la bibliothèque et les bibliothécaires (Zonaras, *Annales*, tome iii, p. 304).

Dans le siècle suivant, l'empereur Basile qui regrettait son ignorance, chargea Photius de l'éducation de son fils. Ce prince régna sous le nom de Léon VI et a laissé un traité de tactique. Constantin Porphyrogénète, fils de Léon, fit composer une grande encyclopédie historique sous le titre suivant : *Extraits des stratagèmes des batailles, des ambassades, des bons et des mauvais exemples, etc.* Parmi les savants qui travaillèrent à cet ouvrage se trouvait Héron, dit le jeune, qui écrivit un traité sur les *Cadrans solaires*, aujourd'hui perdu, un autre sur la *Géodésie*, enfin un troisième sur la *Poliorcétique* (1).

Je ne vois plus à citer, jusqu'à la prise de Constantinople par les Turcs, que Barlaam, religieux de Saint-Basile. Ce moine, auteur d'un traité sur la *Logistique* ou l'art de calculer, fut envoyé par l'empereur Andronic le Jeune à Avignon où résidaient alors les papes, avec la mission d'opérer la réunion des églises grecque et latine. C'est là qu'il rencontra Pétrarque et lui apprit le grec ; il fut ainsi, avec le moine Planude également auteur de quelques traités mathématiques et envoyé comme ambassadeur à Venise en 1327 par Andronic II, l'un des anneaux de la chaîne qui transmit la tradition scientifique de la Grèce aux savants de la Renaissance.

Les Arabes.

Quand les Arabes s'emparèrent de l'Egypte au milieu du viie siècle, ils n'étaient point aussi barbares qu'on a cou-

---

(1) J'ai traduit et publié une partie de ces Poliorcétiques en 1871 à la suite des traités de Philon sur la *Fortification, l'attaque et la défense des places.*

tume de le dire. Depuis plus de cent ans, ils occupaient la
Syrie où les Nestoriens avaient fondé la célèbre école
d'Edesse ; ce fut là qu'ils s'initièrent à la littérature grecque
et qu'ils sentirent s'éveiller en eux le goût de la science
et des arts (1). Ils s'y livrèrent avec éclat dès que l'évène-
ment de la dynastie des Abassides en 732, eut mis fin à
l'ère des conquêtes. C'est probablement sous le règne des
premiers de ces princes que Géber réunit, dans des livres
qui nous sont parvenus, tout ce qui restait des connaissances chimiques enseignées par l'art sacré. En 807, le calife
Haroun-al Raschid envoie en présent à Charlemagne une
horloge hydraulique qui marquait les douze heures du
jour et de la nuit et les faisait sonner à l'aide de boules qui
tombaient dans un vase d'airain. Al-Mamoun son fils, qui
régna de 814 à 833, stipula expressément, dans un traité de
paix qu'il avait dicté à l'empereur Michel II, qu'on eût à lui
fournir toutes sortes de livres grecs et il chargea une commis-
sion spéciale de lui expédier, de l'île de Chypre, les trésors
littéraires qui s'y trouvaient amassés. Pour les traduire, il
ouvrit à Bagdad une école d'interprètes sous la direction d'un
médecin nestorien et il réunit lui-même, une fois par semaine,
dans son palais, les hommes réputés les plus savants pour
contrôler les travaux des traducteurs. Aristote, Archimède,
Euclide, Ctésibios, Philon, les deux Héron, Ptolémée et
beaucoup d'autres (2) furent non-seulement traduits, mais
commentés.

----

(1) La bibliothèque d'Edesse était considérable ; quand les Romains établirent en Orient leur domination, ils l'enrichirent des
livres qui se trouvaient dans les temples de Nisibe et de Sinope
du Pont. Elle se composait surtout d'ouvrages écrits en grec et
en syriaque.

(2) Les Arabes ont connu plusieurs livres perdus attribués à Pythagore, Empédocle, Anaxagore, Heraclite, Démocrite, Platon, etc
qu'ils citent dans leurs ouvrages.

La médecine, la botanique, la géographie, l'astronomie, l'optique et les mathématiques donnèrent lieu à des travaux originaux et considérables parmi lesquels je citerai l'*Optique* de ALHASEN. Les Arabes ne déployèrent pas une moindre ardeur dans les lettres, les sciences et les arts. Au Xe siècle les écoles de Séville, de Salamanque, de Cordoue et de Tolède concentraient dans leur sein tout ce qui restait d'activité intellectuelle en Europe.

Al-Haken II, roi de Cordoue, qui en 913 succéda à son père Abderame III, rassembla une bibliothèque qui contint, dit-on, jusqu'à 600,000 volumes qu'il classa lui-même. A la mort de ce prince, le catalogue non encore achevé, formait déjà 44 volumes de cinquante feuilles.

Au XIIe siècle on ne comptait pas moins de 70 bibliothèques publiques dans la partie maure de l'Espagne (1).

C'est là, que, quand le reste de l'Occident commença à secouer les langes de la barbarie, papes et rois envoyèrent leurs savants pour étudier l'arabe, copier les manuscrits des anciens et en rapporter la traduction latine.

Vers 1130, l'anglais ADELHARD DE BATH fit ainsi connaître les Eléments d'Euclide à l'Europe ; quelque temps

---

(1) Presque tous ces volumes étaient écrits sur du papier de lin ou de chanvre fabriqués par les Maures eux-mêmes, à Xativa, à Valence, dans la Catalogne.

« Le papier de Xativa, dit le géographe EDRISI, est excellent et incomparable » C'est par la Castille que le papier de chiffon a pénétré en France au XIIIe siècle et de là, dans le reste de l'Europe.

Vers l'année 650 on fabriquait déjà à Samarcande et à Bokara des papiers avec de la soie. En 706, Jousef Amrou imaginait à la Mecque de substituer le coton à la soie ; de là le *papier de Damas* dont parlent les historiens grecs (SEDILLOT, *Histoire des Arabes*, t. II, p. 130).

après, Platon de Tivoli traduisait les Sphériques de Théodose, Eugène de Sicile, l'Optique de Ptolémée ; Rodolphe de Bruges, le Planisphère du même auteur ; Campanus de Novarre, de nouveau Euclide ; Vitellion de Pologne, l'Optique d'Alhazen ; Gerard de Crémone, l'Almageste de Ptolémée, le Commentaire de Géber ; Jean de Séville, les Eléments astronomiques d'Alfragni.

Renaissance des sciences en Europe.

La renaissance des études scientifiques s'affirma avec éclat en Europe, dès le xII^e siècle, non seulement par les traductions que nous venons d'indiquer, mais encore par l'apparition de deux hommes d'un esprit éminemment supérieur, Albert le Grand et Roger Bacon : tous deux durent à leurs connaissances en physique de passer pour sorciers aux yeux de leurs contemporains (1).

---

(1) Albert le Grand, né à Laningen sur le Danube, en 1193, d'une famille considérable, fit ses études à Paris et enseigna la philosophie successivement à Cologne, à Ratisbonne, à Hidelsheim et à Paris. Il mourut en 1280, et fit connaître les œuvres d'Aristote, qu'on venait de traduire de l'arabe en latin. Il construisit, dit-on, un automate à figure humaine qui allait ouvrir la porte de son appartement; Saint Thomas d'Aquin, élève d'Albert le Grand, l'aurait brisé d'un coup de bâton, croyant que c'était un agent du diable. On raconte encore que, par ses enchantements, il procura au comte Guillaume de Hollande, pendant un repas splendide, tous les charmes du printemps au milieu des rigueurs de l'hiver.

Roger Bacon, né en Angleterre en 1214 et mort en 1292, fut moine dans l'ordre des Franciscains et passa dans les cachots, comme magicien, une partie de sa longue vie. S'il n'inventa pas les lunettes, comme on le prétend, il donna au moins la théorie sur laquelle elles sont fondées ; il a décrit dans ses ouvrages la chambre noire. la composition de la poudre, etc. On

L'occupation de l'empire Grec par les Français, de 1204 à 1261, vint s'ajouter à l'influence des Maures d'Espagne pour tourner les esprits vers l'antiquité; on rechercha avec passion les vieux manuscrits dans les bibliothèques des souverains et des couvents; on en fit venir à grands frais de l'Orient. En 1360, on fonde à Florence la première chaire de littérature hellénique; en 1439, deux prélats venus au concile de Florence pour y traiter de la réunion de l'église grecque à l'église latine, visitent les villes voisines, y font des conférences publiques et soulèvent dans ces ardentes populations du midi, alors dans toute la sève d'une nouvelle jeunesse, un enthousiasme que l'on comprend à peine aujourd'hui. L'un d'eux, le cardinal Bessarion, se fixe à Venise (1), l'autre rapporte dans l'empire

---

lui attribue la construction d'un pigeon volant, analogue à celui d'Archytas et de plusieurs statues qui articulaient des sons. Son *Opus majus* contient des traités sur la perspective et les miroirs ardents

Au sujet de l'invention des lunettes, on trouve le document suivant dans un manuscrit de la bibliothèque de Grenoble (y, 556).

« Francisco Redit met l'invention des lunettes sur la fin du XIII° siècle, depuis environ l'an 1280 jusqu'en 1311. Il le prouve par une vieille chronique latine, MS de la bibliothèque des Frères Prescheurs de Pise, qui rapporte qu'un frère nommé Alexandre Spina, natif de la mesme ville qui y mourut en 1313, trouva de luy mesme cette invention, que le premier inventeur ne luy avoit pas voulu confier, il adjouste que dans un vieux MS de l'an 1299 qu'il a entre ses mains, il est parlé des lunettes comme d'une chose inventée en ce temps là; et dans un autre MS composé par un frère Jorduin de Rivulto (ou Rivalto) en 1305, il est dit qu'il n'y avait pas encore 20 ans que les lunettes estoient trouvées. »

(BONAVENTURE D'ARGONNE, *Bibliothèque choisie*, tome I, p. 181-182).

(1) Bessarion fit présent à la bibliothèque de Saint-Marc de Venise des 600 manuscrits grecs qu'il possédait et qui passaient

mourant des Paléologues le récit ému des faveurs dont
jouissaient les lettrés dans cet Occident qu'on avait coutume
encore de regarder comme barbare. Aussi vit-on, cinq ans
après, lorsque Constantinople tomba sous les coups de
Soliman II, affluer sur la terre hospitalière de l'Italie tous
les débris de l'antique civilisation grecque qui purent
échapper au fer et à la flamme des Turcs.

Beaucoup des réfugiés orientaux trouvèrent leurs mo-

---

pour lui avoir coûté 30,000 écus romains. La lettre qu'il écrivit
à ce sujet, le 30 avril 1488, nous a été conservée par GOLDAST
(*Philologicorum epistolarum centuria.* Francfort, 1610, in-12,
p. 300). En voici quelques extraits traduits par M. LALANNE dans
ses *Curiosités bibliographiques.*

« Au très-illustre et très-invincible prince Christophe Mauro,
doge de Venise, et au très-auguste Sénat, Bessarion, cardinal et
patriarche de Constantinople, Salut :

» Dès ma jeunesse j'ai mis tous mes soins et tous mes efforts à
rassembler des livres sur les diverses sciences. J'en ai copié autrefois plusieurs de ma propre main, et j'ai employé à les ache-
ter le peu d'argent qu'une vie économe et frugale me permettait
d'y consacrer. Bien que j'aie été de tout temps occupé de la recherche des livres grecs, mon zèle et mon ardeur ont redoublé
depuis la ruine de la Grèce et la prise malheureuse de Constantinople, et j'ai consacré tous mes biens à les rassembler... C'est
ainsi que j'ai réuni presque tous les livres des grecs savants et
surtout ceux qui étaient rares et difficiles à trouver. Cependant
je regardais tous mes soins comme insuffisants, si je ne parvenais
pas à ce que des livres rassemblés avec autant de peine pendant
ma vie, ne pussent être, après ma mort, ni vendus, ni dispersés
et fussent, au contraire, placés dans un lieu sûr et commode, afin
de servir aux savants grecs et latins. Votre illustre et floris-
sante cité m'a paru, de toutes les villes d'Italie, la plus propre à
un pareil objet. Quelle cité pouvais-je préférer à celle que j'ai
choisie pour patrie après l'esclavage de la Grèce et dans laquelle
j'ai été attiré et reçu si honorablement .. Je destine donc et
donne tous mes livres à la vénérable bibliothèque Saint-Marc de
votre illustre ville.

yens d'existence en copiant les manuscrits qu'ils avaient apportés avec eux et en vendant ces copies.

L'invention de l'imprimerie ne porta aucune atteinte à cette industrie ; car, pendant bien longtemps, elle n'eut que des caractères latins. Elle fut même la cause de la perte d'un certain nombre d'ouvrages antiques, spécialement de traités scientifiques grecs, par suite du discrédit où ne tardèrent point à tomber les manuscrits. Ceux qui avaient été imprimés, étant désormais considérés comme sans valeur, servaient à faire des reliures et il arriva malheureusement quelquefois à d'ignorants propriétaires de condamner en bloc à des usages analogues, tous ceux qu'ils possédaient.

Il y avait encore une autre difficulté pour les traités scientifiques, c'était la reproduction des figures. En 1482, Bernard Rathold imprime à Venise une traduction des Éléments d'Euclide ; dans la préface l'éditeur déclare que « la difficulté d'imprimer les figures avait jusqu'alors empêché d'imprimer les figures de géométrie, mais que cet obstacle venait d'être surmonté par de grands artistes et qu'on peut donner maintenant les figures géométriques avec autant de facilité que les caractères imprimés (1).

Les éditeurs ont, du reste, de tout temps, mis leurs propres intérêts au-dessus de ceux de la science ; aussi se préoccupèrent-ils d'abord de publier, au lieu des traités grecs, s'adressant à quelques érudits, des traductions faites en langue latine, langue qui servait alors à l'enseignement dans toute l'Europe.

---

(1) Ces figures sont marginales et gravées sur cuivre. La traduction est celle d'Athelard de Bath, avec le commentaire de Campanus. Le livre est in-f° et ne porte pas de titre ; il commence ainsi : *Præclarissimus liber Elementorum Euclidis perspicacissimi in artem geometrie incipit quam felicissime.*

Le xvie siècle suffit à cette œuvre de vulgarisation. Un très-grand nombre de savants se livrèrent à l'étude de la langue grecque et tinrent à honneur d'associer leurs noms à celui d'un ancien, en le faisant connaître. Parmi les traducteurs qui se sont occupés des auteurs Alexandrins on peut citer :

En Italie, Zamberti, Commandini, Baldi, Aléotti, Barozzi, Danti, Maurolyco, Tartaglia, Ubaldi, Ghetaldi ; en France, J. de Pène (Joannes de Penna), Lefèvre d'Etaples (Faber Stapulensis), Ismael Bullialdus Juliodunensis, Campanus, Forcadel de Béziers, d'Auria ; en Allemagne, J. Muller (Regiomontanus) Rauchfuss (Dasypodius), Camerarius, Schreckenfuchs, Venatorius.

Je me bornerai ici à donner quelques détails sur ceux qui traduisirent les traités dont nous nous occupons dans cette étude.

Jean Muller naquit en 1436, dans le petit village de Kœnigsberg (Souabe), dont il prit le nom en le latinisant suivant la mode du temps ; il fut l'élève du célèbre Purback, professeur d'astronomie à l'université de Vienne et suivit en Italie son maître, qui s'y rendait pour étudier le grec auprès du cardinal Bessarion. C'est là que, tout jeune encore, il traduisit sur le texte original, l'Almageste de Ptolémée, les Mécaniques d'Aristote, les *Pneumatiques de Héron* et les ouvrages d'Archimède ; ces traductions sont, pour la plupart, inédites et conservées à la bibliothèque de Nuremberg. Il écrivit sur la conduite des eaux, sur les miroirs ardents et fit des travaux importants en astronomie. Il fut très-habile en mécanique et contribua à perfectionner l'horloge de la ville de Nuremberg où il avait fondé une imprimerie. On lui attribue l'invention d'une mouche artificielle qui, quittant la main de son maître, faisait le tour d'une table et venait se reposer au point même de son départ. Il construisit aussi, dit-on, à l'occasion de l'entrée de l'empereur Rodolphe à Nuremberg, un aigle qui vola au devant de ce prince et l'accompagna en planant dans les airs jusqu'à l'entrée de la ville. Il mourut en 1476, dans sa quarantième année, à Rome, où le Pape l'avait appelé pour travailler à la réforme du calendrier.

Fédéric COMMANDINI, né à Urbin en 1509, mort en 1575, exerça la profession de médecin dans sa ville natale. Il traduisit les œuvres d'Euclide, d'Archimède, de Ptolémée, d'Aristarque et enfin les *Pneumatiques de Héron*. Ce dernier ouvrage fut publié l'année même de sa mort par son gendre Valerius Spaciolus.

Bernardino BALDI, né à Urbin en 1553, mort en 1617, fut l'élève de Commandini qui lui enseigna le grec et lui fit dessiner les figures des éditions d'Euclide et de Pappus. Doué de beaucoup de dispositions pour les arts, il dut les abandonner sur l'ordre de ses parents pour aller étudier la médecine à Padoue. Dès l'âge de 20 ans, il commença la traduction des *Automates de Héron* qu'il illustra lui-même avec beaucoup de soin. En 1589, il fit paraître la première édition de cet ouvrage, mais il y apporta ensuite diverses corrections et, en 1601, il en publia une seconde. Abbé de Guastalla depuis 1586, il abandonna vers la fin de sa vie cette riche abbaye, pour se livrer avec plus de liberté à l'étude des langues orientales dans lesquelles il fut extrêmement savant. En 1616, il publia une tradition latine des Bélopoïques et de la Chirobaliste de Héron.

ALÉOTTI avait été maçon dans sa jeunesse, et ce fut seul qu'il apprit le grec et les mathématiques. Il traduisit en italien les *Pneumatiques de Héron* et y ajouta cinq appareils nouveaux, plus compliqués que ceux de l'ingénieur Alexandrin.

Joseph d'Auria, français, établi à Naples, a laissé une traduction inédite des *Automates de Héron* ; il publia, de 1587 à 1591 , les traductions des œuvres d'Euclide, de Théodore de Tripoli et d'Autolycus.

Les heureux effets de cette vulgarisation ne se firent point attendre.

Dès la première année du xvi° siècle, le chancelier Bacon et Descartes mettent en honneur la méthode expérimentale délaissée depuis les premiers Alexandrins , et en tracent les règles avec toute la supériorité de leur génie dans ces immortels ouvrages qui ont pour titre le *Novum organum* et le *Discours sur la méthode*. On commence à répéter les expériences des anciens : la *Pneumatique* surtout, qui présente un fond d'applications curieuses et amusantes fut l'objet d'un véritable engouement J.-B. Porta, le père Kircher, le père Scott, Chr. Sturm (d'Altorf), Ph. Harstörffer (de Nuremberg), J. Dobrouski de Negrepont (de Prague), J. Besson, Salomon de Caus et beaucoup d'autres plus obscurs, étudièrent les petites machines de Héron, les firent construire, les perfectionnèrent et en ornèrent les jardins et les musées.

On s'habitua ainsi à construire des appareils et à interroger directement la nature au lieu de se livrer à de vaines dissertations métaphysiques.

C'est en cherchant à varier les expériences de Héron que Otto de Gerricke et Robert Boyle trouvent presque simultanément la *machine pneumatique* , l'un en Allemagne, l'autre en Angleterre; que Toriccelli en Italie et le capucin Valerianus Magnus en Pologne sont conduits en même temps à constater la hauteur du mercure dans le tube barométrique; que, dans la même année 1657, l'écossais Boyle et le français Mariotte énoncent la loi de compression de l'air.

5

En optique, comme en pneumatique, Porta, Kircher et Scott construisent les miroirs de toute espèce décrits par les Grecs et y ajoutent leurs propres découvertes.

Porta décrit la *chambre noire* ; Kircher, la *lanterne magique* ; Descartes énonce la *loi de la réfraction* ; Drebbel perfectionne le *microscope* ; quatre ou cinq savants et autant de lunettiers se disputent l'invention des *lunettes d'approche* ; le père Mersenne émet la première idée du *télescope à réflexion*.

L'acoustique, la mécanique, le magnétisme et l'électricité sont également l'objet des recherches de savants ; ils fournissent matière à des livres rédigés sur le même plan que ceux des Alexandrins, c'est-à-dire, avec un préambule théorique suivi d'une série d'expériences plus ou moins curieuses.

Tous ces ouvrages constituaient ce qu'on appelait alors la *Magie naturelle* ; ils jouissaient d'une telle faveur que les premières éditions de Porta sont introuvables parce qu'elles ont été littéralement usées par les doigts des lecteurs.

Des sociétés s'étaient constituées pour subvenir aux frais des expériences et de la construction des appareils. La première, qui porta le nom d'*Académie des Secrets*, fut fondée à Naples vers le commencement du xvie siècle sous les auspices du cardinal d'Este, protecteur de Porta ; presqu'en même temps, le prince de Cési, protecteur de Galilée, fondait à Florence l'*Académie des Lyncéi*. Vinrent ensuite : l'*Académie del Cimento*, fondée en 1637, dans la même ville par le frère du duc de Toscane ; celle du *Collège Philosophique* dont les premières séances se tinrent en 1645 chez Boyle, et qui devint, plus tard, la *Société Royale* de Londres ; l'*Académie des Sciences de Paris*, établie par Colbert en 1666 avec le noyau de savants qui avaient commencé à se réunir dès 1635, chez le père Mersenne ; enfin, l'*Académie des Curieux de la Nature*, qui tint sa première séance à Schweinfurth, en Bavière, le 1er janvier 1652.

On voit combien serait intéressante une histoire détaillée du mouvement intellectuel en Europe dans la première moitié du xvie siècle.

Le xviie siècle fut le siècle des expériences, comme le xvie avait été celui des traductions; les savants de toute l'Europe étaient alors en correspondance suivie les uns avec les autres; leurs lettres qui nous ont été conservées permettent de suivre pas à pas la marche de leur esprit dans ces premières conquêtes de la science moderne. Malgré l'intérêt que présente un pareil sujet, j'ai dû me borner à indiquer ici comment cette science a procédé de la science antique, et j'espère en avoir assez dit pour faire apprécier au lecteur le rôle considérable qu'ont joué, dans l'histoire de la civilisation, les petits traités dont il va lire la première traduction française.

CHAPITRE II.

Notice sur la vie et les ouvrages de Ctésibios, de Héron et de Philon.

Ctésibios.

Tous les ouvrages de Ctésibios sont aujourd'hui perdus, mais Vitruve les a eus entre les mains; il nous apprend lui-même qu'il y a puisé une partie de ce qu'il a écrit sur les machines; il nous donne de plus quelques détails sur sa vie.

Ctésibios était le fils d'un barbier d'Alexandrie (1) et se
fit remarquer dès sa jeunesse par son esprit inventif et
une grande adresse.

Il eut un jour envie de suspendre un miroir dans la
boutique de son père de telle manière qu'on pût le faire
descendre et monter à l'aide d'une corde cachée soutenant
un poids. Pour cela il fixa, le long d'une poutre, un canal
de bois muni à l'intérieur de poulies de renvoi, sur lesquels
passait une corde ; celle-ci était ainsi amenée jusqu'au
mur qui soutenait la poutre ; là, il établit un tuyau dans
lequel descendait le bout de la corde lesté par une boule
de plomb. La boule, en montant et descendant dans son
étroit tuyau, y comprimait l'air et le faisait sortir avec
force tantôt par un bout, tantôt par l'autre en produisant
un son clair. Ce phénomène frappa Ctésibios et porta ses
études sur le mouvement des fluides.

Il inventa les pompes à incendie que Vitruve (x,7),
décrit sous le nom de *Ctesibica machina*, les orgues hydrauliques (VITR. x, VIII; ATHÉNÉE, *Deipn.* IV, 22; PLINE,
VII, 38) les clepsydres ou horloges à eau dont on trouvera la
description détaillée dans le chapitre 8 du livre IX de Vitruve.
Il en imagina encore « plusieurs autres de différentes sortes
qui, par le moyen de l'eau mise en mouvement par l'élasticité de l'air produisaient des effets imités de la nature,
tels que des figurines d'oiseaux qui chantent ou qui boi-
vent, et d'autres encore qui charment les sens de la vue et
de l'ouïe » (Vitr. x, 7). C'est parmi ces dernières qu'il
faut placer le Rhyton ou corne à boire qu'il avait fabriqué
pour le temple d'Arsinoë.

---

(1) Le grammairien ATHÉNÉE confirme cette particularité *(Ban-
quet des Savants*, IV, 22*)*. L'ingénieur ATHÉNÉE *(De Mach.)* l'appelle
Clésibios d'Ascra.

Le même Athénée rapporte que l'orgue hydraulique fut inventé par lui alors qu'il était à Aspende, ville célèbre alors par ses citharistes; il enseigna à sa femme Thaïs l'art d'en jouer et acquit ainsi une grande aisance.

Il s'occupa également de la fabrication des machines de guerre. L'ingénieur Athénée décrit une machine de son invention pour escalader les murailles , et Philon, qui l'a connu, parle (*Bélop.*), des nombreux perfectionnements qu'il introduisit dans les machines de jet; ce fut lui notamment qui eut l'idée d'y employer comme moteur, non plus la force de torsion des câbles, mais celle de l'élasticité, soit de l'air comprimé , soit de lames de bronze trempé.

Le grammairien Athénée dit que Ctésibios vécut du temps de Evergète II ; ce prince, nommé aussi Ptolémée VII Physcon, régna de 170 à 177, avant J.-C.

Ctésibios a composé sur toutes ces matières une série d'ouvrages auxquels renvoient Vitruve et l'ingénieur Athénée et qui paraissent avoir été réunis sous le titre générique de *Commentaires* (Ὑπομνήματα).

Philon.

Philon de Byzance fut le contemporain de Ctésibios et lui survécut de quelques années; il habita Rhodes et Alexandrie (1).

On a de lui des fragments d'un grand ouvrage qui, sous

---

(1) Il y eut un autre ingénieur du nom de Philon ; Vitruve en parle dans son livre vii ; il dit que ce Philon vivait à Athènes du temps de Démetrius de Phalères et qu'il écrivit sur les proportions des temples, ainsi que sur l'arsenal qu'il avait fait au Pirée. C'est sans doute par erreur que l'ingénieur Athénée, citant un passage de Philon de Byzance, l'attribue à Philon d'Athènes. Peut-être aussi l'ingénieur Athénée, cédant à la vanité commune aux Grecs, a-t-il donné à Philon comme à Ctésibios, non le nom des villes où ils ont vécu, mais celui des villes dont leurs familles étaient originaires. Ascra était en effet une ville de Béotie.

le titre de *Syntaxe mécanique*, formait une sorte d'ency-clopédie de l'ingénieur, et où l'on trouve les seuls détails que l'on connaisse sur sa vie et ses écrits.

Le premier livre servait d'*Introduction* générale ; l'au-teur y développait le plan de l'ensemble et passait sans doute ensuite à la solution des principales questions de mathématiques qui trouvaient de son temps une application à la mécanique. On y voyait notamment traité le problème de la duplication du cube et exposée la méthode à suivre pour construire, sur un modèle donné, des machines plus petites ou plus grandes que ce modèle.

Dans le second livre intitulé *Mochliques*, l'auteur expo-sait le principe du levier et décrivait les machines fondées sur ce principe.

Le troisième livre, sous le titre de *Liménopoïques*, trai-tait de la construction des ports.

Ces trois livres sont perdus.

Le quatrième, les *Bélopoïques*, nous a été conservé. Il décrit la construction des machines de jet. Le texte grec se trouve dans la collection de Thévenot, avec une traduction latine. Kœchly et Rustow en ont publié à Zurich en 1853, avec le texte grec, une bonne traduction allemande suivie de notes. Le général de Reffye et M. Vincent en ont fait des traductions françaises qui sont restées inédites ; la dernière est actuellement à la bibliothèque de l'Institut. M. Wescher en a publié un texte plus correct en 1867 à l'imprimerie impériale, d'après un manuscrit rapporté d'un couvent du Mont Athos par Mynoïde Mynas.

Ensuite venaient trois livres sur la *Construction des forteresses*, sur les *Approvisionnements de guerre* et enfin sur les *Procédés d'attaque et de défense des places*. Il ne nous en est resté qu'un abrégé dont le texte grec a été publié par Thévenot, avec une traduction latine assez médiocre. En 1872, j'en ai publié une traduction française avec notes techniques. Enfin en 1878, j'ai donné, dans la *Revue Philologique*, en collaboration avec M. Ch. Graux, une édition plus correcte du texte grec relatif aux fortifications avec traduction et notes philologiques.

En 1870, M. Val. Rose a publié à Berlin dans ses *Anecdota græca* un nouvel ouvrage de Philon qui faisait également partie de la syntaxe mécanique. Ce traité, qui nous a été conservé sous forme d'une traduction latine faite au xii° siècle sur une traduction arabe, est incomplet et relatif aux *Pneumatiques*. J'en ai donné une traduction française dans la *Revue d'archéologie* en 1880 et j'en reproduis ici une partie à la suite des Pneumatiques de Héron.

Dans ce traité, Philon parle d'un livre qu'il a composé sous le titre *De arbitriis mirabilibus;* je suppose que c'est un traité analogue aux Ζυγία de Héron dont je parlerai plus loin.

Philon fait encore mention, dans son traité de l'attaque des places, d'un de ses ouvrages ayant spécialement pour objet la *Manière d'envoyer des lettres secrètes.*

Nous savons enfin, par un passage des *Automates* de Héron, que Philon avait, lui aussi, composé un traité sur le même sujet.

HÉRON D'ALEXANDRIE

Théon, rhéteur qui vivait à Alexandrie du ii° au iii° siècle de notre ère, dit (*Progymnasmata* viii. — Tome i, p. 230 des *Rhetores Græci* de Walz) que Héron fut cordonnier avant d'être philosophe. Bien que le nom de Héron fût très répandu chez les Grecs, surtout en Egypte depuis les Ptolémées jusqu'au v° siècle après J.-C. (1), il est extrême-

---

(1) Il y a eu au x° siècle de notre ère, un autre ingénieur connu sous le nom de Héron de Constantinople qui a laissé un traité sur les *Poliorcétiques* et un autre sur la *Géodésie* dont il n'a été publié encore qu'une traduction latine à Venise en 1573 par les soins de François Barozzi.

ment probable qu'il s'agit ici de l'ingénieur Alexandrin. Le titre de philosophe se donnait en effet à tous ceux qui culti-
vaient les sciences, et la renommée d'Héron était assez grande
pour qu'il n'y eût pas à cette époque de confusion possible.
Suivant un ouvrage byzantin anonyme que Codin a publié
à la suite de ses *Origines de Constantinople*, il y avait sur
l'emplacement où Justinien fit reconstruire l'église Sainte-
Sophie, 427 statues parmi lesquelles se trouvait celle d'une
prêtresse de Minerve ayant à son côté « Héron le philosophe occupé à prédire l'avenir. » Saint Grégoire de Na-
zianze, voulant dans un de ses discours (Dix. vii; t i, p. 212
de l'éd. des Bénédictins) désigner les plus grands savants de la Grèce, cite trois noms : ceux d'Euclide, de Ptolémée et de Héron, c'est-à-dire d'un géomètre, d'un astronome et d'un mécanicien.

Il fut le disciple de Ctésibios; Héron de Constantinople
le dit formellement dans son traité des Poliorcétiques. La
plupart des manuscrits de son ouvrage le plus connu portent du reste pour titre Ἥρωνος Κτησιβίου βελοποιίκα qu'il
faut traduire par *Bélopoïques de Héron disciple de Ctésibios;* c'est ainsi que l'historien ecclésiastique *Eusébius* est
souvent appelé *Eusebius Pamphili*, à cause de l'amitié
particulière que lui portait saint Pamphile. Héron a probablement survécu à Philon puisqu'il annonce, au commencement du second livre de ses *Automates*, qu'il ne répétera
rien de ce qui a été écrit par Philon sur ce sujet; de plus
on a vu qu'il existait à la bibliothèque Bodléienne une
compilation arabe ayant pour titre : *Ce qu'Héron a
tiré des livres des grecs Philon et Archimède, sur la
traction des fardeaux, les machines qui lancent des projectiles, les moyens pour faire monter l'eau et la recueillir
et autres choses semblables.*

Presque tous les auteurs qui ont parlé de Héron lui
ont reproché de n'avoir point indiqué plus nettement les
sources où il a puisé et surtout de n'avoir jamais cité son

maître Ctésibios. Quelque peu d'intérêt que présente ce
blâme rétrospectif, je ne saurais m'empêcher de faire remarquer qu'on ne doit point juger des mœurs d'une époque
par celles d'une autre ; on attachait probablement beaucoup moins de prix autrefois à ce que nous appelons la propriété littéraire ; n'avons-nous pas vu, au siècle passé, d'importants ouvrages publiés sous le voile de l'anonyme pendant
que, au moment où j'écris ces lignes, il s'élève de bruyantes
discussions sur les droits à *une idée* scénique? Bien des traités,
bien des cours de physique ne contiennent encore que
l'exposition pure et simple de la science sans un mot sur
son histoire ; cet historique aurait cependant sa raison
d'être bien plus qu'à l'époque d'Héron où il se réduisait
presque aux découvertes de Ctésibios dont le nom était
dans toutes les bouches. Cela est si vrai que, pendant très
longtemps, on ne connut que l'œuvre de ce dernier ; Pline
et Vitruve citent Ctésibios et jamais Héron. La gloire du
maître resta ainsi prédominante pendant deux ou trois
siècles, puis ses écrits se perdirent ; ceux du disciple plus
complets, plus clairs peut-être, furent recopiés de préférence et, seuls, nous sont parvenus au moins en partie.

En voici l'énumération :

1° Μηχανικά. — Ce traité, dont il paraît exister encore
des manuscrits à la bibliothèque de l'Escurial et à celle de
Saint-Marc à Venise, n'est guère connu que par l'analyse
qu'en a donnée PAPPUS. D'après cet écrivain, Héron y traitait
du centre de gravité ; il y donnait la théorie générale ainsi
que les conditions d'équilibre et de mouvement des cinq
machines simples, le levier, le coin, la vis, la moufle et le
treuil. Il s'occupait ensuite des roues dentées.

2° Βαροῦλκος. — Ce traité est une application du précédent ; Héron s'y occupe des diverses combinaisons des
machines simples employées pour la traction et l'élévation
des fardeaux et y étudie spécialement, entr'autres choses,

le moyen de mouvoir un poids donné avec une force donnée.

Il a été analysé par Pappus qui ne l'a connu qu'en partie ; la bibliothèque de Leyde possède, en manuscrit, une traduction latine du traité entier faite d'après une ancienne traduction arabe ; le premier chapitre seul en a été publié en 1783, dans les mémoires de la Société de Gœttingue. Il paraît que le texte grec existe aux archives de la basilique de Saint-Pierre de Rome.

3° Βελοποιϊκά ou Καταπελτικά . — Cet ouvrage traite de la construction des machines de jet. Les manuscrits en sont nombreux. Le texte grec en a été publié avec une traduction latine de Baldi, d'abord séparément en 1626, puis dans la collection de Thévenot en 1690, et enfin en 1867 dans la collection de Wescher.

4° Χειροβαλίστρα. — Cet opuscule qui se trouve à la suite du Βελοποιϊκα, donne la description d'une espèce particulière de machine de jet ; il a fait le sujet d'une polémique assez vive entre M. Vincent (de l'Institut) et l'ingénieur Prou ; chacun d'eux prétendait avoir été le premier à retrouver la pensée de l'auteur. Victoire est restée à M. Prou qui a publié en 1877, dans les Mémoires de l'Académie des inscriptions et belles-lettres, un travail considérable sur ce sujet.

5° Αὐτόματα. — Ce traité a commencé à être connu par une traduction italienne faite par Baldi et publiée à Venise en 1589. Le texte grec a été publié pour la première fois avec une traduction latine de Couture dans la collection de Thevenot. M. Prou a donné en 1880, une analyse détaillée de l'ouvrage dans les Mémoires de l'Académie des inscriptions. Je la reproduirai plus loin en partie.

6° Ζύγια . — Ouvrage cité par Pappus à côté du Αὐτόματα et aujourd'hui perdu ; il traitait probablement de l'équilibre des corps solides et en particulier des singularités que l'on peut obtenir dans cet ordre d'idées.

7° Περι ὑδρίων ou περι ὑδρίων ωροσκοπείων . — Pappus cite
sous ce titre un ouvrage de Héron en quatre livres et
il dit expressément qu'il traitait des horloges hydrauliques ; Héron d'Alexandrie lui-même en parle dans un
autre de ses livres, précisément celui dont nous donnons
aujourd'hui la traduction. D'après Pappus (liv. v) l'auteur
traitait dans le premier livre des précautions à prendre
pour obtenir l'écoulement uniforme de l'eau ; les autres
livres étaient sans doute une édition revue et augmentée
du traité de Ctésibios sur le même sujet.

8° Περὶ ὑδροσκοπείων. — Ce traité relatif ainsi que
l'indique son titre à la *Recherche des sources* est cité par
Pappus (liv. v), par Proclus (*Esquisse des hypothèses astronomiques*, p. 107 de l'édition de HALMA) (1), TH. HENRI
MARTIN confond cet ouvrage avec le précédent, mais je crois
que c'est une erreur. Les deux titres n'ont qu'une ressem-
blance apparente ; la recherche des sources est dans un tout
autre ordre d'idées que les horloges hydrauliques, et le
titre du manuscrit arabe que j'ai indiqué plus haut s'explique par l'existence du traité signalé dans ce paragraphe.

9° Κατοπτρικά. — Les témoignages des anciens auteurs
prouvent que Héron avait composé sous ce titre un traité
aujourd'hui perdu, mais il nous est resté deux traductions
latines de ce traité ou d'un abrégé de ce traité. La première faite vraisemblablement sur le texte grec a été publiée
en 1518 à Venise sous le faux-titre *Ptolomœi de Speculis*

---

(1) Héron de Constantinople donne dans sa *Géodésie* (prop. 9,
f° 68, de l'édition de Barozzi) d'après Héron d'Alexandrie un procédé pour le *jaugeage des sources*, mais sans indiquer l'ouvrage
d'où il l'a tiré. Th. HENRI MARTIN croit que c'est dans le traité de
la *Dioptre* où il se trouve en effet, mais M. Martin fait remarquer
lui-même à plusieurs reprises que Héron d'Alexandrie avait
coutume de se répéter dans plusieurs de ses ouvrages ; il est
extrêmement probable que ce procédé se trouvait originairement
dans le traité d'Hydroscopie.

dans le recueil extrêmement rare de Giunti, intitulé *Sphœra mundi;* elle est très-incorrecte, mais est accompagnée de figures. Tout récemment en 1870, M. Val. Rose a publié à Berlin dans ses *Anecdota Grœca,* la seconde traduction latine faite d'après l'arabe, mais sans figures.

10° Περὶ διόπτρας. — Cet ouvrage tire son nom de la *Dioptre,* espèce d'alidade servant, soit à prendre des alignements sur le terrain pour les opérations d'arpentage, soit à mesurer les distances angulaires célestes pour les opérations d'astronomie. Après avoir décrit l'instrument, l'auteur donne la démonstration de quelques problèmes de géométrie pratique et même de mécanique. M. Vincent l'a publié.

11° Μετρικά. — Il nous est resté sous ce titre, toute une série de fragments relatifs à la géométrie et à la stéréométrie qui ont été publiés à Berlin en 1864, par Fr. Hultsch, sous le titre : *Heronis Alexandrini Geometricorum* et *Stereometricorum reliquiæ.* Une des parties les plus intéressantes est celle qui donne les noms et la mesure des solides connus en géométrie.

12° Πνευματικά. — Le traité des Pneumatiques a pour sujet l'action des gaz et vapeurs sur l'équilibre des liquides. Il se divise en trois parties distinctes. La première contient les notions théoriques générales sur la constitution moléculaire et les divers états des corps, ainsi que sur l'élasticité des gaz ; la seconde donne la théorie du siphon et décrit les diverses formes qu'on peut donner à cet instrument ; la troisième est formée par une série d'appareils plus ou moins ingénieux qui sont des applications des principes précédents (1).

---

(1) Ces divisions ne sont point nettement tranchées dans les manuscrits dont quelques-uns présentent seulement une division en deux livres, division complètement arbitraire qui paraît n'avoir eu d'autre origine que celle des manuscrits primitifs en deux rouleaux (*volumes*).

Le livre des Pneumatiques de Héron offre avec celui de Philon une conformité frappante. Tous deux débutent par des considérations générales et par les mêmes expériences destinées à démontrer la matérialité de l'air et la diminution de son volume par suite de la combustion, mais ces expériences sont accompagnées, dans le manuscrit de Philon, de figures qui n'existent point dans ceux de Héron. Après cela viennent, chez les deux auteurs, les siphons et l'appareil connu, dans les cours de physique, sous le nom de *crible d'Aristote*.

Philon décrit ensuite, avec figures à l'appui, une série d'appareils propres à obtenir un écoulement constant ; cette partie manque dans les Pneumatiques de Héron, probablement parce que Héron l'avait déjà donnée dans le premier livre de son ouvrage sur les horloges hydrauliques, ainsi que cela ressort du témoignage de Pappus ; on trouvera, dans un appendice, l'extrait de Philon qui s'y rapporte. Les deux traités se rencontrent ensuite de nouveau dans la description d'un vase propre à laisser couler plusieurs liqueurs.

C'est là que se termine le fragment qui nous a été conservé des Pneumatiques de Philon, tandis que le traité de Héron continue par un recueil d'appareils dont l'ordre varie dans les différents manuscrits de cet auteur, Fréd. Haase, dans une brochure publiée à Berlin en 1847 sous le titre. *De militarium scriptorum græcorum et latinorum omnium editione instituenda narratio*, consacre deux pages à l'étude des manuscrits des Pneumatiques de Héron et il explique leur diversité par l'incurie des copistes qui, quand ils avaient sauté un chapitre, réparaient ensuite leur négligence en le rétablissant n'importe où.

CHAPITRE III.

Notice sur les manuscrits et les éditions des Pneumatiques de Héron.

MANUSCRITS.

Il nous est resté un assez grand nombre de manuscrits des Pneumatiques de Héron.

En 1693, à l'époque de Thévenot, la Bibliothèque Royale en possédait huit portant les numéros 2169, 2721, 2722. 2723, 3191, 3192, 3193 et 3194. Les numéros 2721 et 3194 sont dus à la plume élégante d'Angelus Vergetius. Le numéro 3191 diffère notablement des autres. Le numéro 2721 a été suivi pour l'impression du texte grec publié par Thévenot.

En 1847, M. Fr. Haase en avait compté 15 à la même bibliothèque.

Parmi tous ces manuscrits, il en distingua particulièrement un, le numéro 2515 qui, bien qu'écrit à la hâte, en lettres très petites et privé de toute la partie théorique par laquelle débute l'ouvrage de Héron, lui parut notablement supérieur aux autres. Voici comment il s'exprime sur son compte dans la brochure citée plus haut :

« Nimirum unus hic codex prœbuit mihi novam plane
« et egregiam Pneumaticorum recensionem et rebus et
« verbis sœpe vehementer ab altera discrepantem , in iis
« vero quœ cum illa communia habet, non raro longe
« præstantiorem. Quid quod ætate etiam utra utram su-
« peret si non multum dubitandum, at certe quærendum
« et demonstrandum est; illud vero certum ac manifestum,
« esse alteram quasi Pneumaticorum editionem eamque

« tanta cura, tanta scientia factam ut ejus auctorem aut
« Heronem ipsum aut aliquem ex ejus discipulis fuisse
« credendum sit. »

Il existe à la bibliothèque de Munich un manuscrit coté
431 donnant une traduction latine calquée pour ainsi dire
sur le Grec et se rapportant complètement, selon l'affir-
mation du même auteur, au manuscrit 2515 de Paris.

M. Ch. Graux a signalé (*Not. som. des man. grecs de
la gr. bibl. roy. de Cop.*, p. 85) les manuscrits suivants
des Pneumatiques : Bibl. roy. de Copenhague, fonds de
Thott, n° 215; Codices Escorialenses, T-1-3 et Φ-1-10 ;
Man. de Tolède, 96-34 ; Bibl. nat. de Madrid, O-68 ;
Bibl. de l'Académie de l'histoire (même ville) n° 39. Toutes
ces copies datent de la Renaissance et appartiennent à la
même famille que celui qui a été imprimé par Thévenot.

Enfin, le British Muséum contient quatre manuscrits.
Les deux premiers, numérotés 5605 et 5582, font partie
de la collection Harléienne et semblent appartenir à la même
famille que le 2515 de Paris. Le premier est rapporté au
xv⁰ siècle et le second au xvi⁰. Ils ont fourni d'excellentes
corrections pour la traduction anglaise publiée par Green-
wod. Les deux autres, cotés 108 et 81, se trouvent parmi
les manuscrits Burney; ils présentent beaucoup de mots
corrompus et des lacunes ; ils concordent généralement
avec le texte publié par Thevenot.

ÉDITIONS ET TRADUCTIONS.

Les Pneumatiques de Héron furent traduites pour la
première fois en latin par Régiomontanus. Suivant Libes
(*Hist. de la phys.*), cette traduction est restée inédite. Quelques années après, Commandini en fit une autre ; celle-ci fut
éditée, l'année même de sa mort, par son gendre Valerius
Spaciolus, sous le titre :

I. — Heronis Alexandrini, *spiritalium liber, a* Federico

Commandino *Urbinate, ex Græco nuper in latinum conversus. Cum privilegio* Gregorii XIII, *Pont. Max.* Urbini, MDLXXV. Petit in-4° de 140 pages, avec gravures dans le texte.

L'ouvrage est dédié au cardinal Jules de la Rovère, et, dans une préface, l'éditeur prévient le lecteur que si la traduction et les dessins présentent quelqu'imperfection, c'est que la mort était venue surprendre Commandini avant qu'il eût eu le temps de mettre la dernière main à son œuvre.

L'ouvrage fut réédité à Paris en 1583 sous le titre :

II. — Heronis Alexandrini *Spiritalium liber, a* Fed. Commandino *Urbinate, ex Græco nuper in lat. conversus.* Parisiis 1583. Petit in-4°; fig.

La première traduction italienne est de 1589; elle est accompagnée de la description et de la figure de quatre appareils imaginés par Aléotti en combinant divers appareils de Héron. En voici le titre :

III. — *Gli artificiosi et curiosi moti spiritali di* Herrone, *tradotti da* M. Gio Battista Aleotti *d'Argenta. Aggiontovi dal medesimo quattro theoremi non men belli, et curiosi de gli alti. Et il modo con che si fa artificiosamente salir un canale d'acqua viva o morta incima d'ogno alta torre.*

Al serenissimo signore D. Alphonso II, duca di Ferrara, *suo signore.*

In Ferrara, MDLXXXIX. *Per* Vittorio Baldini, *stampator Ducale.* Petit in-4° de 104 pages.

Dans sa préface adressée au duc Alphonse d'Est, le traducteur dit que, les infirmités dont il souffre depuis un an l'empêchant de remplir le service actif dont il était chargé par son souverain comme directeur des fortifications de Ferrare, il a employé ses loisirs à traduire les Spiritalia de Héron; il continue à occuper son temps, pour la gloire de son prince, à mettre la dernière main à un instrument de mathématique qu'il a inventé et qu'il appelle *archimè-tre* parce qu'il est supérieur à tous les autres instruments géométriques , ainsi qu'à un ouvrage qui aura pour titre *Théâtre de toutes les Sciences et de tous les Arts.* Les figures sont légèrement différentes de celles des autres éditions.

Cette édition a été réimprimée à Bologne en 1647 sous le titre :

IV. — *Gli artificiosi et curiosi moti spiritali di* Herone, etc. In Bologne, MDCXLVII. — Carlo Zenero. In-4°.

Viennent ensuite les éditions suivantes datant de la fin du xvi° siècle :

V. — *Spiritali di* Herone Alessandrino ridotti in lingua volgare, da Alessandro Giorgi da Urbino. — In Urbino, Appresso Bartholomeo e Simone Ragusii fratelli. — Con licenza de superiori. — 1592. — Petit in-4° de 83 feuillets.

Ce livre contient : une dédicace à Francesco Maria Feltrio della Rovere, vi° duc d'Urbin ; une courte notice sur la vie de Héron ; une introduction d'Alexandre Giorgi, (10 pages), et enfin la traduction des pneumatiques en italien avec quelques notes.

Cette édition a éte réimprimée à Venise en 1585 sous le titre :

VI. — *Li spiritali di* Erone Alessandrino, etc.
Au xvii° siècle, nous trouvons successivement :

VII. — *Li spiritali d'*Erone, di Gio Batista Porta. — Napoli. — MDCV. — In-4°.

VIII.— Heronis Alexandrini *spiritalium liber a* Federico Commandino *Urbinate ex græco in latinum conversus. Huic editioni accesserunt* Jo. Bapt. Aleotti *quatuor Theoremata Spiritalia ex Italico in latinum conversa. —* Amstelodami, *apud* Janssonio-Waesbergios. — MDCLXXX. — Petit in-4° de 119 pages.

IX. — En 1688, parut à Bamberg une traduction allemande in-4° : *Heron Buch von Luft und Wasserkünsten, aus dem lateinischen des Commandini*.

X. — En 1693, THÉVENOT publia dans son recueil des *Veterum Mathematicorum* la traduction de Commandini accompagnée du texte grec.

Dans la préface il dit que, des huit manuscrits que possède la bibliothèque royale, il a choisi le numéro 2721 dont le texte se rapprochait le plus de la version de Commandini et qu'il s'est contenté de donner en note les principales variantes mentionnées par les autres.

Cette édition contient, en plus que toutes les précédentes, la description de la figurine qui boit encore après qu'on lui a traversé le col avec un couteau, ainsi que le texte grec (1) ; la traduction latine est de Pouchard. Elle se termine par les problèmes d'Aléotti en latin.

XI. — En 1851, M. J.-G. GREENWOOD, professeur de littérature ancienne au collège d'Owen à Manchester, publia à Londres, dans un très beau volume dédié au prince Albert, une traduction anglaise de beaucoup supérieure à toutes les précédentes. « Le manuscrit qu'avait choisi Thévenot, dit-il, fut scrupuleusement suivi ; aussi, comme on devait s'y attendre, le texte imprimé est-il extrêmement corrompu. Il n'est pas rare d'y voir manquer des membres de phrase tout entiers qui, finissant par le même mot que le membre précédent, paraissent avoir été suivis par le copiste dont l'œil, en recourant de la copie à l'original, s'arrêtait

---

(1) Les caractères grecs de cette édition ont été fondus sous François Iᵉʳ par Conrad Néobard qui fut nommé, le 17 janvier 1538, par le roi, son *imprimeur pour le grec* avec un traitement de 100 écus d'or. Ces mêmes caractères, acquis par l'imprimerie royale quand elle fut établie dans le Louvre par Richelieu, en 1640, ont servi à l'impression de la *Poliorcétique des Grecs*, publiée par WESCHER en 1867.

sur le second de ces mots semblables et non plus sur le premier. Ces passages défectueux qui semblent avoir été restitués conjecturalement par Commandini, ont été rétablis dans la présente traduction d'après les manuscrits de Héron conservés au British Muséum. Ces manuscrits sont décrits dans un appendice où sont réunis les cas les plus importants où cette source a servi à compléter ou corriger le texte imprimé. Les parties essentielles de chaque appareil concordent ou peu s'en faut, dans les figures des quatre manuscrits du British Muséum et dans les trois éditions de Héron qui ont été consultés par l'éditeur; mais les vases offrent nne grande diversité de formes. Les dessins ont été faits spécialement pour cet ouvrage et d'après les meilleurs modèles. »

Thévenot annonce dans la préface de son recueil qu'une traduction française avec notes avait été faite par De La Hire, savant helléniste, qui avait été chargé de la révision du texte de la collection entière ; cette traduction devait être publiée, mais elle ne le fut pas et on ignore aujourd'hui ce qu'elle est devenue. Mon ami l'ingénieur Ernest Lacoste a bien voulu traduire pour moi la traduction anglaise de Greenwood. C'est en m'aidant de son travail et en suivant le texte grec donné par Thévenot que j'ai fait la traduction française que j'offre aujourd'hui au public.

J'y ai conservé l'ordre des appareils adoptés depuis Commandini pour que le lecteur pût plus facilement recourir au texte dans les *Veteres mathematici*, mais j'ai groupé l:s figures dans les planches de manière à rapprocher les appareils de même genre.

J'aurais désiré pouvoir donner deux séries de dessins, les uns reproduisant fidèlement ceux du manuscrit qui m'eût paru se rapprocher le plus de l'œuvre primitive, l'autre indiquant les éléments théoriques des appareils suivant les usages adoptés aujourd'hui ; mon éloignement de Paris ne me l'a point permis et j'ai dû me contenter de modifier ou de compléter ceux qui ont été déjà publiés et qui, pour la plupart, étaient trop défigurés pour qu'on put y suivre les descriptions du texte. De plus, un changement de résidence m'a forcé à quitter Grenoble au moment où je venais d'y trouver un graveur et j'ai été réduit à faire faire toutes les corrections par correspondance; comme Valerius Spaciolus, l'éditeur de l'édition *princeps*, je soumets mon embarras au lecteur afin qu'il veuille bien m'en tenir compte.

LES PNEUMATIQUES

DE

HÉRON D'ALEXANDRIE

'ÉTUDE des propriétés de l'air a été jugée digne de la plus grande attention par les anciens philosophes et mécaniciens. Les premiers ont déduit ces propriétés du raisonnement, les seconds de leur action sur nos sens.

Il nous a paru nécessaire de mettre en ordre ce que nous ont légué nos prédécesseurs, et d'y ajouter nos propres découvertes, de manière à aider les études de ceux qui voudront se livrer aux mathématiques. Nous avons du reste été amenés à écrire sur ce sujet, parce que nous avons trouvé qu'il formait la suite naturelle de notre traité en quatre livres sur les *horloges hydrauliques*.

C'est en effet par l'union de l'air, du feu, de l'eau et de la terre, et à l'aide de trois ou quatre de ces éléments réunis, que se forment les combinaisons diverses dont les unes subviennent aux besoins de la vie humaine, pendant que d'autres produisent un étonnement mêlé de terreur.

Avant d'entrer dans le cœur de notre sujet nous devons parler du vide.

Du vide

Il en est qui affirment que rien dans l'univers n'est vide ;
d'autres estiment que le vide n'existe point naturellement
d'une façon continue, mais qu'il se trouve réparti en particules ténues à travers l'air, l'eau, le feu, et les autres
corps. C'est à cette opinion que nous nous rangeons et
nous allons en démontrer la vérité par les expériences
suivantes.

Les vases que beaucoup de gens croient être vides ne le
sont pas. Tous ceux qui se sont occupés de physique
savent en effet que l'air est composé de molécules ténues,
légères et généralement invisibles pour nous dans leur
ensemble.

Si nous introduisons de l'eau dans un vase qui paraît vide,
l'air sortira de ce vase en proportion de la quantité d'eau
qui y entrera. Voici comment on peut le prouver. — Qu'on
renverse un vase supposé vide et que, le tenant bien
d'aplomb, on l'introduise dans l'eau, l'eau n'y entrera pas
quand bien même il serait complètement immergé. De là
il ressort évidemment que l'air est un corps qui remplit
tout l'espace contenu dans le vase et ne permet pas à l'eau
d'entrer. — Si maintenant on perce le fond du vase, l'eau
entrera par le goulot, mais l'air s'échappera par le trou du
fond. — De plus si, avant de perforer le fond, nous soulevons le vase verticalement et que nous le retournions,
nous pourrons constater que la surface intérieure est aussi
exempte d'eau qu'avant l'immersion.

Il est donc bien établi que l'air est un corps.

L'air, quand il est mis en mouvement, devient du vent; car le vent n'est autre chose que de l'air qui se meut.

Si, en effet, quand le fond du vase a été percé et que l'eau est en train d'y pénétrer, nous mettons la main au-dessus du trou, nous sentirons le vent qui s'échappe du vase ; ce n'est pas autre chose que de l'air expulsé par l'eau.

Il ne faut donc pas croire qu'il existe une nature de vide qui soit par elle-même continue, mais que le vide est distribué en petites particules à travers l'air, l'eau et les autres corps. Le diamant seul, du moins on peut le supposer, n'en admet aucun, car il est infusible et incassable ; frappé entre une enclume et un marteau, il s'y incruste tout entier (1). Cette propriété prouve du reste, non point l'absence absolue du vide, mais l'extrême densité du diamant ; il suffit, en effet, que les molécules du feu soient plus grosses que les vides de la pierre pour qu'elles ne la pénètrent point et s'arrêtent seulement à sa superficie ; dès lors elles ne peuvent porter dans son intérieur la même chaleur que dans les autres corps.

Les molécules de l'air sont toutes contiguës, mais sans être ajustées exactement les unes aux autres dans tous les sens et en laissant entre elles des espaces vides comme le font les grains de sable sur le bord de la mer. On peut se figurer que ces grains correspondent aux molécules de l'air

---

(1) PLINE *(Hist nat.*, liv. XXXVII) fait également mention de cette prétendue propriété du diamant, mais, comme Héron, il avait mal compris les anciens auteurs.

On a en effet appelé dans l'origine *adamas*, c'est-à-dire *indomptable*, un métal très dur, probablement l'acier trempé. PLATON dit dans le *Timée :* une espèce voisine de l'or, très dure à cause de sa densité et dont la couleur est noire, c'est l'adamas.

et que l'air qui existe entre les grains correspond aux espaces vides entre les molécules de l'air.

Par conséquent, si quelque force vient à être appliquée à l'air, celui-ci est comprimé et ses molécules, par suite de la pression exercée sur elles, entrent dans les espaces vides contrairement à leur état naturel ; mais, lorsque la cause cesse d'agir, les molécules reviennent à leur position normale à cause de l'élasticité propre aux corps, comme les rognures de corne et les éponges qui, lorsqu'on cesse de les presser, reviennent à la même position et reprennent le même volume.

De même, si par l'application de quelque force les molécules de l'air se trouvent écartées et qu'il se produise ainsi un vide plus grand qu'il doit l'être naturellement, ces molécules se rapprochent ensuite ; car elles ont un mouvement très rapide dans le vide, quand rien ne les force à se rapprocher ou à s'écarter, jusqu'à ce qu'elles arrivent au contact.

Ainsi, que l'on prenne un vase léger à ouverture étroite et qu'on l'applique contre les lèvres en aspirant l'air, ce qui le raréfie, le vase restera suspendu aux lèvres, car le vide attirera la chair dans le vase afin de remplir le vide. Il est donc clair que la portion de l'espace compris dans le vase était devenue vide en partie.

On peut démontrer la même chose à l'aide de ces ampoules de verre à ouverture étroite dont se servent les médecins. Quand ils veulent les remplir d'un liquide, ils aspirent l'air, puis mettent le doigt sur l'orifice et renversent le vase dans ce liquide ; ils ôtent alors leur doigt et le liquide s'élève dans l'espace rendu vide, bien que ce mouvement de bas en haut soit contraire à la nature.

C'est encore le cas des ventouses qui, appliquées sur le corps, non seulement ne tombent pas malgré leur poids, mais encore attirent dans leur intérieur les matières voisines à travers les ouvertures de la peau. Le feu que l'on y place consume et détruit en effet l'air qui y est contenu, comme il consume les autres corps, l'eau ou la terre, et les transforme en substances plus ténues.

Que quelque chose soit consumé dans les corps solides par l'action du feu, cela est démontré par les charbons qui restent ; ceux-ci ont en effet à peu près le même volume que le corps avant sa combustion, mais ont un poids très différent. Les parties qui se consument s'en vont avec la fumée rejoindre les substances ignées, aqueuses ou terreuses ; les plus légères sont transportées jusqu'à la région supérieure où se trouve le feu ; celles qui sont un peu plus denses se répandent dans l'air ; et enfin les plus grossières après avoir été entraînées pendant un certain temps avec les autres redescendent dans les régions inférieures et se mêlent avec les substances terreuses.

L'eau aussi lorsqu'elle est consumée par l'action du feu se transforme en air, car les vapeurs qui s'élèvent d'une bouillote échauffée ne sont autre chose que des molécules d'eau rendues plus ténues qui passent dans l'air.

Il est donc rendu manifeste par ce qui précède que le feu dissout et transforme tous les corps plus denses que lui.

De même, par les exhalaisons que produit la terre, des corps à molécules épaisses sont transformés en d'autres substances à particules plus ténues.

La rosée n'est pas due à autre chose qu'à l'eau qui a été rendue plus ténue dans la terre par l'exhalaison de celle-ci ; quant à cette exhalaison, elle provient de quelque substance ignée qui se trouve dans la terre et qui a la faculté d'en produire lorsqu'elle est échauffée par dessous par le soleil, surtout lorsque le sol est bitumineux ou sulfureux, (les sources chaudes qui se trouvent dans le sol

ont les mêmes causes); les particules les plus légères de
la rosée passent dans l'air; les plus denses, après avoir
été soulevées à quelque hauteur, par la force de l'exhalaison, redescendent à la surface du sol quand celui-ci se
refroidit par suite du retour du soleil (1).

Les vents sont produits par une exhalaison excessive à
la suite de laquelle l'air est tantôt repoussé, tantôt raréfié,
et qui met en mouvement les régions de l'atmosphère qui
se trouvent à son contact immédiat.

Ce mouvement de l'air, cependant, n'est pas partout
d'une vitesse uniforme. Il est plus violent aux abords du
point où se produit l'exhalaison et où commence l'agita-
tion, puis il s'affaiblit en s'éloignant. C'est ainsi que les
corps pesants, lorsqu'ils s'élèvent, se meuvent avec plus de
rapidité dans les régions inférieures, où se trouve la force
qui les met en mouvement, et avec plus de lenteur dans
les régions supérieures; enfin, lorsque la force qui les
poussait originairement n'a plus d'action sur eux, ils reviennent à leur position naturelle, c'est-à-dire à la surface
du sol. Si cette force continuait à les pousser en avant
avec une vitesse constante, ils ne s'arrêteraient jamais;
mais cette force diminue graduellement, comme si elle
s'usait, et la vitesse du mouvement diminue avec elle.

L'eau se transforme en outre en une matière terreuse :
si nous versons de l'eau dans un trou en terre, après peu
de temps l'eau disparaît, absorbée par la substance de la
terre, de manière à se mélanger avec elle et à se transformer en terre. Si quelqu'un prétendait qu'elle n'est pas
transformée ou absorbée par la terre, mais expulsée par la

---

(1) On a vu qu'Aristote avait trouvé la véritable explication
du phénomène de la rosée. Il avait également une autre opinion
que Héron sur la marche des vents.

chaleur, soit du soleil soit de quelque autre corps, il serait facile de le convaincre d'erreur; car, si la même eau est placée dans un vase de verre, de bronze, ou de toute autre matière solide, et exposée au soleil, elle ne sera, au bout d'un temps considérable, diminuée que d'une très faible quantité. L'eau se transforme donc en une matière terreuse : en effet, le limon et la bouc ne sont que des transformations de l'eau en terre.

Bien plus, les substances les plus subtiles sont transformées en plus grossières, comme il arrive à la flamme d'une lampe qui s'éteint faute d'huile. Nous la voyons pendant quelque temps s'élever ; elle semble faire des efforts pour atteindre la région qui lui est propre, les hauteurs de l'atmosphère, jusqu'à ce que, vaincue par la masse d'air qui la frappe, elle cesse d'aspirer à sa place légitime, et, mélangée et entrelacée avec les molécules de l'air, elle se transforme elle-même en air. Le même fait s'observe avec l'air ; car, si un petit vase, renfermant de l'air et soigneusement clos, est placé dans l'eau, avec son ouverture en haut, puis qu'on le découvre, de manière à permettre à l'eau de s'y précipiter, l'air s'échappe du vase; mais, réduit à l'impuissance par la masse d'eau, il se mélange de nouveau avec elle et se transforme au point de devenir de l'eau.

Dans les ventouses, lorsque l'air, attaqué et rapetissé par le feu, sort par les trous des parois du verre, l'espace intérieur est rendu vide et attire à lui les matières qui l'avoisinent, quelle qu'en soit la nature ; mais, en soulevant légèrement la ventouse, l'air rentre dans l'espace vide, et aucune matière n'est plus attirée. Ainsi, ceux qui nient le vide absolu, peuvent inventer beaucoup d'arguments sur ce sujet, et peut-être paraître raisonner d'une manière très plausible, tout en n'apportant pas de preuves tangibles.

Si pourtant on montrait, au moyen de phénomènes sensibles, qu'il existe une chose analogue à un vide parfait, mais produite artificiellement, que, par conséquent, le vide existe dans la nature, subdivisé en particules minimes, et que, par la compression, les corps peuvent remplir ces vides subdivisés, ceux qui présentent des arguments plausibles sur ces matières ne trouveraient plus un terrain solide pour asseoir leur opinion.

Prenez un vase sphérique, formé d'une lame de métal d'une épaisseur suffisante pour n'être pas facilement bossuée, contenant environ huit cotyles ($2^{lit},16$). Après l'avoir soigneusement rendu étanche de tous les côtés, percez-y un trou, dans lequel vous insérez un tube étroit, en bronze, de manière à ne pas toucher la partie diamétralement opposée au trou et à laisser un passage pour l'eau. L'autre extrémité du tube doit dépasser le globe de trois doigts ($0^m,057$), et le tour du trou par lequel le tube est introduit doit être luté avec de l'étain appliqué sur le siphon et sur la surface extérieure du globe, de sorte que, lorsqu'on veut souffler dans le tube, l'air ne puisse s'échapper hors du vase.

Voyons ce qui va se passer. Le globe, ainsi que les vases que l'on considère généralement comme vides, contient de l'air ; comme cet air remplit tout l'espace intérieur et exerce une pression uniforme sur toute la surface intérieure du vase, s'il n'y existe pas de vide comme certains le supposent, nous ne pourrons y introduire ni de l'eau, ni une nouvelle quantité d'air, à moins que l'air contenu primitivement ne lui fasse place. Si nous voulions essayer de le faire de force, le vase, étant plein, éclaterait plutôt que de permettre à cet air d'entrer, car les molécules de l'air ne pourraient être condensées, comme cela arriverait dans le cas où il y aurait des interstices entre elles, interstices grâces auxquels, par compression, le volume total deviendrait moindre. Mais cela n'est pas croyable s'il n'y a aucun vide : les molécules se pressant les unes les autres et contre les côtés du récipient, par leur surface entière elles ne peuvent être repoussées de manière à former une chambre s'il n'existe pas de vide. Ainsi, par aucun moyen, rien du dehors ne peut être introduit dans le globe sans que quelque portion de l'air primitivement contenu ne s'échappe, si, comme le supposent nos contradicteurs, l'espace entier est rempli d'une manière complète et uniforme. Et cependant, si quelqu'un, introduisant le tube dans sa bouche, souffle dans le globe, il y fera entrer une grande quantité d'air, sans qu'aucune partie de celui qui y était à l'avance ait d'issue ; c'est là un résultat que l'on peut toujours atteindre. Il est donc clairement démontré qu'une certaine condensation des molécules contenues dans le globe, a lieu grâce aux vides qui s'y trouvent disséminés, condensation obtenue, il est vrai, d'une manière artificielle, par une introduction forcée d'air nouveau. Maintenant, si après avoir soufflé dans le vase, nous appliquons la main contre la bouche, et que nous couvrions rapidement le tube avec le doigt, l'air reste tout le temps renfermé dans le globe ; et, en enlevant le doigt, l'air introduit ressortira avec un bruit assez fort, chassé au dehors, comme nous l'avons dit, par l'expansion de l'air primitif, qui reprend sa position, grâce à son élasticité.

De même, si nous faisons sortir l'air du globe par une succion à travers le tube, il viendra en abondance, quoique nulle autre matière ne prenne sa place dans le vase, ainsi que nous l'avons dit dans le cas des coupes ovoïdes. Par cette expérience, il est prouvé d'une manière complète que l'accumulation du vide s'accroît dans le globe ; car les molécules d'air laissées en arrière ne peuvent se dilater dans les intervalles qui les séparent au point d'occuper tout l'espace laissé libre par celles qui ont été attirées à l'extérieur. Car, si elles prenaient quelque accroissement de volume sans l'addition de matière étrangère, on pourrait supposer que cet accroissement résulte de l'expansion, ce qui équivaut à une disposition nouvelle des molécules, par suite de la production du vide. Mais, on maintient qu'il n'y a pas de vide ; donc, les molécules ne grandissent pas, car il n'est pas possible de supposer pour elles un autre mode d'accroissement. Il est donc évident, d'après ce qui a été dit, que certains espaces vides sont disséminés entre les molécules de l'air, et que, lorsqu'on soumet ces dernières à quelque force, elles pénètrent dans ces espaces, contrairement à leurs conditions naturelles.

L'air renfermé dans un récipient, lorsque celui-ci est renversé dans l'eau, ne doit pas subir une forte compression, car la force qui le comprime est peu considérable, puisque l'eau, par elle-même, n'a ni un très grand poids, ni un très grand pouvoir de compression. C'est ce qui fait que, quoique les plongeurs au fond de la mer supportent sur leurs épaules un poids d'eau énorme, leur souffle n'est pas repoussé à l'intérieur par l'eau, quoique la quantité d'air contenue dans nos narines soit très faible. C'est ici le lieu d'examiner la raison que l'on donne de ce fait, que ceux qui plongent à de grandes profondeurs ne sont pas écrasés par le poids considérable de l'eau qu'ils supportent. Quelques personnes disent que cela tient à ce que le poids de l'eau est uniforme dans toute sa masse, mais cela n'explique pas pourquoi les plongeurs ne sont pas asphyxiés par l'eau qui est au-dessus d'eux. La raison véritable de ce fait peut se donner comme il suit : considérons la colonne de liquide directement au-dessus de l'objet soumis à la pression et qui est en contact immédiat de l'eau, comme un corps ayant le même poids et la même forme que le liquide qui est au-dessus de l'objet ; supposons ce corps placé dans l'eau de telle manière que sa surface intérieure coïncide avec celle de l'objet soumis à la pression, et qu'il reste sur ce dernier de la même manière que le liquide qui le couvrait originairement, auquel il correspond exactement. Il est clair alors, que ce corps ne fera pas saillie au-dessus du liquide dans lequel il est immergé, et qu'il ne plongera pas au-dessous de son niveau ; car Archimède a démontré dans son traité des « Corps flottants », que les objets du même poids qu'un liquide donné, dans lequel ils sont plongés, ne devaient ni s'élever au-dessus de son niveau, ni plonger au-dessous, ni par conséquent exercer de pression sur les objets au-dessous. Puisqu'un tel corps, si on en écarte tous les objets qui exercent sur lui des pressions par-dessus, reste stationnaire, comment n'ayant aucune tendance à descendre, pourrait-il exercer quelque pression ?

De même, le liquide qui tient la place de ce corps supposé n'exerce aucune pression sur les objets au-dessous ; car, en ce qui concerne le repos et le mouvement, ces deux corps ne diffèrent en rien l'un de l'autre.

On peut aussi se rendre compte de l'existence d'espaces vides par les considérations suivantes. S'il n'y avait pas d'espaces semblables, ni la lumière, ni la chaleur, ni aucune autre force matérielle ne pourrait se frayer un passage à travers l'eau, l'air ou n'importe quel autre corps ; comment, par exemple, les rayons du soleil pourraient-ils à travers l'eau pénétrer jusqu'au fond d'un vase ? Si ce fluide n'avait pas de pores, lorsque les rayons frappent avec force la surface d'un vase plein d'eau, ce liquide devrait nécessairement déborder, ce qui cependant n'a pas lieu. De plus, les rayons heurtant violemment la surface de l'eau, il ne devrait pas arriver que les uns soient réfléchis, tandis que d'autres pénètrent plus bas : or, on sait que ceux de ces rayons qui frappent contre des molécules d'eau sont pour ainsi dire repoussés et réfléchis, tandis que ceux qui se

trouvent en contact avec des espaces vides, ne rencontrant
que peu de molécules, pénètrent jusqu'au fond du vase.
Une autre preuve de l'existence des vides dans l'eau, c'est
qu'en versant du vin dans l'eau, on le voit se répandre à
travers toute la masse de l'eau, ce qui n'arriverait pas si
celle-ci ne présentait pas de vide. Encore un exemple : une
lumière en traverse une autre ; en effet, lorsque plusieurs
lampes sont allumées, tous les objets sont vivement éclairés,
les rayons frappant dans toutes les directions les uns à
travers les autres. Il est même possible de pénétrer à travers le bronze, le fer ou tout autre matière, comme il est
facile de le voir dans le cas du poisson connu sous le nom
de torpille marine (1).

Nous avons démontré la possibilité de produire un vide
parfait, par l'application d'un vase léger à la bouche, et par
les ventouses des médecins. Donc, en ce qui concerne la
nature du vide, quoiqu'il en existe bien d'autres preuves,
nous devons considérer comme suffisantes celles que nous
avons données. Elles sont basées sur le témoignage de nos
sens, et nous permettent d'affirmer, que tout corps est
composé de molécules très petites, entre lesquelles se trouvent des vides d'une étendue moindre que ces molécules
elles-mêmes. Nous sommes par conséquent autorisés à
dire qu'il ne peut exister de vide dans la nature que sous
l'action de quelque force et que toute portion de l'espace
est remplie d'air, d'eau ou de toute autre matière et qu'à
mesure que quelqu'une de ces molécules se déplace une

---

(1) Les anciens avaient étudié la propriété électrique de la torpille et l'avaient même employée comme moyen thérapeutique.
M. Th. HENRI MARTIN *(La foudre, l'électricité et le magnétisme
chez les anciens*, pp. 240, 241) a donné une longue liste des sources qu'on peut consulter sur ce sujet.

autre la suit et remplit le vide qu'elle a laissé ; ainsi le vide continu n'existe point dans la nature sans l'intervention d'une certaine force ; et, je le répète encore, le vide absolu n'existe pas de lui-même, mais se produit en violentant la nature.

Des Siphons.

Ces choses clairement exposées, occupons-nous des théorèmes qui découlent de ces principes ; ils nous feront découvrir bien des mécanismes curieux et étonnants. Nous commencerons par décrire les siphons recourbés ; ce sont en effet des instruments très utiles dans la plupart des appareils pneumatiques.

Siphon recourbé.

Pl. I, fig. 1.

Soit un siphon (1) recourbé, c'est-à-dire un tube A B Γ dont la branche A B est plongée dans un vase Δ E renfermant de l'eau, le niveau de l'eau étant représenté par la droite Z H. La branche A B du siphon sera remplie d'eau jusqu'à ce niveau Z H, c'est-à-dire dans la partie A Θ, mais la partie Θ B Γ sera pleine d'air. Si alors nous attirons cet air par

---

(1) L'invention du siphon est due à l'Egypte. On en trouve des représentations dans des tombeaux datant d'une époque très reculée.

l'orifice г, le liquide le suivra par l'impossibilité, exposée ci-dessus, d'un vide continu.

Si l'orifice г est sur le prolongement de la droite z н, le siphon , quoique plein d'eau , ne laissera pas sortir l'eau mais restera plein. Ainsi, quoique le mouvement ascendant soit en contradiction avec la nature, l'eau sera élevée au point de remplir le siphon et elle restera en équilibre comme les plateaux d'une balance, la portion ΘΒ étant élevée et la portion в г suspendue. Mais, si l'orifice extérieur du siphon est au-dessous de la droite z н, en к par exemple, l'eau s'écoule parce que la partie к в, qui est plus lourde que la partie в Θ, l'emporte et l'entraîne ; toutefois l'écoulement ne dure que jusqu'au moment où le niveau de l'eau arrive à hauteur de l'orifice к et il cesse alors de nouveau pour la même raison que ci-dessus. Si l'orifice extérieur du siphon est encore au-dessous du point к, en Λ par exemple, l'écoulement dure jusqu'à ce que le niveau de l'eau atteigne l'orifice Λ; si alors nous voulons faire sortir toute l'eau du vase, nous devrons enfoncer le siphon jusqu'à ce que son extrémité Λ atteigne le fond en ne laissant que l'espace nécessaire pour le passage de l'eau.

Il y en a qui ont expliqué de même le jeu du siphon, mais ils ont dit que la branche la plus longue attirait la plus courte parce qu'elle contenait plus d'eau. C'est là une erreur ; on se tromperait grandement si, se fiant à cette explication, on cherchait à élever par ce moyen l'eau d'un niveau inférieur. Nous le démontrons ainsi : soit un siphon recourbé dont la branche extérieure est longue et étroite tandis que la branche intérieure est plus courte, mais d'un plus grand diamètre ; après avoir rempli d'abord le siphon d'eau, plongeons la grande branche dans un vase plein d'eau ou dans un puits et laissons ensuite s'écouler l'eau ; la branche extérieure, contenant plus d'eau que l'autre, devrait attirer l'eau de la longue branche qui, elle-même, devrait faire monter l'eau du puits ; de plus l'écoulement, une fois commencé , devrait continuer indéfiniment , puisque la quantité de liquide au dehors est supérieure à celle qui est dans la branche intérieure ; mais les choses ne se passent point ainsi. La raison proposée n'est donc pas la vraie, et nous allons chercher la cause naturelle de ce phénomène.

On sait que tout liquide, dont les différentes parties sont en communication et qui est en repos, prend une surface libre, sphérique, dont le centre est le centre de la terre ; s'il n'est pas en repos, il coule jusqu'à ce que la surface libre devienne sphérique, comme je viens de le dire. Prenons donc deux vases ; versons de l'eau dans les deux, remplissons un siphon, et, ayant soin d'en boucher les deux orifices avec les doigts, faisons pénétrer chacune des deux branches dans l'un des vases précités en descendant en contrebas du niveau de l'eau ; toute la masse liquide deviendra ainsi continue, car le liquide de chacun des deux vases sera en communication avec celui du siphon, de telle sorte que tout se tient. Si les surfaces des liquides se trouvaient au même niveau dans les deux vases avant l'opération, ces liquides resteront tous deux en repos quand le siphon y sera plongé ; mais si le niveau primitif n'était pas le même, la masse liquide devenant continue, l'eau s'écoulera inévitablement dans le vase le plus bas jusqu'à ce qu'elle atteigne le même niveau dans les deux vases ou que l'un des deux vases soit vidé. Supposons que les surfaces libres des liquides arrivent à la même hauteur, elles seront alors en équilibre, de telle sorte que le liquide contenu dans le siphon sera lui-même en équilibre. Concevons maintenant que le siphon soit coupé suivant le plan de la surface des liquides qui sont dans les vases, le liquide qui est dans le siphon sera encore en équilibre ; si nous le soulevons sans l'incliner ni d'un côté ni de l'autre, il sera encore en équilibre ; cela arrivera aussi bien quand les deux branches du siphon auront le même diamètre que quand ce diamètre sera très différent dans chaque branche : car, la raison qui fait que le liquide reste en repos ne tient point à cette particularité, mais à ce que les deux orifices sont au même niveau.

Comment se fait-il donc que, quand on élève le siphon, l'eau ne retombe point par son propre poids, n'ayant en dessous d'elle que l'air qui est plus léger? C'est parce qu'un lieu ne peut être absolument vide. Pour que l'eau pût couler, il faudrait d'abord remplir la partie supérieure du siphon dans laquelle l'air ne peut actuellement pénétrer; si donc nous perçons un trou à la partie supérieure du siphon, l'air trouvera un passage et l'eau se partagera immédiatement en deux parties. Avant le percement du trou, le liquide du siphon, reposant sur les couches d'air situées au-dessous, tend à le chasser devant lui, et cet air, ne pouvant aller nulle part, empêche le passage de l'eau ; mais lorsque, par le percement du trou, l'air a trouvé un espace à occuper, il ne peut plus résister à la pression de l'eau et s'écarte.

C'est pour la même raison que nous pouvons élever du vin par la bouche à l'aide d'un siphon, bien que ce mouvement d'ascension ne soit pas naturel. En effet, quand nous avons reçu dans notre corps l'air qui se trouvait dans le siphon, nous sommes devenus plus pleins qu'auparavant et nous pressons l'air qui nous touche ; cet air presse lui-même de proche en proche jusqu'à ce que la pression arrive à la surface du vin , et alors le vin comprimé s'élève dans la partie du siphon qui a été vidée, car il n'y a pas d'autres lieu où il puisse se porter sous l'influence de la pression. C'est ainsi que s'explique le mouvement ascendant du vin, mouvement qui n'est point naturel.

Nous allons d'ailleurs démontrer que l'eau doit rester en repos dans un siphon quand sa surface libre est sphérique et concentriqne à celle de la terre (1).

En effet, supposons que ce liquide ne soit pas en repos ; il y viendra après avoir bougé, sa surface libre sera alors sphérique et concentrique à celle de la terre, et coupera la première surface ; car, puisque le même liquide a occupé deux positions, il doit y avoir une ligne d'intersection commune aux deux. Coupons les deux surfaces par un plan passant par le centre de la terre ; leurs intersections avec ce plan seront deux circonférences de cercles concentriques à la terre. Soient ABΓ, ZBΔ ces deux circonférences ; joignons le point B au point N, BN devrait être égal à chacune des lignes NZ et NA, ce qui est absurde. Donc le liquide sera en équilibre. (Pl. 1, fig. 2.)

Diabète à cloche.

Pl. I, fig. 3.

Il y a une autre espèce de siphon appelé *diabète concentrique* ou *diabète à cloche*, dont le principe est le même que celui du siphon recourbé.

Soit, comme dans le cas précédent, un vase AB plein d'eau ; un tube ΓΔ en traverse le fond auquel il est soudé et qu'il dépasse en dessous ; l'orifice Γ ne doit pas communiquer avec l'ouverture du vase AB, mais le tube doit être à l'intérieur d'un autre tube EZ qui l'enveloppe à une distance constante et dont l'extrémité supérieure doit être bouchée par un petit disque EH peu distant de l'orifice

---

(1) Cette proposition avait déjà été démontrée par ARCHIMÈDE dans son traité : *Des corps flottants*.

r ; l'orifice inférieur du tube ɛz doit être assez éloigné du
fonds du vase pour laisser passer l'eau. Les choses ainsi
disposées, si nous aspirons comme tout-à-l'heure, par
l'orifice ᴀ, l'air qui est dans le tube ʀᴀ, nous attirerons en
même temps l'eau qui est dans le vase ᴀʙ, de manière à
la faire couler, et toute l'eau qui est dans le vase ᴀʙ s'écoulera à cause de la saillie du siphon au-dessous du vase.
En effet, la quantité d'air renfermée entre le liquide et le
tube ɛz étant peu considérable, cet air peut passer dans le
tube ʀᴀ et entraîner l'eau avec lui. L'écoulement se continuera jusqu'au bout, à cause de la saillie inférieure ; car,
si le tube ɛz n'existait pas, l'eau cesserait de couler lorsque
le niveau de l'eau serait descendu en r, malgré l'existence
de la saillie ; mais comme, lorsque le tube ɛz est complètement immergé, l'air ne peut entrer par dessous, l'écoulement ne s'arrêtera pas et l'air qui entre dans le vase ᴀʙ
prendra la place de l'eau qui s'en va. En effet, l'eau
qui occupe la totalité de l'orifice extérieur du tube est
toujours à un niveau plus bas que la surface de l'eau
dans le vase et, comme un niveau unique ne peut
être atteint, toute l'eau sera entraînée au dehors, l'attraction s'exerçant par la colonne la plus longue. Si nous ne
voulons pas aspirer par la bouche l'air qui est contenu
dans le tube ʀᴀ, nous verserons de l'eau dans le vase ᴀ ʙ,
jusqu'à ce que, cette eau arrivant dans le tube ʀ ᴀ par sa
partie supérieure, l'écoulement commence ; dans ce cas
encore, toute l'eau sortira. L'appareil ʀᴀɛz s'appelle, ainsi
qu'on l'a dit, *siphon à cloche* ou *diabète à cloche*.

Il résulte des explications données plus haut que, quand
le siphon reste immobile, son écoulement est irrégulier.
Les choses se passent en effet comme dans le cas d'un
vase dont l'eau s'écoule par un orifice percé au fond ; le
débit y est irrégulier parce que, au commencement de l'é-
coulement, la sortie de l'eau est accélérée par un poids plus

considérable, et que cette pression est moindre quand la quantité de liquide a diminué dans le vase. De même, plus est grande la différence de longueur des branches du siphon, plus la vitesse d'écoulement est grande, car il s'exerce une pression d'autant plus grande sur l'orifice de sortie que la branche extérieure est plus longue ; ou plutôt, qu'il y a une plus grande différence de hauteur entre le niveau du liquide dans le vase et l'orifice de la branche extérieure.

Il **est** donc démontré que l'écoulement à travers le siphon a toujours une vitesse variable ; il faut trouver maintenant le moyen de le rendre uniforme.

Siphon à écoulement uniforme.

Pl. 1, fig. 4.

Soit A B un vase contenant de l'eau sur laquelle flotte un petit bassin C D dont l'ouverture est bouchée par un obturateur C D. A travers cet obturateur et le fond du petit bassin faisons passer l'une des branches d'un siphon, en ayant soin de les souder aux deux trous avec de l'étain ; l'autre branche doit se trouver en dehors du vase A B et avoir son orifice plus bas que la surface de l'eau qui est dans le vase. Si nous aspirons l'air du siphon par la branche extérieure, l'eau le suivra par suite de l'impossibilité d'un vide continu dans le siphon, et le siphon, ayant commencé à couler, continuera jusqu'à épuisement total de l'eau du vase ; mais cet écoulement aura lieu uniformément puisque la différence de niveau entre l'extrémité de la branche extérieure du siphon et la surface du liquide ne varie point, le petit bassin descendant avec le siphon à mesure que le vase se vide. Plus grande sera cette différence de niveau, plus grande sera la vitesse d'écoulement, mais toujours uniforme. Le siphon décrit est représenté en ʀ z ʜ et la surface de l'eau par la droite ᴏ ᴋ (1).

Siphon dont l'écoulement est à la fois uniforme et variable.

Pl. 1, fig. 5 et 5 bis.

Par la disposition suivante, on peut produire un écoulement qui soit à la fois uniforme et variable ; j'entends par là que l'écoulement sera uniforme dès le commencement, pendant le temps que nous voudrons; puis que, pendant une autre période à notre gré, il sera encore uniforme mais plus rapide ou plus lent.

Soit, comme précédemment, ᴀʙ un vase plein d'eau et ᴦᴧ un bassin ; à travers le couvercle et le fond du bassin faisons passer un tube plus large que la branche intérieure du siphon, et que ce tube ᴀᴍ soit soudé au couvercle et au fond du bassin. Sur le couvercle, posons un petit cadre formé de barres disposées en forme de ʜ; soit ᴦɴᴇᴧ ce cadre.

---

(1) L'écoulement étant constant, il suffit pour avoir une horloge de prendre un vase A B transparent, bien cylindrique et convenablement gradué.

Au XVIᵉ siècle, le célèbre mathématicien ORONCE FINE, originaire de Briançon en Dauphiné, donna à cette horloge une forme plus élégante.

Le flotteur avait la forme d'un petit navire, la petite branche du siphon passait dans le grand mât; à la courbure était fixée l'extrémité d'une cordelette qui s'enroulait ensuite sur un petit treuil placé à la partie supérieure et qui se terminait à l'autre bout par un contrepoids. Ce treuil tournait sur lui-même quand le flotteur s'abaissait et faisait ainsi mouvoir, sur un cadran convenablement disposé, l'aiguille des heures fixée à son axe.

Les faces internes des deux montants portent, sur toute leur hauteur, des rainures dans lesquelles se meut librement une autre barre OΠ. Soit encore une vis PΣ placée perpendiculairement sur le couvercle ΓΔ et passant par un trou percé dans la barre OΠ à laquelle est fixée une cheville disposée de manière à s'engrener dans l'hélice de la vis. Cette vis doit s'élever au-dessus de NΞ; de plus il faut y adapter une poignée pour la tourner et relever ou abaisser par ce moyen la barre OΠ. La branche intérieure du siphon doit être fixée à la barre OΠ et passer à travers le tube ΛM de manière que son orifice puisse plonger dans l'eau du vase. Si maintenant nous aspirons comme précédemment le liquide par la branche extérieure, le siphon coulera avec une vitesse uniforme jusqu'à ce que toute l'eau soit épuisée. Quand nous voudrons produire dans le siphon un écoulement plus rapide, quoique toujours uniforme, nous tournerons la vis de manière à abaisser la barre OΠ; en effet, par ce moyen, l'excès de longueur de la branche extérieure sera accru et alors l'écoulement aura lieu avec une vitesse toujours uniforme mais plus grande que précédemment. Si nous voulions une vitesse encore plus grande, nous tournerions encore la vis de façon à baisser encore la barre OΠ; si au contraire nous voulions diminuer la vitesse, nous ferions remonter la barre OΠ. C'est ainsi que l'on peut, à l'aide d'un siphon, produire un écoulement qui soit à la fois uniforme et variable.

Appareil pour amorcer un siphon sans le secours de la bouche.

Pl. I, fig. 6.

Pour éviter d'aspirer l'eau avec la bouche, chose qui n'est possible qu'avec les très petits tubes, on emploiera la disposition suivante :

Soit un système de tubes s'engageant à frottement l'un dans l'autre, le mâle étant fixé à la branche extérieure d'un siphon, de manière que l'écoulement se fasse par lui. Soit ΘN le mâle et ΥΦ la femelle qui doit d'avance être lutée sur l'ouverture d'un vase XΨ renfermant un peu plus d'eau que le siphon n'en peut contenir (1) et ayant au fond un orifice Ω. Quand on désire aspirer l'eau du vase AB, on ferme avec le doigt l'orifice du vase XΨ et on le remplit d'eau ; puis, adaptant le tube mâle au tube femelle, on ouvre l'orifice Ω. Le vase XΨ se vidant, l'air du siphon passe dans l'espace vide et le liquide qui est dans le vase AB sort de manière à remplir le siphon ; alors on retire le vase XΨ et on laisse couler le siphon.

Pour que l'écoulement se fasse convenablement, le siphon doit être vertical. On y arrive en fixant au rebord du vase

---

(1) Il y a ici une lacune, car la condition indiquée n'est point suffisante. Le siphon ne s'amorcera par le dispositif décrit qu'autant que la hauteur du vase XΨ sera supérieure à celle de la petite branche. On peut s'en rendre compte de la manière suivante :

Considérons le moment où le liquide est arrivé en MN au sommet de la grande branche (pl. 1, fig. 6 bis) et supposons l'orifice O fermé avec le doigt. Appelons :

H la pression atmosphérique qui s'exerce sur le niveau AB c sur l'orifice O;

P la pression exercée en O sur le doigt par le liquide du siphon;

h la hauteur de la tranche MN au-dessus du niveau AB, hau-

AB deux règles, et en plaçant la branche intérieure du siphon entre ces barreaux de manière à les toucher tous deux ; puis, de chaque côté de cette même branche, on enfonce à l'intérieur (des règles) une petite cheville qui presse contre le tube ; de cette façon celui-ci ne pourra s'incliner ni en avant ni en arrière, ni à droite ni à gauche ; mais, les chevilles étant bien affermies entre les règles, il descendra exactement suivant la verticale.

Appareils divers.

Nous allons maintenant expliquer la construction des appareils qui sont établis dans un but d'utilité et nous

---

teur qui peut être considérée comme celle de la petite branche ;

h′ la hauteur entre l'orifice O et le niveau CD de l'eau dans le vase X Ψ ;

p la pression de l'air enfermée dans le siphon.

Dans la petite branche nous avons :

$$\Pi = p + h$$

Dans la grande branche :

$$P = p + h'$$

D'où

$$\Pi + h' = P + h.$$

Or, pour qu'il y ait écoulement, il faut que P soit plus grand que Π et par conséquent que h soit plus petit que h'.

Remarquons de plus que si l'écoulement a lieu quand le liquide du siphon est arrivé en MN, il continuera à fortiori d'avoir lieu ensuite puisque, à cause de l'inégalité de diamètre entre le siphon et le vase, h diminue beaucoup plus rapidement que h'.

commencerons par les moins importants, qui sont pour ainsi dire les éléments [des autres].

I.
Appareil pour puiser le vin.
Pl. II, fig. 1.

Voici un petit appareil utile pour puiser le vin.

On construit une petite sphère creuse en airain, telle que A B, dont la partie inférieure est percée d'un grand nombre de petits trous comme un crible. La partie supérieure est traversée par un tube creux Γ Δ qui est soudé à la sphère et dont l'orifice du haut débouche au dehors.

Quand on veut puiser du vin, d'une main on saisit le tube Γ Δ près de l'orifice Γ et on plonge la sphère dans le vin jusqu'à ce qu'elle soit totalement immergée; le vin entre par les trous et l'air intérieur est chassé par le tube Γ Δ. Si ensuite, en appuyant le pouce sur l'orifice Γ, on sort la sphère du vin, le vin qui est dans la petite sphère ne s'écoulera pas; en effet, l'air ne pourrait entrer pour remplir le vide que par l'orifice Γ, et cet orifice est bouché avec le pouce.

Quand on veut laisser couler le vin, on retire le doigt et l'air en entrant remplit l'espace où le vide se produit. En pressant de nouveau avec le doigt l'évent Γ, le vin ne coulera plus jusqu'à ce qu'on retire encore une fois le doigt de l'orifice (1).

---

(1) La *pipette* que l'on emploie dans les laboratoires est fondée sur le même principe.

Le P. Scott rapporte que de son temps on se servait en Sicile de l'appareil décrit par Héron pour puiser le vin dans les vases où on le faisait rafraîchir au milieu de la glace. Il appelle cet appareil *Crible de la vestale.* (*Mech. hydro-pneum.*, p. 303.)

La bouteille de Robert-Houdin est un appareil du même genre, décrit déjà dans Héron et Philon, comme on va le voir.

On peut aussi, en plongeant la petite sphère dans de l'eau chaude ou froide, y faire pénétrer une certaine quantité de celle-ci et ensuite laisser s'écouler le liquide en telle proportion que l'on voudra jusqu'à ce que le vase soit totalement vide.

Si l'extrémité Γ du tube Γ Δ est recourbée, il n'y aura rien de changé dans les phénomènes ; on aura même plus de facilité à boucher l'orifice avec le doigt.

II.

Appareil laissant couler à volonté de l'eau chaude et de l'eau froide.

Pl. II, fig. 2.

On peut, par le même moyen, donner à volonté de l'eau chaude ou de l'eau froide avec une même petite sphère.

On construit une petite sphère A B semblable à la précédente, sauf une cloison verticale Γ Δ qui la divise en son milieu. Un tube E z est également soudé à la petite sphère et communique avec l'intérieur ; dans ce tube existe une cloison Γ H qui est la continuation de la cloison Γ Δ, et les deux orifices supérieurs Θ et K [ainsi produits] doivent se recourber du côté de E et de z. De part et d'autre de la cloison Γ Δ, au fond de la petite sphère A B et autour du point Δ, il y a des trous semblables à ceux qu'on voit dans les écumoires de cuisine et qui forment une espèce de crible.

Quand on veut puiser de l'eau chaude, on bouche les ouvertures Θ et K avec deux doigts, on plonge la petite sphère dans l'eau chaude, puis on ouvre l'un des orifices, Θ par exemple, de façon que l'air de l'hémisphère B T Δ puisse être chassé par le trou Θ ; l'eau chaude, entrant par le crible, remplira l'hémisphère в т ∆. Rebouchant alors le trou ϴ, en sortant la petite sphère de l'eau, son contenu ne s'échappera pas parce que l'air n'a pas d'entrée. Alors de la même manière, on plonge la petite sphère dans l'eau froide, on ouvre l'orifice к et, quand l'hémisphère а г ∆ est plein, on rebouche к et on ressort la petite sphère qui se trouve alors remplie d'eau chaude et d'eau froide, de sorte que, selon que l'on veut donner issue à l'une ou à l'autre, on ouvre l'orifice qui lui correspond ; on peut encore le refermer quand on veut arrêter l'écoulement et répéter l'opération jusqu'à ce que tout soit vidé.

Il est également possible de remplir le même vase, d'un côté avec du vin, de l'autre avec de l'eau froide ou chaude ou un autre liquide quelconque. On peut même faire écouler autant de liquides et en telles proportions que l'on voudra en multipliant les cloisons et les orifices par lesquels l'air peut pénétrer dans chaque compartiment et en sortir.

Au lieu d'issues recourbées, on peut faire à la partie supérieure de la paroi du tube, dans des endroits convenables, un certain nombre de trous qu'on pressera avec les doigts quand on voudra les boucher.

Pour rendre invisibles les cribles, on les recouvrira d'un conduit unique ; les divers liquides sembleront ainsi couler de la même source.

III.

Aiguière disposée de manière à recevoir et à écouler une plus ou moins grande quantité de liquide dans un temps donné, et telle que, si l'on y a introduit de l'eau et du vin, elle verse pendant un certain temps de l'eau pure, pendant un autre temps du vin pur et enfin un mélange des deux.

Pl. IV, fig. 1.

On la construit ainsi :

Soit ᴀʙ une aiguière divisée en son milieu par un diaphragme ᴦᴀ, dans lequel on a percé des trous comme ceux d'un crible, disposés sur un segment en ᴇ près du ventre du vase. Dans ce même diaphragme et sur la ligne médiane on a également percé un trou rond ᴢ par lequel on fait passer le tube ᴢ ʜ ꝋ soudé au diaphragme et arrivant en ʜ jusque près du fond du vase. L'autre extrémité ꝋ du tube sort, sur le côté de l'aiguière, sous l'anse avec laquelle elle est soudée et en communication, cette anse étant creuse et présentant, à sa partie supérieure, un trou ᴋ qui peut être bouché avec le doigt quand cela est nécessaire.

Si alors, fermant l'évent ᴋ comme je viens de le dire, on introduit un liquide dans l'aiguière, ce liquide restera dans le compartiment supérieur, ne pouvant descendre par le crible dans le compartiment inférieur, à cause de l'air qui n'a pas d'autre issue que l'évent ᴋ. Si maintenant nous ouvrons cet orifice, le liquide descendra dans le compartiment inférieur et l'aiguière pourra en recevoir une nouvelle quantité.

On peut commencer par verser du vin de manière à remplir le compartiment ʙᴦᴀ; puis, fermant l'évent, verser de l'eau par dessus. Ces deux liquides ne se mélangeront pas et, si nous penchons l'aiguière, elle ne donnera issue qu'à de l'eau pure ; mais, si nous ouvrons l'orifice, l'eau continuera à couler et le vin coulera aussi puisque l'air peut entrer par l'évent et remplir l'air qui se produit, enfin le vin coulera pur. On peut aussi verser l'eau d'abord, puis, bouchant le trou, du vin par-dessus, de manière à donner aux uns du vin pur, à d'autres du vin mouillé , enfin à ceux que nous voudrons mystifier, de l'eau.

IV.

Construire une sphère creuse ou tout autre vase dans lequel, si l'on verse un liquide , on puisse le faire s'élever spontanément avec une grande force de manière à vider le vase quoique un tel mouvement soit contraire à la nature.

Pl. III, fig. 1.

La construction se fait ainsi :

Soit une sphère de la contenance d'environ 6 cotyles (1 litre 1/2) dont les parois sont faites avec un métal assez résistant pour supporter la pression de l'air qu'on va produire. Plaçons cette sphère A B sur une base quelconque Γ ; à travers une ouverture percée à sa partie supérieure, on introduit un tube qui descend jusqu'à la partie de la sphère diamétralement opposée au trou, en y laissant toutefois un espace suffisant pour le passage de l'eau. Ce tube fera une légère saillie au-dessus de la sphère à l'ouverture de laquelle il est soudé et il se divisera en deux branches Δ Π et Δ Z auxquelles sont fixés deux tubes recourbés H Θ K Λ et Z M N Ξ qui communiquent intérieurement avec Δ H et Δ Z. Enfin, dans ces tubes H Θ K Λ et Z M N Ξ et en communication avec eux doit être adapté un autre tube Π O duquel sort à angle droit un tube mince P Σ communiquant avec lui et terminé en Σ par un petit orifice. Si, prenant à la

8

main le tube ΡΣ, nous faisons tourner sur lui-même le tube ΠΟ, les deux trous qui se correspondaient ne pourront plus établir la communication, et le liquide qui s'élèvera ne trouvera plus d'issue. Alors, à travers une autre ouverture dans la sphère, on insère un autre tube ΤΥΦ, dont l'orifice inférieur Φ est fermé, mais qui a sur le côté vers le fond en x un trou rond auquel est adaptée une petite soupape, du genre de celles que les Romains appellent *assarium* et dont nous exposerons plus loin la construction.

Dans le tube ΤΦΤ on insère à frottement un autre tube [massif] ΨΩ.

Retirons maintenant le tube ΨΩ, et versons un liquide dans le tube ΤΦΤ, ce liquide entrera dans la cavité de la sphère par le trou x, la soupape s'ouvrant à l'intérieur, et l'air s'échappera par les trous du tube ΟΠ dont nous avons déjà parlé et qu'on a disposés de manière à communiquer avec les tubes ΠΘΚΛ et ΖΜΝΞ. Une fois la sphère à demi pleine de liquide, on incline le petit tube ΡΣ de manière à supprimer la communication entre les trous correspondants ; alors on enfonce le tube ΨΩ et on chasse dans l'intérieur de la sphère l'air et le liquide contenus dans ΤΥΦ, ce qui nécessite une certaine force, car la sphère est elle-même pleine de liquide et d'air ; cette introduction est rendue possible par la compression de l'air qui se resserre dans les espaces vides qu'il contient en lui-même. Retirons encore le tube ΨΩ de manière à remplir d'air le tube ΤΥΦ ; enfonçons de nouveau le tube ΨΦ et poussons cet air dans la sphère. En répétant cette opération plusieurs fois de suite, nous finirons par avoir dans la sphère une grande quantité d'air comprimé. Il est clair, en effet, que l'air introduit de force ne peut pas s'échapper quand la tige du piston est relevée, puisque la soupape, pressée par l'air intérieur, reste fermée. Si alors, replaçant le tube PΣ dans la position verticale, nous rétablissons la communication entre les ouvertures correspondantes, le liquide sera chassé à l'extérieur par l'air comprimé qui reviendra au volume qui lui est propre et qui pressera le liquide placé au-dessous de lui. Si la quantité d'air comprimé est considérable, il y aura expulsion non seulement de tout le liquide, mais encore de l'air en excès.

Voici maintenant la construction de la soupape dont j'ai parlé (Pl. III, fig. 1 bis et 1 ter) :

Prenez deux plaques d'airain de forme carrée ayant environ un doigt (0^{m}027) de côté et épaisse comme une règle de charpentier ; ces deux plaques, accolées suivant leurs faces, sont usées l'une contre l'autre à l'émeri, c'est à-dire polies de telle manière que ni air ni liquide ne puisse passer entre elles. Soient ABΓΔ et EZHΘ ces deux plaques, au milieu de l'une d'elles EZHΘ, on perce un trou circulaire d'environ un tiers de doigt (0,01) de diamètre. Alors adaptant les deux plaques suivant l'arète EΘ on les réunit entre elles par des charnières, de telle sorte que les surfaces polies coïncident l'une avec l'autre. Quand on doit se servir de cette soupape, on adapte la lame EZHΘ sur l'ouverture destinée à l'introduction de l'air ou du liquide que l'on veut comprimer, la pression fait ouvrir la plaque ABΓΔ qui se meut très facilement autour de ses charnières et laisse entrer soit l'air soit le liquide dans le vase étanche où il se trouve ensuite enfermé et où il repousse la plaque ABΓΔ, fermant ainsi le trou par lequel l'air est entré.

V.

**Construire un autel de telle manière que, quand on
allume du feu par-dessus, les statues qui sont sur
les côtés fassent des libations.**

Pl. IX, fig. 1.

Soit un piédestal A B Γ Δ sur lequel sont placés des statues
et un autel E Z H fermé de toutes parts. Le piédestal doit
également être hermétiquement clos ; il communique
avec l'autel en H ; il est aussi traversé par le tube Θ K Λ, peu
éloigné du fond du côté de Λ et venant aboutir à une coupe
que tient la statue en Θ. On verse de l'eau dans le piédestal
par un trou M que l'on bouche ensuite. Si donc on allume
du feu sur l'autel E Z H, il arrivera que l'air intérieur dilaté
pénétrera dans le piédestal et en chassera l'eau ; mais
celle-ci, n'ayant d'autre issue que le tube Θ K Λ, monte
dans la coupe et la statue fait ainsi une libation ; cela dure
aussi longtemps que dure le feu. En éteignant le feu, la
libation cesse et elle recommence autant de fois qu'on le
rallume. Il faut du reste que le tube par lequel la chaleur
doit s'introduire soit plus large au milieu ; il est nécessaire
en effet que la chaleur, ou plutôt que le souffle qu'elle produit, s'accumule dans un renflement pour avoir plus d'effet.

VI.

**Il y a des vases qui ne peuvent rien verser à moins d'être
pleins, mais qui, une fois pleins, laissent échapper tout
le liquide qu'ils contiennent.**

Pl. II, fig. 3 et 4.

On les construit comme il suit :
Soit A B Γ Δ un vase sans goulot, à travers le fond duquel

passe un tube qui peut être ou un diabète à cloche
EZHΘ ou un siphon recourbé HΘK. Quand le vase ABΓΔ est
plein et que l'eau recouvre les siphons, l'écoulement s'établit par ces siphons et continue jusqu'à ce que le vase soit
vide si l'orifice inférieur du siphon est assez près du fond
du vase pour ne laisser que le passage nécessaire à
l'eau (1).

VII.

**Deux vases étant placés sur un même piédestal, l'un
étant plein de jvin et l'autre vide et tous les deux
étant munis de goulots ouverts, le vin ne coulera pas
du vase plein jusqu'à ce que le vase vide soit rempli
d'eau ; alors le vin commencera à couler de l'un des
vases et l'eau de l'autre jusqu'à ce que tous les deux
soient vides. On les appelle les vases concor-
dants.**

Pl. V, fig. 1.

Soit ABΓΔ le piédestal sur lequel reposent les vases E et Z,
dans chacun desquels existe un siphon recourbé; soient,
HΘK dans le vase E et AMN dans le vase Z ces siphons, dont
les extrémités extérieures sont disposées comme un goulot
de fontaine et dont les parties coudées doivent arriver presque jusqu'à l'orifice des vases [et être au même niveau];
soit enfin ΞΟΠΡ un autre tube recourbé qui, passant à

---

(1) On a retrouvé un vase de cette espèce dans les murs du
vieil Evreux. On en fabrique actuellement pour les cabinets de
physique, où le siphon est dissimulé dans le corps d'une statuette
qui figure Tantale et disposé de telle sorte qu'il est amorcé et
qu'il vide le vase dès que le niveau de l'eau arrive à la hauteur
de la bouche de la statuette.

travers le piédestal, réunit les deux vases et dont les orifices Ξ et P débouchent à la hauteur des coudes des siphons.

Versons maintenant du vin dans le vase F en ayant soin
que la surface du liquide ne dépasse pas le coude Θ ; le vin
ne coulera pas parce que le siphon ne sera pas amorcé ;
mais si nous versons ensuite de l'eau dans le vase Z de
telle sorte que son niveau dépasse la courbure du siphon
en M, l'eau s'écoulera [par le siphon ΔMN] et passera en
même temps par le tube ΞΟΠP dans le vase E où elle fera
commencer l'écoulement du vin. Les deux vases verse-
ront alors à la fois, l'un du vin, l'autre de l'eau, jusqu'à ce
qu'ils soient vides tous deux.

VIII.

**On peut construire des vases de telle manière que
quand on y verse de l'eau, on entend se produire le
chant de la mésange ou un sifflement.**

Pl. XII, fig. 3.

Voici leur construction :

Soit ΑΒΓΔ un piédestal creux ; la paroi supérieure ΑΔ sera
traversée par un entonnoir ΕΖ dont le tube affleurera le
fond de manière à laisser le passage de l'eau et qui sera
soudé sur cette paroi supérieure. Soit aussi un petit tuyau
ΗΘΚ destiné à produire le son : il communiquera également
avec le piédestal et sera soudé à la paroi ΑΔ. L'extrémité
supérieure sera recourbée et son orifice Κ plongera dans
un peu d'eau placée dans un petit vase Λ. Si on verse de
l'eau dans l'entonnoir ΕΖ, il en résultera que l'air, qui est
dans le piédestal, sera chassé dans le petit tuyau ΗΘΚ et
rendra ainsi un son. Si l'extrémité recourbée du tuyau
plonge dans l'eau, ce son sera modulé de façon à imiter

le chant de la mésange ; tandis que, s'il n'y a pas d'eau, il ne se produira qu'un sifflement.

Les sons se produisent donc à travers des tuyaux ; mais ils varieront de nature suivant que ces tuyaux seront plus ou moins larges, plus ou moins longs, et que la partie immergée sera elle-même plus étroite ou plus courte ; on peut arriver ainsi à imiter le chant de divers oiseaux (1).

IX.

On peut disposer les figures de plusieurs de ces oiseaux soit sur une fontaine, soit dans une grotte, soit dans tout autre lieu où existent des eaux courantes. On placera près d'eux un hibou qui tournera automatiquement la tête vers eux ou du côté opposé. Quand il a la tête tournée, les oiseaux chantent ; quand il les regarde, ils se taisent ; et cela peut se répéter plusieurs fois.

Pl. xii, fig. 4.

Voici comment s'établit cet appareil :

Soit A le jet d'une petite fontaine qui coule constam-

---

(1) Le P. Kircher *(Œd Œg.*, t. 2, p. 327) indique une machine analogue où le chant d'un oiseau et le mouvement de son bec, de ses ailes et de sa queue serait produit par l'échauffement, au moyen des rayons du soleil, de l'air contenu dans un piédestal.

Il suffit en effet, pour cela, de disposer de petits tubes aboutissant d'une part à la chambre contenant l'air à dilater, de l'autre soit à un sifflet soit contre les palettes d'une roue mobile munie de dents qui mettent en action des leviers et des fils destinés à faire mouvoir le bec, les ailes et la queue de l'oiseau.

Aujourd'hui on ne construit pas autrement à Paris ces oiseaux chanteurs qui font l'objet d'un commerce assez considérable avec l'Orient ; seulement le moteur est un mouvement d'horlogerie.

Kircher proposait d'expliquer les sons de la statue de Memnon par un système de cordes qu'aurait fait vibrer une roue dentée mise en mouvement par l'air échauffé dans une chambre exposée aux rayons du soleil levant. Voir plus loin l'appareil XXVIII.

ment; on place au-dessous une caisse ʙɼᴀᴇ bien étanche munie d'un diabète à cloche ʜᴢ ou d'un siphon recourbé et dans laquelle est inséré un entonnoir ᴏᴋ dont le tube va presque jusqu'au fond de manière à ne laisser que le passage de l'eau ; cet entonnoir doit être pourvu de plusieurs petits tuyaux semblables à ceux que nous avons décrits ci-dessus, tels que ᴀ. Il arrivera que, tandis que la caisse ʙɼᴀᴇ se remplit d'eau, l'air expulsé par les tuyaux imitera le chant des oiseaux ; mais, quand la caisse sera pleine et que l'eau s'écoulera par le siphon ʜ ᴢ, les oiseaux ne chanteront plus.

Nous allons décrire maintenant les dispositions employées pour faire tourner le hibou tantôt du côté des oiseaux tantôt du côté opposé, ainsi que nous l'avons annoncé plus haut. Soit ɴᴈ un axe tourné, fixé sur une base ᴍ et sur lequel est ajusté un tube ᴏ ɴ, de manière à pouvoir tourner librement autour de cet axe ; à l'extrémité supérieure de ce tube est adapté un petit disque ʀᴤ sur lequel le hibou est solidement fixé. Autour du tube sont deux chaînes ᴛɼ et ᴏᴆ enroulées en sens contraire et qui passent sur deux poulies. A l'extrémité de ᴛɼ est suspendu un poids ᴪ ; l'extrémité de ᴏᴆ est attachée à un vase vide Ω placé au-dessous du siphon ou du diabète à cloche ᴢ ɴ.

On voit que, quand la caisse ʙɼᴀᴇ se vide, le liquide tombe dans le vase Ω, le tube ᴏɴ tourne ainsi que le hibou qui regarde alors les oiseaux. Mais, lorsque la caisse ʙɼᴀᴇ est vide, le vase Ω se vide aussi à l'aide d'un siphon ou d'un diabète à cloche qu'il contient ; le poids ᴪ, reprenant alors le dessus, fait retourner le hibou, juste au moment où, la caisse ʙɼᴀᴇ se remplissant de nouveau, le chant des oiseaux recommence à se faire entendre.

X.

**On peut, par un procédé semblable, faire sonner
une trompette.**

On insère dans une caisse, hermétiquement close, le
tube d'un entonnoir dont l'extrémité atteint presque le
fond et qui est soudé au couvercle de la caisse ; à côté,
une trompette munie de son pavillon et de son anche est
fixée d'une façon analogue et communique avec la partie
supérieure de la caisse. Quand on versera de l'eau dans
l'entonnoir, l'air qui est dans le vase, chassé à travers
l'anche, produira le son.

XI.

**Il y a certaines cornes à boire qui, après que l'on y a
introduit du vin, laissent couler, lorsqu'on y verse de
l'eau, tantôt de l'eau pure, tantôt du vin pur.**

Pl. IV, fig. 3.

En voici la construction.

Soit une corne à boire A B Γ Δ munie de deux diaphragmes
ΔE et ZH à travers lesquels passe un tube ΘK soudé à ces
diaphragmes et percé d'un trou A un peu au-dessus du
diaphragme ZH. Au-dessous du diaphragme ΔE, il y a un
évent M dans la paroi du vase.

Ces dispositions prises, si quelqu'un, bouchant l'orifice
de sortie Γ, verse du vin dans la corne, ce vin coulera par le
trou A dans le compartiment ΔEZH, car l'air qui y est contenu peut s'échapper par l'évent M ; si maintenant nous

bouchons l'évent м, le vin qui est dans le compartiment
ΑΕΖΗ y sera retenu. Par conséquent si, fermant l'évent м,
nous versons de l'eau dans la partie ΑΒΔΕ du vase, il s'écoulera de l'eau pure [par l'orifice г]; si, ensuite, nous
ouvrons l'évent м pendant qu'il y a encore de l'eau au-
dessus du diaphragme supérieur, il s'écoulera un mélange
d'eau et de vin; puis, lorque toute l'eau sera écoulée, du
vin pur.

En ouvrant et fermant plus souvent l'évent м on peut faire
varier la nature de l'écoulement; ou, ce qui est mieux encore, on peut commencer par remplir d'eau le compartiment
ΑΕΖΗ, puis, fermant en м, verser le vin par dessus. Alors on
verra s'écouler tantôt du vin pur, tantôt un mélange d'eau et
de vin quand l'évent м sera ouvert; tantôt encore du vin pur
quand cet évent sera fermé de nouveau; et cela se reproduira autant de fois que nous le voudrons.

XII.

**Une coupe étant placée sur un piédestal et pleine de
vin, elle restera pleine quelle que soit la quantité
qu'on y puise.**

Pl. XVI, fig. 1.

Soit ΑΒ un vase dont l'ouverture est fermée près du col
par un diaphragme ΓΔ. Faisons passer à travers ce diaphragme un tube ε z qui arrive très près du fond ; un autre
tube ΗΘ traverse le fond du vase et s'élève jusque près du
diaphragme ΓΔ ; enfin, le fond du vase est percé par un
trou κ auquel est adapté un petit tube ΚΛ. Le vase ΑΒ doit
être placé sur un piédestal ΜΝΞΟ dans lequel fait saillie
l'extrémité du tube ΗΘ. Soient encore ΠΡ la coupe susdite
et ΣΤ un tube mettant en communication la base ΜΝΞΟ avec

la coupe qui doit arriver à la hauteur de l'orifice Θ du tube ΗΘ.

Quand on versera du vin par le tube Ε Ζ dans le vase Α Β, l'air s'échappera par le tube ΗΘ et le vin passera par le petit tube Κ Λ, s'il est ouvert, dans le piédestal et dans la coupe ΠΡ ; mais, si ce tube est bouché, ce sera alors le vase Α Β qui se remplira. Faisons donc couler du vin dans la base ΜΝΞΟ et dans la coupe ΠΡ de manière que la coupe ΠΡ soit pleine et que la base ΜΝΞΟ soit remplie jusqu'à l'orifice Θ du tube [ΗΘ] (1). Cela étant fait, fermons l'orifice Ε ; le vin qui est dans le vase Α Β ne pourra plus couler par le petit tube Κ Λ puisque l'air ne peut plus entrer pour remplir le vide qui se produirait, car cette entrée se faisait par l'orifice Ε ; mais, si nous puisons du vin dans la coupe, nous découvrons l'orifice Θ et alors, l'air se glissant [par le tube ΗΘ], le vin s'écoulera de nouveau dans la base et dans la coupe ΠΡ jusqu'à ce qu'elle soit pleine, et cela se reproduira chaque fois que nous puiserons dans la coupe. Il faudra que la base ΜΝΞΟ soit percée d'un trou Υ, afin que l'air qui entre en remplacement dans le vase Α Β par l'orifice Η pénètre par ce trou.

---

(1) Le texte est tellement corrompu qu'on peut supposer qu'il contenait primitivement quelques mots de plus pour expliquer cet appareil qui n'a été compris par aucun des traducteurs de Héron. Le tube ΗΘ doit descendre un peu plus bas que le bord de la coupe, de telle sorte que, quand la coupe est pleine, le liquide qui est au même niveau dans le piédestal bouche l'orifice du tube. PHILON donne, dans l'un des appareils que nous reproduirons plus loin, l'application de cette disposition à une lampe.

A la Renaissance, le P. Grünberger, professeur de mathématiques à Rome, fit construire une de ces lampes qui fut alors décrite comme une invention nouvelle dans les ouvrages de Schwenter, de Gaspar Ens, et spécialement dans la *Mechanica hydropn.* du P. Scott, p. 290. — Vers 1780, le chimiste Proust les introduisit en France où elles furent connues sous le nom de

XIII.

Si, en pratique, nous voulions établir d'une façon analogue, dans quelque endroit, un bassin qui resterait toujours plein, bien qu'on en tirât une grande quantité d'eau, il faudrait le construire ainsi (Pl. ~~VII~~ XVI, fig. 2) :

Soit ᴀʙ un vase contenant une quantité d'eau égale à celle qui pourra être demandée, et ᴦᴀ un tube qui le met en communication avec une cuve (1) ʜϴ placée plus bas. Près de ce tube on installe un levier ᴇᴢ à l'extrémité ᴇ duquel on suspend une rondelle de liége ᴋ se balançant dans la cuve ; à l'autre extrémité ᴢ on accroche une chaîne portant un poids en plomb Ξ. Le tout doit être disposé de telle sorte que : le liége ᴋ flottant sur l'eau [de la cuve] ferme l'orifice du tube ; que, quand l'eau s'écoule, le liége en descendant laisse libre cette ouverture ; et enfin que, quand il arrivera une nouvelle quantité d'eau, le liége remonte avec le niveau et ferme de nouveau le tube ; pour cela il faut que le liége soit plus lourd que le poids en plomb suspendu en Ξ. Soit maintenant ᴀᴍ le bassin susdit dont les bords doivent être à la même hauteur que le niveau de l'eau dans la cuve quand il n'y a pas d'écoulement par le canal à cause du flotteur en liége. Soit encore un tube ϴɴ réunissant la cuve au fond du bassin.

Ainsi, le bassin une fois plein, quand nous y puiserons

Lampes à niveau constant et à réservoir latéral; c'est ainsi qu'ont été établies jusqu'à ces dernières années les lampes de reverbère.

(1) Il s'agit ici d'une cuve à faire le vin, ληνός : ce passage d'Héron détermine bien le sens dont A. Rɪᴄʜ paraît douter, dans son *Dictionnaire des antiquités*, au mot *Torcular.*

de l'eau, nous ferons en même temps baisser le niveau de
l'eau dans la cuve et le liége, en descendant, ouvrira le
tube. L'eau coulant alors dans la cuve et de là dans le
bassin fera remonter le liége et l'écoulement cessera ; cela
se reproduira chaque fois que nous prendrons de l'eau
dans la coupe.

XIV.

**Il y a des vases à ablutions tels que, si l'on y jette une
pièce de cinq drachmes, il s'en écoulera de l'eau pour
les ablutions.**

Pl. VIII, fig. 2.

Soit un vase à ablutions ($\sigma\pi o\nu\delta\epsilon\tilde{\iota}o\nu$) ou un coffre A B Γ Δ
dont l'orifice A s'ouvre à la partie supérieure. Dans ce coffre
se trouve un vase Z H Θ K contenant de l'eau et une petite
pyxide Λ (1) d'où part un tuyau ΛM qui débouche à l'extérieur. Près de ce vase on place une règle verticale N Ξ
autour [de l'extrémité supérieure] de laquelle se meut une
autre règle à oreilles O Π (2) terminée en O par un plateau
P parallèle au fond du vase. A l'autre bout Π est suspendu
un couvercle Σ qui s'ajuste à la pyxide Λ de manière à
empêcher l'eau de couler par le canal ΛM. Il faut que le
couvercle de la pyxide soit plus lourd que le plateau P,
mais plus léger que le plateau et la pièce de monnaie.

Quand on jette une pièce par l'orifice A, elle tombe sur
le plateau R et son poids fait incliner la règle O Π, ce qui
fait soulever le couvercle de la pyxide et couler l'eau ; mais

---

(1) On appelait *pyxide* une petite boîte qui se fermait à l'aide
d'un couvercle dont les rebords en saillie entraient dans la boîte

(2) Le mot qui signifie littéralement objet fourchu, indique que,
contrairement aux dispositions en usage aujourd'hui, c'était le
levier de la balance et non le pied qui portait la fourche destinée
à recevoir l'axe de rotation.

la pièce glissant ensuite au fond, le couvercle bouche de
nouveau la pyxide et arrête l'écoulement (1).

XV

**Des liquides de diverses espèces ayant été versés dans
un vase par un orifice, on demande de faire couler
par un même goulot, à volonté et séparément, celui
de ces liquides qu'on choisira.**

Pl. vi, fig. 4.

Soit A B un vase dont le col est fermé par un diaphragme
ГΔ et dans lequel se trouvent d'autres diaphragmes verti-
caux qui montent jusqu'à ce diaphragme ГΔ et forment
autant de compartiments qu'on veut verser de liquides
différents. Supposons, pour fixer les idées, que ce nombre soit de deux et soit ZE le diaphragme [qui les sépare].
Dans le diaphragme ГΔ on perce de petits trous comme
ceux d'un crible, communiquant avec les compartiments
dont chacun doit avoir un évent H ou Θ; chacun de ces
compartiments doit également communiquer, vers le fond
du vase, avec de petits tubes K ou Λ qui aboutissent à un
même tuyau M.

Si donc, ayant d'abord fermé les évents H et Θ ainsi que
le tuyau M, nous versons l'un des liquides dans la partie
supérieure du vase, ce liquide n'entrera dans aucun des

---

(1) On trouve à la page 218 de la 2ᵉ éd. des *Récréations scientifiques,* de M. GASTON TISSANDIER, la description d'une tirelire
américaine qui distribuait automatiquement aux visiteurs de l'exposition de Philadelphie des photographies d'hommes célèbres
sous la condition de déposer dans l'appareil un certain nombre
de pièces de cinq cents.

compartiments, l'air n'ayant aucune issue ; mais, si l'un des évents est ouvert, le liquide passera dans le compartiment correspondant. Si ensuite, après avoir refermé cet évent, nous versons l'autre liquide et ouvrons l'autre évent, leliquide tombera dans l'autre compartiment.

Maintenant, si nous bouchons tous les évents en même temps que les trous du crible (1), quand bien même le canal M serait ouvert, rien ne coulera ; il faut ouvrir l'un des évents pour donner entrée à l'air dans le compartiment correspondant, ce qui permet au liquide qui y est contenu de s'échapper. Si on referme cet évent et qu'on ouvre l'autre un effet analogue se produira.

XVI

Étant donnés deux vases pleins sur un piédestal, l'un plein de vin et l'autre vide, faire qu'une quantité quelconque d'eau étant versée dans le vase vide, une quantité de vin équivalente s'écoule dans l'autre vase.

Pl. VI, fig. 2.

Voici la construction :

Soient, sur un piédestal A B, deux vases Γ Δ et E Z dont les orifices (1) sont fermés par les diaphragmes Η Θ et K Λ ; soit encore un tube M N Ξ O qui passe à travers le piédestal et se recourbe dans les vases de telle manière que ses extrémités M et O arrivent tout près des diaphragmes. Dans le vase E Z on place un tube recourbé Π P Σ dont la

---

(1) On bouchera les trous du crible en fermant hermétiquement l'orifice du vase à l'aide d'un couvercle.

courbure doit se trouver près de l'orifice du vase ; l'une de ses branches débouche à l'extérieur et se termine comme goulot de fontaine. A travers le diaphragme HΘ passe un entonnoir TΥ dont le tube est soudé à ce diaphragme et qui descend jusque tout près du fond du vase [ΓΔ]. Dans le vase EZ on verse du vin par un trou Φ qu'on rebouche après l'introduction du liquide.

Si maintenant nous versons par l'entonnoir de l'eau dans le vase ΓΔ, il arrivera que l'air qui est dans ce vase sera chassé, qu'il pénétrera dans le vase EZ par le tube MNOΞ, et que le vin qui est dans ce dernier vase coulera en dehors. Ce phénomène se reproduira chaque fois que nous verserons de l'eau, et il est évident que la quantité de l'air expulsé est la même que celle de l'eau introduite et que celle du vin qui s'écoule.

Tout cela pourrait encore se produire quand bien même il n'y aurait en Σ qu'un goulot au lieu d'un siphon, à la condition toutefois que la pression du liquide ne l'emporte pas au goulot (2).

---

(1) La figure ne correspond pas tout-à-fait à la description donnée par le texte. Les diaphragmes sont non à l'orifice du vase mais au col du vase ; il en résulte que c'est la partie supérieure du vase ΓΔ qui tient lieu de l'entonnoir dont il sera parlé plus loin.

(2) Pour cela il faut que le goulot soit au haut du vase EZ et un peu au-dessus du niveau primitif du vin (dans tous les cas, il faut que le goulot se prolonge à l'intérieur par un tube allant jusqu'au fond du vase pour pouvoir l'épuiser); quand ce tube est en forme de siphon, il suffit que le niveau primitif soit au-dessous de la courbure du siphon qui s'amorce par l'adjonction du liquide dans ΓΔ.

XVII

Étant donnés un vase vide et un autre qui contient du vin, on demande que, quelle que soit la quantité d'eau que nous versions dans le vase vide, il s'écoule par un tuyau la même quantité d'un mélange d'eau et de vin dans telle proportion qu'on voudra, par exemple deux parties d'eau pour une de vin (1).

Pl. v, fig. 3.

Soit ΑΒ un vase en forme de cylindre ou de parallélipipède rectangle. A côté de lui et sur la même base on place un autre vase ΓΔ hermétiquement clos et de forme cylindrique ou parallélipipédique comme ΑΒ, mais la base de ΑΒ doit être double de celle de ΓΔ si nous voulons que la quantité d'eau soit double de celle du vin [dans le mélange]. Près de ΓΔ on place un autre vase ΕΖ également clos, dans lequel on a versé du vin. Les vases ΓΔ et ΕΖ sont reliés par un tube ΗΘΚ traversant les diaphragmes [qui les ferment à leur partie supérieure] et soudé à ces diaphragmes. Dans le vase ΕΖ on place un siphon recourbé ΛΜΝ dont la branche intérieure doit effleurer le fond du vase de façon à laisser tout juste le passage pour un liquide, tandis que l'autre branche, qui se recourbe dans l'intérieur du vase [ΕΖ], se rend dans un vase voisin ΞΟ. De ce dernier part un tube ΠΡ qui passe à travers tous les vases ou le piédestal qui les supporte de manière à pouvoir être amené facilement au-dessous et tout près du fond du vase ΑΒ. Un autre tube ΣΤ traverse les cloisons des vases ΑΒ et ΓΔ. Enfin, près du fond de ΑΒ on ajuste un

---

(1) Ce titre est différent de celui que donne le texte grec édité par Thévenot.

9

petit tube т qu'on enferme avec le tube пр dans un tuyau
фх muni d'une clef à l'aide de laquelle on peut l'ouvrir et le
fermer à volonté. [Dans le vase ЕΖ on verse du vin par un
trou Ω que l'on rebouche après l'introduction du liquide.](1

Ces dispositions prises, on ferme le tuyau ХФ et on verse
de l'eau dans le vase АВ. Une partie, c'est-à-dire une
moitié, passera dans le vase ГΔ par le tube ΣΤ, et l'eau qui
pénètre dans ГΔ en chassera une quantité d'air égale à
elle-même dans ЕΖ par le tube ΠΘΚ. De même cet air
chassera une quantité égale de vin dans le vase OΞ par le
siphon ΛΜΝ. Maintenant, en ouvrant le tuyau ФХ, l'eau
versée dans le vase АВ et le vin sortant du vase OΞ par le
tube пр couleront ensemble ; c'est ce que l'on se proposait d'obtenir (2).

<h2 style="text-align:center">XVIII</h2>

**Étant donné un vase muni d'un tube à robinet et plein
d'eau, sur laquelle flotte une figurine, faire que cette
figurine laisse couler une quantité de vin qui soit en
proportion donnée avec l'eau que l'on fait sortir par
le robinet.**

Pl. V, fig. 4.

Soit АВ le vase d'eau muni d'un tuyau г qui peut être
fermé ; soit, sur la surface de l'eau, un petit bassin Δ qui

---

(1) Il y a évidemment ici une lacune à laquelle j'ai suppléé par
la phrase placée entre crochet, phrase qui se trouve dans la
description de l'appareil précédent.

(2) Dans les différents textes grecs, la description de cet appareil se termine par la phrase suivante qui est évidemment cor-
rompue :

« Les vases resteront donc de nouveau vides, lorsque, le mélange s'écoulant, l'air entrera dans ces vases par le tube ΠΡ. »

flotte et qui porte un tuyau vertical E z auquel on a donné
la figure d'un animal. On place à côté un vase ΠΘ contenant du vin, dans lequel plonge un siphon recourbé κ λ μ,
dont l'une des branches est ainsi dans le vase ΠΘ , tandis
que l'autre va aboutir au tube E z.

Maintenant, supposons que nous aspirions le vin par
l'orifice intérieur μ, le vin coulera dans le tuyau E z jusqu'à ce que la surface libre soit sur une même droite dans
le vase ΠΘ et dans le tuyau E z. Soit Ν Ξ Ο Π cette droite et
fixons-en Π un petit tube ouvert P (1). Jusqu'à ce moment le vin ne coule pas, mais si on enlève par le tube Γ
une certaine quantité d'eau, le petit bassin Δ descendra,
entraînant avec lui le tuyau E z et amenant ainsi la surface
libre du vin au-dessous de la ligne Ν Ξ. La branche extérieure du siphon devenant alors plus longue, le vin coule
de nouveau dans le tuyau E z et tombe à l'extérieur par
le petit tube P.

Cela se reproduira chaque fois que nous enlèverons de
l'eau par le canal Γ, le vin s'écoulant dans une certaine
proportion avec l'eau qu'on enlève. Pour que ce que nous
avons annoncé ait lieu, il suffit donc que la base du vase
A B soit dans une proportion déterminée avec la base du
vase ΠΘ (2).

---

(1) On voit que le tuyau E z est fermé au bas et qu'il reçoit en haut,
à frottement, la branche du siphon. On aspire par le tube P pour
amorcer le siphon ; puis on laisse couler le vin jusqu'à ce que
l'écoulement s'arrête ; l'appareil est alors prêt à fonctionner.

(2) Héron suppose ici que les deux vases sont de même hauteur.

XIX

Si l'on voulait que, en versant de l'eau dans un vase, on fît couler du vin dans une proportion déterminée, on agirait comme il suit.

Pl. V. fig. 5.

Soit, comme ci-dessus, un vase AB renfermant de l'eau et HΘ le vase qui contient le vin ; mais le tuyau EZ doit être au dehors du vase AB. Dans le vase AB flotte une sphère Δ qui est reliée au tuyau EZ par une corde passant sur les poulies Σ et T de manière à le tenir suspendu. Tout le reste est disposé comme précédemment.

Il en résulte que, si l'on verse de l'eau dans le vase AB, la sphère Δ sera soulevée et fera baisser le tuyau EZ, ce qui amènera l'écoulement du vin.

On peut arriver au même résultat d'une autre manière. La corde fixée d'un côté à la sphère Δ passant sur une troisième poulie T et sur la poulie Σ va se fixer par son autre extrémité au siphon KΛM. On voit qu'alors, la sphère s'élevant, le siphon KΛM, qui est suspendu à la corde, s'abaisse, de sorte que la branche extérieure devenant plus longue le vin coulera par l'orifice P.

XX

Pompes dont on se sert dans les incendies.

Pl. III, fig. 2, 2 *bis* et 2 *ter*.

Elles se construisent de la manière suivante :
On prend deux cylindres (pyxides) de bronze, ABΓΔ et

ΕΖΗΘ, dont la surface intérieure est travaillée au tour, comme les pyxides des orgues hydrauliques, pour recevoir un piston ; soient ΜΝ et ΚΛ les pistons correspondants. Les cylindres doivent communiquer entre eux au moyen du tube ΞΟ et être munis de soupapes Π et Ρ, semblables à celles qui ont été décrites plus haut (1) et qui, situées dans ledit tube ΞΟ, s'ouvrent à l'extérieur des cylindres. Dans la base de ces cylindres on perce des trous circulaires Ξ et Τ obturés exactement par des rondelles ΥΦ et ΧΨ, à travers lesquelles on fait passer des tiges Ω soudées ou fixées de quelque autre manière aux bases du cylindre et munies d'un arrêt à leur extrémité pour empêcher les rondelles de s'en aller. — Quant aux pistons, ils seront fixés à des tiges verticales ε et ζ qu'on attachera à un balancier απ mobile à son centre autour d'un axe fixe δ; les tiges ε et ζ se mouvront elles-mêmes autour des axes β et γ. — Le tube ΞΟ doit communiquer avec un autre tube vertical ηθ qui se bifurque en θ et qui est pourvu de tubes emboîtés à travers lesquels on peut chasser l'eau, comme cela a été exposé plus haut dans la description de la machine pour lancer l'eau au moyen de l'air comprimé.

Maintenant, si les cylindres ainsi disposés sont placés dans un récipient plein d'eau ρστυ et qu'on imprime au balancier απ, par ses extrémités α et π un mouvement d'oscillation autour de l'axe δ, les pistons en descendant chasseront l'eau en dehors par le tube ηθ et l'orifice mobile μ. En effet, quand le piston ΜΝ monte, il ouvre l'orifice Τ en faisant monter la rondelle ΥΦ et ferme la soupape Ρ. Quand, au contraire, il descend, il ferme le trou Τ et ouvre Ρ à travers lequel l'eau est obligée de s'élever. Les mêmes effets se produisent avec le piston ΚΛ. Le petit

---

(1) Dans l'appareil IV, ces soupapes sont représentées pl. III, fig. 1 bis et 1 ter.

tuyau μ qui peut tourner en avant et en arrière permet de lancer l'eau à la hauteur, mais non dans la direction voulue, à moins de déplacer la machine tout entière, ce qui apporte des retards fâcheux lorsqu'on est pressé ; aussi, pour que l'eau puisse être facilement lancée vers le point voulu, on fait le tube $\varkappa\theta$ en deux parties soigneusement ajustées l'une à l'autre dans le sens de la longueur ; l'une d'elles se fixe au tube qui est bifurqué en θ. Ainsi, le jet d'eau peut être lancé dans une direction quelconque grâce à la rotation du tube supérieur autour d'un axe vertical et de celle de l'orifice μ autour d'un axe horizontal. Le tube supérieur, qui reçoit l'autre à frottement, doit être muni d'arrêts pour ne point être projeté par la violence de l'eau ; ces arrêts seront en forme de Γ, fixés au tube supérieur et pourront glisser sur un anneau fixé au tube inférieur (1).

---

(1) On a découvert au siècle dernier à *Castrum-Novum*, près de *Civita-Vecchia*, une pompe semblable à celle que décrit Héron, mais incomplète. Rich en donne la figure au mot *Sipho*.

Il y avait à Rome un corps de pompiers qui faisait partie de la cohorte des gardes de nuit (*vigiles*) établi par Auguste. Il en est fait mention dans une inscription rapportée par Muratori (783, 3) et dans le *Digeste* (lib. 1, tit. xv, cap. iii). Pline le Jeune raconte dans une de ses lettres (liv. x, lettre 43) que, lorsqu'il commandait en Bithynie, il voulut organiser 150 ouvriers en compagnie de pompiers ; mais l'empereur Trajan ne voulut point l'y autoriser, tant le pouvoir ombrageux de Rome redoutait les corporations populaires.

Il semble que le Moyen-Age ait perdu cette invention comme tant d'autres de l'antiquité. La première mention qu'on en retrouve date de 1518 ; d'après Beckmann (*Hist. des Inventions*), on s'en serait servi à Augsbourg à cette époque. Elles devinrent bientôt communes en Hollande ; un prêtre français, Michel de Saint-Martin, raconte dans sa *Relation d'un voyage fait en Flandres* (1667), qu'il les a vu manœuvrer par des hommes

XXI

Dans un lieu où existe de l'eau courante, on peut construire la figure de quelqu'animal en bronze ou en toute autre matière, de telle sorte que, si on lui présente une coupe, cet animal boit en produisant un son et un cri qui font croire qu'il a soif.

Pl. XII. fig. 1.

La construction est la suivante :

Soit AB un vase dans lequel tombe un courant d'eau jaillissante Γ ; dans ce vase AB on place un siphon coudé ou un diabète à cloche ΔΕΖ, dont une branche doit dépasser le fond du vase. Au-dessous de ce dernier, on place un piédestal ΗΘΚΛ hermétiquement clos qui contient également un siphon coudé ΜΝΞ. Au-dessous de l'orifice Z on place un entonnoir ΟΠ dont le tube doit descendre jusqu'au fond du piédestal ΗΘΚΛ, laissant seulement un intervalle pour le passage de l'eau. Soit en P la bouche d'un animal, à laquelle vient aboutir un tube ΡΣΤ qui communique d'une façon cachée avec le piédestal, par une des pattes ou de toute autre façon. Quand le vase AB sera plein, l'eau ayant amorcé le siphon, s'écoulera et tombera dans l'entonnoir ΟΠ ; le piédestal ΗΘΚΛ se remplira ainsi pendant que le vase AB se videra. De même, quand le piédestal sera plein, l'eau ayant amorcé le siphon, s'écoulera par le siphon ΜΝΞ et videra le piédestal ; pendant que celui-ci

---

organisés en compagnie sous le nom de *Maîtres du feu*. Elles furent introduites en France seulement au commencement du XVIIIe siècle par Dumouriez-Duperrier (MORIN, cat. du cons. des Arts et Métiers) à qui Louis XIV en acheta douze pour en faire don à la ville de Paris.

se vide, l'air entre par la bouche P pour remplir le vide
qui se forme. Si alors nous plaçons devant la bouche P une
coupe, le liquide, attiré à la place de l'air, sera absorbé
avec force jusqu'à ce que le piédestal soit vidé. Alors le
vase AB qui s'est rempli, se videra de nouveau et les mêmes
faits se reproduiront. Pour que la coupe puisse être présentée en temps opportun, c'est-à-dire quand l'eau commence à s'écouler du piédestal, il n'y a qu'à imaginer
quelqu'objet qui soit mis en mouvement par l'écoulement
du siphon MNΞ, ce qui aura lieu en le faisant frapper par
l'eau; quand on le verra bouger, on présentera la coupe.

XXII

**On peut aussi, par le moyen d'une eau courante et de
la rotation d'une statuette d'un Pan, faire boire un
animal.**

Pl. XXII, fig. 2.

Soit un piédestal ABΓΔ hermétiquement clos de tous
côtés et muni d'un diaphragme. Sur la face supérieure ont
pose la figure d'un animal avec un tube FZH aboutissant
[d'un côté] à sa bouche, [de l'autre dans le compartiment
inférieur], dans lequel se trouve un siphon recourbé ΘΚΛ,
dont la branche inférieure descend plus bas que le
fond. Un entonnoir MN passe à travers le diaphragme
et son tube descend jusque très près du fond. Sur le piédestal ABΓΛ, on place un autre support ΞΟ sur lequel se
tient une figure de Pan ΠΡ, fixée sur un axe Σ qui descend
dans le compartiment supérieur (1); à cet axe on adapte un

____

(1) Le texte dit *inférieur*.

tube ΤΥ dont l'extrémité porte une petite coupe ΥΦ attachée au tube et en communication avec lui ; ce tube doit être de telle longueur que, quand la figure de Pan est retournée, la coupe ΥΦ se trouve un peu au-dessus de l'entonnoir ΜΝ. Encore au-dessus de ce même entonnoir ΜΝ , et sur la face supérieure, on place un petit bassin ΧΨ qui la traverse et dans lequel tombe le jet de la fontaine; ce jet doit avoir un débit supérieur à celui du siphon ΘΚΛ.

Dans le cas où l'eau du petit bassin se rend, par l'entonnoir ΜΝ, dans le compartiment inférieur du piédestal, l'air contenu dans ce compartiment s'échappe par le tube ΕΖΗ et la base se remplira de liquide parce que le débit à l'entrée est plus considérable qu'à la sortie; mais, si l'on fait faire demi-tour à la statuette de Pan , la petite coupe ΥΦ reçoit le jet et le fait déverser ailleurs à l'aide du tube ΤΥ L'eau n'arrivant plus à la partie inférieure du piédestal ΑΒΓΔ, le siphon ΘΚΛ vide cette partie et l'air afflue par le tube ΕΖΗ ; aussi l'animal boira si on en approche une coupe.

XXIII

On peut aussi construire un animal buvant sans le secours d'eau courante ni d'aucun engin mettant en mouvement une statuette de Pan.

Pl. II, fig. 5.

Soit ΑΒΓΔ un piédestal et Ε la bouche d'un animal, à travers lequel on fait passer, par le poitrail et un pied de derrière ou la queue, un tube qui met en communication la bouche et l'intérieure du piédestal ; ce piédestal devra être rendu immobile. Le tube qui traverse l'animal sera d'un diamètre très fin, presque imperceptible et courbé en siphon, de telle sorte que l'orifice Η soit au même niveau

que la bouche ε (1). Si maintenant nous remplissons le diabète εζη à l'aide d'un autre tuyau placé au-dessus et dont
l'extrémité vienne s'adapter au point ε, le tube εζη restera
plein parce que les deux orifices sont au même niveau ;
mais, si nous présentons une coupe devant la bouche et
que nous plongions une partie de la tête dans l'eau de
cette coupe, il arrivera que la branche η du tube εζη se
trouvera la plus longue, de sorte qu'elle attirera l'eau qui
se trouvera ainsi entraînée dans le piédestal αβγδ ; ce dernier n'a pas besoin dans le cas présent d'être hermétiquement clos.

XXIV

**On place dans les sanctuaires égyptiens, près du
portique, des roues de bronze mobiles que ceux qui
entrent font tourner, parce que l'airain passe pour
purifier. Il convient de les disposer de telle manière
que la rotation de la roue fasse couler l'eau pour
l'ablution dont on vient de parler.**

Pl. VIII, fig. 3.

Soit αβγδ un vase à eau, caché derrière un des jambages
de la porte d'entrée. Ce vase est percé au fond d'un trou ε,
et sous ce fond est fixé un tuyau ζηθκ ayant également un
trou en face de celui du fond, et dans lequel on place un
autre tuyau λμ fixé en λ à ce même tuyau ζηθκ ; le tuyau
λμ est percé d'un trou η en regard du trou ε. Entre ces
deux tuyaux on en adapte un autre νξοπ mobile à frottement sur chacun d'eux et qui a un trou ς en regard de ε.

---

(1) Le texte est ici inintelligible, la traduction du dernier
membre de phrase est déduite du sens général.

Si ces trois trous se trouvent en ligne droite, quand on versera de l'eau dans le vase ABΓΔ, elle coulera par le tuyau ΛM ; mais, si on fait tourner le tube NΞOP de manière à déplacer le trou Σ, l'écoulement cessera. Il suffit donc de fixer la roue au tuyau NΞOP pour que, en la faisant tourner, l'eau coule (1).

XXV

Étant donné un vase, y verser par l'orifice des vins de plusieurs espèces et en faire couler, par un même goulot, celui que l'on désignera, de telle sorte que, si différentes personnes ont versé différents vins, chaque personne retire à son tour tout le vin qu'elle a versé.

Pl. VI, fig. 3.

Soit ABΓΔ un vase hermétiquement clos dont le col est fermé par un diaphragme EZ et qui est divisé en autant de

---

(1) Le père KIRCHER *(Œd. Ægypt.*, t. II, part. 1, p. 336) dit que Clément d'Alexandrie parle des roues lustrales dans ses *Stromates*, l. VI et que la raison mystique de cette coutume est décrite dans l'obélisque de Pamphile. Il ajoute que les Egyptiens croyaient ainsi se rendre favorables les intelligences supérieures qu'ils nommaient *Tyngas* et que c'était *Mophta*, le dieu qui présidait aux eaux, qui leur envoyait l'eau sacrée dont ils se servaient soit pour leurs libations soit pour tout autre usage religieux.

D'après le Dictionnaire d'A. RICH (aux mots *Aspersio* et *Labrum* 4), les vases à eau lustrale avaient absolument la forme de nos bénitiers et on y puisait l'eau lustrale à l'aide d'un goupillon semblable aux nôtres. L'eau lustrale était comme l'eau bénite, de *l'eau salée*. Pour les sacrifices aux dieux inférieurs on se contentait de s'asperger ; pour les dieux supérieurs, on se baignait tout le corps ou au moins la figure et les mains.

compartiments que l'on a l'intention d'y verser d'espèces de vin. Supposons par exemple que ΗΘ et ΚΛ soient les diaphragmes formant les trois compartiments Μ,Ν,Ξ, dans lesquels on doit verser du vin. Dans le diaphragme ΕΖ on perce de petits trous correspondant respectivement avec chacun des compartiments. Soient Ο,Π,Ρ ces trous, dans lesquels on soude de petits tubes ΠΣ, ΟΤ et ΡΥ qui se dressent dans le col du vase. Autour de chacun de ces tubes on perce dans le diaphragme ΕΖ de petits trous comme ceux d'un crible par lesquels les liquides peuvent couler dans les différents compartiments. Quand donc nous voudrons introduire l'un des vins dans le vase, nous boucherons avec les doigts les évents Σ,Τ,Υ, et nous verserons dans le col Φ ce vin qui y restera sans couler dans aucun des compartiments, parce que l'air qui est contenu dans ceux-ci n'a pas d'issue ; mais, si nous ouvrons l'un des évents Σ,Τ,Υ, l'air qui est dans le compartiment correspondant sortira et le vin coulera dans ce compartiment par les trous du crible. Refermant alors cet évent pour en ouvrir un autre, nous introduirons de même une autre qualité de vin, et ainsi de suite quelque soit le nombre des vins et celui des compartiments correspondants du vase ΑΒΓΔ.

Voyons maintenant comment chacun peut venir retirer à son tour son propre vin par le même goulot.

Au fond du vase ΑΒΓΔ on dispose des tubes qui partent de chacun des compartiments, savoir : le tube $\chi\psi$ partant des compartiments Μ, le tube $\omega\sigma$ de Ν, enfin $\lambda\mu$ de Ξ. Les extrémités ψ, σ et μ de ces tubes doivent communiquer avec un autre tube $\psi\sigma\mu\alpha$ dans lequel est ajusté exactement un autre tube $\beta\gamma$ fermé en γ à son extrémité intérieure et ayant des trous percés aux droit des orifices ψ, σ et μ, de telle sorte que ces trous puissent, à mesure que le tube tournera, recevoir respectivement le vin contenu dans chacun des compartiments et se verser au dehors par l'orifice dudit tube β γ (1). A ce tube on fixera une broche en fer δε dont l'extrémité ε portera une masse de plomb η ; à l'extrémité δ on adaptera une épingle de fer retenant en son milieu un petit cornet dont la concavité sera tournée vers le haut. Supposons donc établi ce cône tronqué dont la plus grande base sera en ζ et la plus petite en θ par où passe l'épingle δ (2), on aura encore des petites boules de plomb de poids différents et en nombre égal à celui des compartiments M, N, Ξ (3). Si nous plaçons la plus petite dans le cornet ζθ, elle descendra à cause de son poids jusqu'à ce qu'elle vienne s'appliquer contre la surface intérieure du tronc de cône et [on devra disposer les choses de telle façon] qu'elle fasse tourner le tube βγ de manière à ame-

------

(1) Cet appareil a été reproduit avec quelques modifications par Jacques Besson, dans son *Theatrum instrumentorum et machinarum*. (Lyon, 1578, in-f°). Le vase a la forme d'un tonneau ; dans la bonde est fixé un robinet à trois voies qui communique par trois tubes différents aux trois compartiments du tonneau et qui sert à les remplir ; un robinet analogue sert à l'écoulement. Besson fait remarquer qu'on pourrait se servir de ce dernier seul pour remplir et vider le tonneau.

Depuis Besson, ce robinet a été reproduit dans tous les recueils de *Récréations mathématiques;* il a probablement inspiré à Papin l'idée du robinet à plusieurs fins, proposé par cet ingénieur pour la machine à haute pression et remplacé dans les machines à vapeur moderne par le *tiroir de Watt* qui joue le même rôle.

(2) Le texte est en opposition avec la figure ; il y a du reste ici une disposition dont il est difficile de se rendre compte d'après la description de Héron.

(3) Héron aurait dû ajouter que ces boules sont des espèces de marques qu'on donne aux opérateurs quand ils viennent verser leur vin dans le grand vase. On va voir qu'il suffira que l'un quelconque de ces opérateurs jette sa boule dans le cornet pour voir aussitôt couler son propre vin.

ner au-dessous de ψ celui de ses trous qui lui correspond et qui recevra ainsi le vin du compartiment м ; ce vin coulera alors aussi longtemps que la balle restera dans le cornet à moins qu'il ne soit totalement écoulé. Si maintenant nous enlevons la balle, le poids n, en revenant à sa première position, fera fermer l'orifice ψ et cesser l'écoulement. Si nous plaçons de nouveau dans le cornet une autre balle nous produirons ainsi une plus grande inclinaison (1) [de la tige ε δ], et le tube βγ tournera davantage de manière à amener au-dessous de σ son trou correspondant, alors le vin qui est contenu dans le compartiment [N] coulera ; si nous enlevons la boule, le poids и redescendra [à sa place primitive], le trou σ sera bouché et le vin cessera de couler. En plaçant enfin la dernière boule [qui est la plus lourde], le tube βγ tournera encore davantage de manière à faire couler le vin qui est dans le compartiment Ξ.

Il faut remarquer que la plus petite des balles doit être assez lourde pour que, placés dans le cornet, el'e l'emporte sur le poids n et par suite détermine la rotation du tube βγ ; les autres balles seront alors suffisantes pour provoquer la rotation du tube βγ.

XXVI

Construire une lampe qui s'entretienne d'elle-même.

Pl. X. fig. 1.

Soit une lampe ABΓ par l'orifice de laquelle passe une tige de fer ΔE pouvant glisser librement sur le point E ; la

---

(1) Non seulement parce que la balle est plus lourde, mais encore parce que, descendant moins dans le cornet, le bras de levier sur lequel elle agit est plus long. L'ingénieur grec a négligé d'expliquer à quoi servait cette forme conique du gobelet ; toute cette description est du reste mal présentée et incomplète.

mèche est fixée librement à cette tige. Une roue dentée z, qui est très mobile autour de son axe, s'engrène sur la tige de manière à pousser la mèche en avant quand elle tourne. L'ombilic de la lampe doit être largement ouvert. Quand l'huile est versée on fait flotter dessus un petit bassin h fixé à une règle verticale dentée et engrenant avec les dents de la roue ci-dessus.

On voit que, à mesure que l'huile se consume, le petit bassin s'abaisse et fait tourner, à l'aide des dents de la règle, la roue z qui, elle-même, fait avancer la mèche.

XXVII

Si on verse un liquide dans certain vase, muni, près du fond, d'un goulot ouvert, on pourra à volonté faire couler le liquide par le goulot, dès le commencement, ou bien lorsque le vase sera presque à moitié plein, ou bien lorsqu'il sera complètement plein, ou bien enfin d'une manière générale, à quel moment que ce soit; le liquide contenu dans le vase s'écoulera alors complètement.

Pl. XVII. fig. 1.

Soient : a b un vase ayant le col fermé par un diaphragme, Γ Δ un tube qui traverse ce diaphragme auquel il est soudé et qui va jusqu'au fond du vase de manière à ne laisser que l'espace nécessaire pour le passage de l'eau ; soit encore e z h un siphon recourbé dont la branche intérieure s'approche aussi du fond de manière à ne laisser que l'espace nécessaire pour le passage de l'eau, et dont l'autre branche, passant à l'extérieur, se termine en goulot ; la courbure du siphon doit se produire tout près du col du vase ; soit enfin Θ un évent percé dans le vase a b tout près du diaphragme et communiquant avec la cavité intérieure.

Si nous voulons faire écouler, dès le commencement, le liquide versé dans le vase, nous boucherons avec le doigt l'évent Θ et le goulot coulera parce que l'air qui est dans le vase n'ayant point d'issue, le liquide sera forcé de s'échapper par le siphon recourbé. Si nous ne bouchons pas l'évent, le liquide montera dans l'intérieur du vase et le goulot ne coulera que lorsque nous reboucherons de nouveau l'évent. Après cela, en laissant l'évent ouvert, tout le liquide s'écoulera par le siphon.

XXVIII

On peut construire un vase qui reçoive du liquide tant qu'on en verse, mais qui ne peut plus rien recevoir dès qu'il y a interruption dans le versement.

Pl. XVII, fig. 2.

Soit A B un vase dont le col est fermé par un diaphragme Γ Δ ; à travers ce diaphragme on introduit un tube E Z qui, d'un côté, arrive près du fond, et de l'autre, dépasse le diaphragme de manière à atteindre à peu près le bord du vase. Autour de ce tube on en dispose un autre H Θ dont le dessus est fermé par un opercule et qui doit être suffisamment distant du diaphragme pour permettre le passage de l'eau *et du tube* E Z....... (1). Le vase doit avoir un évent K donnant dans sa panse.

Maintenant, si nous versons un liquide par le col du vase, on verra qu'il passera dans l'intérieur par les tubes H Θ et E Z, l'air s'échappant par l'évent K. Mais, si l'on cesse

______

(1) La phrase n'est pas finie ; il y a sans doute une omission qui a ensuite donné lieu à l'interpolation de la phrase écrite plus bas en italique.

de verser et que le col devienne vide, l'air viendra rompre la continuité, et le liquide qui est dans le tube ΗΘ retombant se répandra sur le diaphragme. *La largeur...... autour de ΗΘ doit être assez grande pour que l'eau tombe par son poids* (1). Si on verse encore du liquide, l'air qui s'est introduit dans les tubes ΗΘ et ΕΖ ne permettra pas au liquide d'entrer [dans le vase] mais le forcera à s'écouler par-dessus le bord.

XXIX

On peut construire sur un piédestal une figurine de satyre tenant entre les mains une outre auprès de laquelle est une cuvette. Si on verse du liquide dans cette cuvette de manière à la remplir, l'eau coulera par l'outre dans la cuvette et cela durera jusqu'à ce que toute l'eau se soit vidée dans le canal de l'outre.

Pl. XIV, fig. 2.

Voici la construction de cet appareil :

Soit ΑΒ un piédestal clos de toute part et ayant une forme cylindrique ou octogonale selon qu'on trouvera l'une ou l'autre plus élégante ; on le divisera en deux par un diaphragme ΓΔ traversé par un tube ΕΖ qui y est soudé et qui s'élève presque jusqu'au couvercle ; à travers ce couvercle on fait passer un tube ΗΘ qui, d'un côté, le dépasse légèrement et supporte la cuvette et qui, de l'autre, va presque jusqu'à la base de façon à n'y laisser que juste le passage de l'eau ; ce tube doit être soudé au couvercle et au diaphragme. Enfin, un autre tube ΚΛΜ qui

---

(1) La phrase écrite en italique doit être une interpolation. Il faut la rétablir ainsi qu'il suit : *et la largeur du tube* ΕΖ *autour de* ΗΘ *doit être* etc., et la reporter à la page précédente.

descend presque jusqu'au diaphragme, est également soudé au couvercle et s'élève au-dessus de lui de manière à pouvoir déverser dans la cuvette qui est placée au-dessus du tube ΗΘ et en communication avec lui.

Les choses étant ainsi disposées, on remplit de liquide le compartiment ΑΔ à l'aide d'un trou Ν qu'on rebouche ensuite. Si maintenant on verse un liquide dans la cuvette, il descendra par ΗΘ dans le compartiment ΒΤ, et l'air chassé par le tube ΕΖ entrera dans le compartiment ΑΔ où il forcera par sa pression le liquide qui y est contenu à se déverser par le tube ΚΛΜ dans la cuvette. Ce liquide retombant dans le vase ΒΤ comprimera de nouveau l'air qui y est contenu, et celui-ci chassera à son tour dans la cuvette le liquide qui est dans le compartiment ΑΔ. Les mêmes choses se reproduiront tant qu'il y aura de l'eau dans le compartiment ΑΔ. Il faut avoir soin que le tube ΚΛΜ aboutisse à l'ouverture de l'outre et qu'il soit très fin pour que le phénomène dure le plus longtemps possible (1).

XXX

Construction d'une chapelle, telle qu'en allumant du feu, les portes s'ouvrent toutes seules et se ferment quand le feu est éteint.

Pl. VII, fig. 1.

Soit ΑΒΓΔ piédestal (2) sur lequel est placé le temple

---

(1) Cet appareil est fondé sur le même principe que celui que l'on connaît dans les cabinets de physique sous le nom de *Fontaine de Héron*. — Il en est de même de la lampe décrite sous le n° LXIII.

(2) On voit qu'il s'agit ici d'un meuble curieux et non d'un temple réel.

en question et un petit autel ΕΔ. A travers l'autel on fait passer un tube ΖΗ dont l'un des orifices Z s'ouvre dans l'autel, et dont l'autre Η s'ouvre dans un globe Θ, à peu près au centre de ce globe ; le tube ΗΖ doit être soudé au globe. On adapte également au globe un siphon recourbé ΚΛΜ. Les gonds des portes doivent être prolongés à la partie inférieure et tourner librement dans des crapaudines ménagées dans la base ΑΒΓΔ. Aux gonds on fixe deux chaînes qui se réunissent en une seule qui passe sur une poulie et qu'on attache à un vase creux ΝΞ [qui se trouve ainsi suspendu]. D'autres chaînes enroulées autour des gonds en sens inverse des premières se réunissent également en une seule qui, après avoir passé sur une poulie, se termine par un poids en plomb dont la descente fait fermer les portes. La branche extérieure du siphon ΚΛΜ plonge dans le vase suspendu ; de plus, à l'aide d'un trou Η, on introduit de l'eau dans le globe de manière à le remplir à moitié ; après cette opération, le trou est rebouché.

Voici maintenant ce qui va arriver : le feu développant de la chaleur échauffera l'air qui est dans l'autel et le forcera à se répandre dans un plus grand espace. Cet air, passant dans le globe par le tube ΗΖ, chassera, par le siphon ΚΛΜ, le liquide qui y est contenu jusque dans le vase suspendu et celui-ci, en descendant par son poids, entraînera les chaînes et ouvrira les portes. Puis, quand le feu sera éteint, l'air raréfié s'échappera par les vides des parois du globe et le siphon recourbé attirera le liquide contenu dans le vase suspendu afin d'occuper la place des vides qui se sont produits; l'extrémité du siphon est en effet plongée dans l'eau du vase suspendu. Le vase se vidant, le poids suspendu fera, par sa descente, ouvrir les portes (2). On se

----

(2) Le père KIRCHER qui relate cet appareil dans son *Œdipus Ægyptiacus* (t. II, part. 1, p 335), propose d'y ajouter un siphon

sert quelquefois de mercure au lieu d'eau parce que le mercure est plus lourd et facilement déplacé par l'effet de la chaleur.

Il y a un autre moyen d'ouvrir les portes en allumant le feu (Pl. VII, fig. 2).

Soit, comme ci-dessus, un petit temple construit sur une base ΑΒΓΔ sur laquelle se trouve également l'autel E. Un tube ΖΗΘ passe à travers l'autel et aboutit dans une outre de cuir K bien fermée de toutes parts. A cette outre est suspendu un poids Λ d'où part une chaîne qui est reliée, par l'intermédiaire d'une poulie, aux chaînes enroulées autour des gonds ; de telle sorte que, l'outre se dégonflant, le poids descende et fasse fermer les portes et que, le feu étant allumé, celles-ci s'ouvrent. En effet, l'air qui est dans le petit autel, dilaté comme plus haut, passera, au moyen du tube ΖΗΘ dans l'outre, soulèvera par ce fait même le poids Λ et les portes s'ouvriront ; les portes peuvent s'ouvrir d'elles-mêmes par un dispositif analogue à celui qui fait fermer les portes des bains ou avoir un contre-poids pour les ouvrir. Quand le feu du sacrifice est éteint et que l'air qui est rentré dans l'outre en ressort, le poids descendant avec l'outre tend les chaînes et referme les portes.

---

qui traverserait la paroi du vase suspendu et permettrait d'opérer la fermeture sans qu'il fût nécessaire d'éteindre le feu. En effet, le siphon peut être disposé de façon à se trouver amorcé aussitôt que le vase suspendu est rempli ; le vase se vide alors entièrement et le contrepoids reprenant le dessus fait fermer les portes.

Cette disposition, qui aurait fait ouvrir et fermer régulièrement les portes pendant toute la durée du sacrifice, eût été bien moins propre à frapper l'esprit des assistants que celle que décrit Héron et par laquelle le Dieu ouvre sa porte dès qu'on lui rend un hommage, pour la refermer dès qu'on a fini.

XXXI

Étant donné un vase renfermant du vin et muni de
trois goulots, faire couler le vin par celui du milieu ;
puis, en versant de l'eau dans le vase, faire cesser
l'écoulement du vin et faire couler l'eau par les deux
autres goulots ; enfin, en cessant de verser de l'eau,
faire recommencer l'écoulement du vin par le goulot
du milieu. Cela devra se passer de même chaque fois
que nous verserons de l'eau.

Pl. VI, fig. 1.

Soit AB un vase dont le col est fermé par le diaphragme
ΓΔ et ayant au fond un goulot E. Soient encore deux tubes
ZHΘ et KΛM terminés en goulot d'un côté et traversant de
l'autre le diaphragme qu'ils dépassent. Au-dessus de ces
saillies on place d'autres tubes N et Ξ dont le dessus est
fermé par un opercule et qui ne laissent entre eux et le
diaphragme que l'espace nécessaire pour le passage de
l'eau. Un autre tube ΠO, établi près du diaphragme ΓΔ,
communique avec le tube ZHΘ.

Ayant donc fermé le goulot E, on remplit le vase AB de
vin par un trou Φ qu'on doit boucher après cette opération.
Ouvrant alors le goulot E, on verra le vin couler, car l'air
viendra du dehors par l'orifice Θ et le tube OΠ. Si maintenant nous versons de l'eau sur le diaphragme ΓΔ, cette
eau s'écoulera au dehors par les tubes ZHΘ et KΛM, mais
l'air ne pouvant plus entrer dans le vase AB, le vin cessera de couler jusqu'au moment où, l'eau s'étant elle-
même totalement écoulée, l'air rentre de nouveau.

Au lieu du tube OΠ on peut se servir d'un autre tube ΡΣ
traversant le diaphragme et autour duquel on met un tube
ΤΥ semblable à N et à Ξ, mais plus haut que ceux-ci, de

manière que ΡΣ puisse dépasser le niveau des bords du
vase. Le résultat sera le même (1).

XXXII

**Sur un piédestal est placé un petit arbre autour duquel
est enroulé un dragon; une figure d'Hercule se tient
auprès, tirant de l'arc; enfin une pomme est posée
sur le piédestal. Si quelqu'un vient à soulever avec
la main cette pomme au-dessus du piédestal, Hercule lancera son trait contre le dragon et le dragon
sifflera.**

Pl. XXII, fig. 1.

Soit AB le piédestal en question, étanche et muni d'un
diaphragme ΓΔ. A ce diaphragme est fixé un petit cône
tronqué creux EZ qui a sa petite base Z du côté du fond
du vase dont elle est distante de façon à permettre juste
le passage de l'eau. A ce tronc de cône doit être ajusté
avec soin un autre cône Θ fixé à une chaîne qui le relie,
en passant par un trou, à la pomme placée sur le piédestal.
Hercule tient un petit arc en corne, qui a son nerf tendu
et placé à une distance convenable de la main droite. Dans
cette main droite et de manière à viser le dragon est une
autre main en tout semblable à la précédente mais plus
petite et munie d'une détente (2). A l'extrémité de cette

---

(1) Le tube ΤΥ doit être plus haut que le bord du vase
pour que le siphon à cloche qu'il forme avec le tube ΡΣ ne puisse
s'amorcer quand on versera de l'eau au-dessus du diaphragme
ΓΔ et conduise l'eau dans l'intérieur du vase où est le vin.

(2) Cette main intérieure sert de griffe pour accrocher la corde
et bander l'arc. Pour cela elle est mobile vers le poignet autour
d'un axe vertical; un petit taquet ou détente, placé entre la main
fixe et la main mobile sert à provoquer le grippement qui cesse
lorsqu'on déplace la détente à l'aide de la petite chaîne.

détente une petite chaîne ou une corde traversant la plate-
forme va passer sur une poulie fixée au diaphragme et
se relie enfin à la petite chaîne qui joint le cône à la
pomme.

Bandons donc l'arc, plaçons [le nerf de l'arc] dans la
main [qui sert de griffe] et fermons la détente en disposant
les choses de telle manière qu'alors la corde soit tendue
et la pomme pressée sur la plate-forme ; cette corde doit
passer à travers le corps et la main, dans l'intérieur de
l'Hercule. Enfin un petit tube, de ceux dont on se sert
pour siffler, doit partir du diaphragme et s'élever au-dessus
du piédestal en passant dans l'intérieur ou autour de l'arbre. Remplissons d'eau le vase ΛΔ. Soit ΛΜ l'arbre, ΝΞ
l'arc, ΟΠ le nerf, ΡΣ le trait, Ρ la main qui sert de griffe,
Τ la détente (1), ΦΧ la corde, Χ la poulie sur laquelle elle
passe et ΨΩ le tuyau à sifflet.

Maintenant, si on soulève la pomme Κ, on élèvera en
même temps le cône Θ, on tendra la corde ΦΧ et on lâchera
la griffe, ce qui fera partir le trait. L'eau du compartiment
ΑΔ arrivant dans le compartiment ΒΓ chassera par le tuyau
l'air contenu dans le compartiment et produira un sifflement. La pomme étant replacée, le cône [Θ] revient s'ajuster
sur l'autre et arrête l'écoulement, ce qui fait cesser le
sifflement ; on dispose alors de nouveau la flèche et ses
accessoires.

Quand le compartiment ΒΓ est plein, on le vide à l'aide
d'un goulot muni d'une clef et on remplit de nouveau ΑΔ
comme nous l'avons indiqué.

------

(1) La traduction n'est point ici tout à fait conforme au texte,
afin de ne pas multiplier les lettres de renvoi sur la figure, déjà
confuse.

XXXIII

Construction d'un vase appelé dicaiomètre (c'est-à-dire de juste mesure) qui, ayant été rempli de liquide, en laisse couler une quantité égale chaque fois qu'on le renverse.

Pl. XV, fig. 1.

Voici cette construction :

Soit A B un vase dont le col est fermé par un diaphragme A B. Près du fond on place une petite sphère Γ d'une capacité égale au volume que l'on veut faire écouler. A travers le diaphragme on fait passer un *petit tube très fin* Δ E qui communique avec la petite sphère (1). Celle-ci est percée à sa partie inférieure d'un petit trou z d'où part un tube z H allant communiquer avec l'anse du vase qui est creuse. A côté de ce trou le globe doit avoir un autre trou Λ qui le fait communiquer avec l'intérieur du vase ; l'anse doit avoir aussi un évent Θ.

Après avoir bouché l'évent Θ, on remplira le vase de

---

(1) Le texte a été certainement corrompu à la suite d'une omission dont je ne m'explique pas bien la cause. Les mots *très fin* de la phrase qu'on vient de lire ne peuvent s'appliquer au tube ; il suffit que ce tube soit *petit* pour que le volume d'eau qu'il ajoute à celui de la sphère soit négligeable ; s'il était en outre *très fin*, il ne laisserait pas facilement écouler l'eau du globe intérieur ; du reste l'appareil, tel qu'il est décrit, ne fonctionnerait pas. Pour remplir le but proposé, il faut rétablir ainsi le texte : *A travers le diaphragme on fait passer un petit tube Δ E qui communique avec la petite sphère ; ce tube doit être percé d'un trou très fin Λ près et au-dessous du diaphragme.*

liquide au moyen d'un trou que l'on rebouchera ensuite·
On pourra également se servir du tube ᴀ ᴇ, mais il faudra
alors percer un petit trou dans le corps du vase pour
donner issue à l'air (1). Le globe г se remplira en même
temps que le vase par le petit tube ᴀᴇ (2). Maintenant, si
nous retournons le vase en laissant libre l'évent ɵ, le
liquide qui se trouve dans le globe г et dans le petit tube
ᴀ ᴇ s'écoulera (3). Si nous refermons l'évent et que nous
ramenions le vase à sa position primitive, le globe et le
tube se rempliront de nouveau, car l'air qu'ils contiennent
sera chassé par le liquide qui s'y précipitera (4). Le vase
étant encore une fois renversé, une quantité égale de
liquide coulera de nouveau, sauf cependant une différence
provenant du petit tube ᴀᴇ, car ce petit tube ne sera pas
toujours plein et se videra à mesure que le vase se videra;
mais cette différence est tout à fait insignifiante.

---

(1) Le texte omet d'ajouter que ce trou doit ensuite être bouché.

(2) Il faudrait pour être correct dire : *dans les deux cas*, au lieu
de *par le petit tube* ᴀ ᴇ.

(3) En effet, l'air entrera par l'évent ɵ dans le globe г ; d'autre
part, le liquide qui passe par le tube ᴀ ᴇ bouche le trou très fin ᴀ
et empêche l'eau de pénétrer par là dans le vase, de telle sorte
que le liquide contenu dans ce vase ne peut couler dans le globe.

(4) L'air du globe s'échappera par le tube ᴀᴇ, et le liquide du
vase coulera dans le globe parce que l'atmosphère pourra exercer sa pression au-dessus, grâce au trou très fin ᴀ redevenu
libre.

XXXIV

**En soufflant dans certains vases, on comprime l'eau
de la façon suivante.**

Pl. XIX, fig. 3.

A travers la bouche d'un vase on insère un tube qui descend presque jusqu'au fond et qui est soudé au vase près de
son orifice [supérieur]. On ferme cet orifice avec le doigt
et on verse un liquide quelconque par un trou, puis on
souffle dans le vase par ce même trou que l'on ferme
ensuite avec une clef. Si nous dégageons alors l'orifice du
tube, le liquide jaillira sous la pression de l'air qu'on a
insufflé.

XXXV

**On peut produire le chant des oiseaux périodiquement
par le procédé suivant.**

Pl. XII, fig. 5.

Soit un vase hermétiquement clos, à travers lequel passe
un entonnoir dont le tube aboutit près du fond du vase
mais à une distance suffisante pour permettre à l'eau de
passer. Au dessus de l'entonnoir, on place un vase creux,
mobile autour de pivots, chargé d'un poids à sa partie
inférieure, et dans lequel tombe le jet de la fontaine. Aussi
longemps que le vase tournant sur pivot est vide, il reste
vertical parce qu'il a un petit poids fixe au fond ; mais,

quand il sera plein [il basculera], l'eau tombera dans le vase hermétiquement clos, et l'air contenu dans ce dernier, chassé à travers un petit tuyau, produira un son. Ce même vase se vide au moyen d'un siphon recourbé et, pendant qu'il se vide, le vase aux pivots se remplit et bascule de nouveau. Il est à remarquer que le jet de la fontaine ne doit pas tomber au centre du vase aux pivots afin que, dès que ce vase est plein, il puisse rapidement basculer.

XXXVI

On peut encore produire des sons périodiques par le procédé suivant.

Pl. XIII, fig. 1.

On prend un vase à diaphragmes transversaux. Dans chacun des compartiments, on place un siphon qui se déverse dans le compartiment voisin, la vitesse d'écoulement étant différente pour ces divers siphons. A chaque compartiment inférieur aboutit un tuyau destiné à produire le son ; le jet de la fontaine tombe dans le compartiment supérieur. On voit que, lorsque le compartiment supérieur est plein, l'eau qui s'y trouve passe dans le compartiment situé au-dessous et ainsi de suite jusqu'à ce qu'elle arrive au compartiment qui forme la base. Le vase ne laissant pas passer l'air, celui qui se trouve dans chaque compartiment est chassé par le tuyau correspondant, et produit un son (1).

---

(1) L'exposition de cet appareil, qui n'est pas très claire dans le texte bien que le sens ne soit pas douteux, présente probablement quelques fautes de copistes; aussi la traduction n'est-elle point tout à fait littérale.

XXXVII

On peut faire tenir en l'air des boules par le procédé suivant.

Pl. XIX, fig. 1.

Au-dessous d'une chaudière qui renferme de l'eau et qui est fermée à sa partie supérieure, on allume du feu. Du couvercle part un tube qui s'élève verticalement et à l'extrémité duquel se trouve, en communication avec lui, un hémisphère creux. En plaçant une boule légère dans cet hémisphère, il arrivera que la vapeur de la chaudière montant à travers le tube, soulèvera la boule de manière qu'elle restera suspendue (1).

---

1 Cet appareil est toujours cité quand on parle des premières applications de la vapeur; j'y reviendrai à propos de l'appareil XLI

A la suite de cet appareil les différents manuscrits et éditions des Pneumatiques donnent un passage que je mets ici en note parce que je ne puis croire qu'il appartienne à la rédaction primitive. Le voici :

« ON PEUT AUSSI CONSTRUIRE UNE SPHÈRE TRANSPARENTE CONTE-
« NANT A L'INTÉRIEUR DE L'AIR ET DE L'EAU ET, EN SON
« MILIEU, UNE PETITE BOULE, CE QUI REPRÉSENTE LE MONDE.

Pl. XIX, fig. 5.

« *On prend deux hémisphères en verre, dont l'un est fermé*
« *par une plaque en bronze, percée en son milieu d'un trou*
« *rond ; on remplit l'autre d'eau et on y jette une petite sphère*
« *légère, puis on applique par dessus l'hémisphère qui a la*
« *plaque. Une certaine quantité d'eau sortira alors et la petite*
« *sphère restera fixée au milieu. On voit donc que, par l'appli-*
« *cation du second hémisphère, on a réalisé la proposition*
« *demandée.* »

Je suppose, sans en avoir fait l'expérience, que l'on peut

XXXVIII

L'appareil qu'on appelle la source laisse couler de l'eau dès qu'il est frappé par les rayons du soleil.

Pl. XI, fig. 1.

Soit une base fermée ΑΒΓΔ à travers laquelle passe un entonnoir dont le tube s'arrête à une très petite distance du fond. Soit encore un globe ΕΖ d'où part un tube qui arrive près du fond de la base et de la calotte du globe. Qu'un siphon Η recourbé, adapté au globe, arrive dans l'entonnoir et qu'on verse de l'eau dans le globe (1), quand le soleil donne sur le globe, l'air qu'il contient étant échauffé, chasse le liquide, et celui-ci, conduit par le siphon Η, tombe, au moyen de l'entonnoir, dans la base. Mais lorsque le globe est mis à l'ombre, l'air passant à travers

---

arriver à joindre les deux hémisphères de telle façon que la pression atmosphérique, les tienne ensuite réunis; c'est à cause de cela que cet appareil peut avoir sa place dans un traité de Pneumatique; mais il me paraît indigne d'un savant de l'école d'Alexandrie d'avoir donné comme représentation du monde une figure qui représentait le système de Thalès, dont j'ai fait mention dans l'introduction et qui était abandonné depuis bien longtemps.

Le globe de verre en question devait, comme aujourd'hui la fiole aux quatre éléments, faire partie du bagage des charlatans de l'époque.

L'appareil n'en offre pas moins un certain intérêt parce que d'abord il précise les idées qu'on attribue à Thalès et ensuite parce qu'il montre une fois de plus que les anciens savaient parfaitement travailler le verre.

(1) Le texte imprimé a omis ici un passage qui se trouve dans tous les manuscrits; je l'ai rétabli dans la traduction.

la sphère (1), le tube reprendra le liquide et remplira le vide qui s'est produit (2), et cela se reproduira chaque fois que le soleil y entrera.

XXXIX

En plongeant un thyrse dans l'eau, produire un sifflement ou le chant des oiseaux.

Pl. XIII, fig. 1.

Soit un thyrse A B Γ Δ; à l'extrémité de sa tête, qui est creuse et faite en forme de pomme de pin, il y a un trou Δ. On ferme la tige un peu au-dessous de l'orifice par un

---

(1) On a vu que, dans l'opinion de Héron, la chaleur raréfiait l'air à tel point que ses molécules pouvaient passer à travers les parois du verre.

(2) Cela ne sera vrai qu'à la condition de fermer à ce moment le tube de l'entonnoir.

Salomon de Caus (*Les raisons des forces mouvantes*, Paris 1624, liv. 1 probl. xiii) donne une application analogue du mouvement de l'eau produit par la chaleur du soleil; il appelle sa machine, *Fontaine continuelle*, et la décrit ainsi :

« Ceste dite machine aura un grand effect aux lieux chauds, comme l'Espagne et l'Italie, d'autant que le soleil se montre en ces endroits presque tous les jours avec grande chaleur, et spécialement en esté. La fabrique en sera telle : Faut avoir quatre vaisseaux de cuivre bien soudés tout à l'entour, lesquels seront chacun environ un pied en quarré, et huict ou neuf poulces de haut. Lesdits vaisseaux seront marqués A B C D, et y aura un tuyau marqué E posé sur lesdits vaisseaux, auquel tuyau seront soudées quatre branches, marquées chacune branche par la lettre I. Lesdites branches seront soudées au haut des vaisseaux passans jusques près du fond de chacun vaisseau. Faut après au milieu du tuyau souder une soupape marquée G, faite et posée en sorte que quand l'eau sortira des vaisseaux, elle puisse ou-

diaphragme AE traversé par un sifflet qui y est soudé et qui ne dépasse pas l'orifice de la tige.

Quand on plongera le thyrse dans l'eau en l'enfonçant, l'air qu'il contient sera chassé par l'eau et produira un son. S'il n'y a qu'un sifflet, on aura un sifflement, mais s'il y a au-dessus du diaphragme une certaine quantité d'eau, on entendra un gazouillement.

---

vrir, et estant sortie, qu'elle se puisse resserrer. Faut aussi avoir un autre tuyau au-dessous desdits vaisseaux marqué F auquel il y aura aussi quatre branches, lesquelles seront toutes soudées contre les fonds desdits vaisseaux, et aussi une soupape marquée H à laquelle il y aura un tuyau au bout qui descendra au fond de l'eau, laquelle sera dans une citerne ou vaisseau marqué I. Il y aura aussi à l'un des vaisseaux un trou ou esvent marqué M. Ainsi faudra exposer la machine en un lieu où le soleil puisse donner dessus, puis verser de l'eau dans les vaisseaux par le trou esvent M, laquelle eau se communiquera à tous les vaisseaux par le moyen des tuyaux I, et il faut que lesdits vaisseaux ayent environ le tiers de leur contenu d'eau, et l'air qui estait en la place de ladite eau sortira par les soupiraux 3, 4, 5, 6. Après faudra bien boucher tous lesdits soupiraux, en sorte que l'air ne puisse sortir desdits vaisseaux, et alors que le soleil donnera sur ladite machine, il se fera une expansion à cause de la chaleur, (comme il a été montré au précédent problème) ce qui causera l'eau de monter de tous les vaisseaux au tuyau E et sortir par la soupape G et tuyau N, puis tombera dans le bassin O, et de là dans la citerne I, et comme il sera sorti une quantité d'eau par la violence de la chaleur du soleil, alors la soupape G se resserrera et après que la chaleur du jour sera passée et que la nuit viendra, les vaisseaux pour éviter vacuité, attireront l'eau de la citerne par le moyen de la soupape H I, pour remplir les vaisseaux comme ils estaient auparavant : tellement que ce mouvement continuera autant comme il y aura de l'eau dans la citerne, et que le soleil donnera dessus les vaisseaux, et faut noter que les soupapes G et H seront faites fort légères, et aussi qu'elles seront fort justes, sans que l'eau puisse descendre quand elle sera montée. »

XL

Étant donnée une figurine placée sur un piédestal et tenant une trompette à la bouche, faire sonner la trompette en soufflant.

Pl. XIII. fig. 2.

Soit ΑΒΓΔ un piédestal clos de tous côtés, sur lequel se tient une statuette. Dans le piédestal se trouve un hémi-

---

DREBELL (*De natura elementorum.* — Genevæ 1628, in-12, p. 25 26). décrit l'appareil de Héron, mais sans indiquer l'auteur chez lequel il l'a trouvé, et il s'en sert pour démontrer l'accroissement de volume de l'air par la chaleur.

Le premier qui ait eu l'idée de se servir d'un appareil analogue pour *mesurer* la chaleur paraît être l'ingénieur TELIOUX dont il existe en manuscrit une *Matematica meravigliosa* rédigée à Rome en 1611 (Bibl. de l'arsenal, *MSS italiens*, n° 20). Voici comment il s'exprime p. 20 :

« Prenez deux fioles ayant des cols d'au moins un pied et dont l'une soit un peu plus grosse que l'autre de manière à ce que l'autre puisse y entrer ; puis remplissez la plus grosse d'eau à peu près aux trois quarts. Ensuite introduisez la plus petite dans celle-ci de manière à ce que son orifice plonge dans l'eau et que l'air ne puisse y entrer ; alors vous verrez que l'eau montera ou descendra suivant qu'il fera chaud ou froid. En effet, la chaleur fait dilater l'eau qui a besoin d'occuper plus de volume et qui s'élève à cause de l'étroitesse du col, tandis que le froid la contracte et fait baisser son niveau, vous pourrez constater les différences au moyen d'une graduation marquée sur le côté. »

C'est bien là un véritable thermomètre. Cependant LIBRI. (*Histoire des sciences mathématiques en Italie*, tome III, p. 189 et suiv.) lui en conteste la paternité. D'après ce savant, Galilée aurait construit un thermomètre avant 1597 et il en aurait montré les effets au P. Castelli vers 1603. En 1620, BACON, (*Novum organum*, lib. II, aph. XIII) parle des *Vitra kalendaria* comme d'une chose très-connue. On peut voir, dans la *Mechanica hydropn.* du P. SCOTT, p. 229, combien ces thermoscopes ou thermomètres étaient encore grossiers en 1657.

sphère creux et fermé ɛ z ʜ qui est muni de petits trous dans le fond. De cet hémisphère part un tube ⊖z qui, passant à travers la figurine, aboutit à la trompette qui est munie d'une anche. On verse de l'eau dans le piédestal à travers un trou qui doit ensuite être rebouché exactement.

Maintenant, si nous soufflons dans le pavillon de la trompette, l'air ainsi envoyé chassera de l'hémisphère l'eau qui y est contenue et qui en sortira par les trous du fond pour s'élever dans les parties supérieures du piédestal ; mais, quand nous cesserons de souffler, l'eau rentrera de nouveau dans l'hémisphère et en chassera l'air qui, passant à travers l'anche, produira le son de la trompette (1).

XLI

Faire tourner une sphère sur un pivot à l'aide d'une chaudière placée sur le feu.

Pl. XIX, fig. 2.

Soit ᴀʙ une chaudière contenant de l'eau, placée sur le feu. On la ferme à l'aide d'un couvercle ᴦᴀ que traverse un tube recourbé ᴇzʜ dont l'extrémité ʜ pénètre dans la petite sphère creuse ⊖ᴋ suivant un diamètre. A l'autre extrémité est placé le pivot ᴀᴍɴ qui est fixé sur le couvercle ᴦᴀ. On ajoute sur la sphère, aux deux extrémités d'un diamètre, deux tubes recourbés ; les courbures doivent

---

(1) On construit aujourd'hui un jouet analogue pour les enfants. Qui n'a pas entendu sonner les petites trompettes adaptées à des ballons de caoutchouc que l'on enfle en soufflant dedans ? Une partie des sons de la cornemuse est également due au même principe.

être à angle droit et les tubes perpendiculaires à la ligne
нn. Lorsque la chaudière sera échauffée, la vapeur passera
par le tube ezn dans la petite sphère et, sortant par les
tubes recourbés dans l'atmosphère, la fera tourner sur
place, comme cela arrive pour les figurines qui dansent en
rond (1).

XLII

**Un cratère étant placé sur un piédestal et muni d'un
goulot ouvert, faire cesser l'écoulement sans avoir
recours à un bouchon pour fermer l'orifice.**

Pl. XVI, fig. 4.

Soit a b le cratère placé sur le piédestal г. A travers le
fond du vase et le piédestal on fait passer un tube aez terminé en goulot ; à l'anse du cratère on fixe une réglette

---

(1) Héron fait allusion à l'appareil LXI.

Je ne m'étendrai point ici sur la question de l'origine de la
machine à vapeur qui a été si longuement étudiée de nos jours.
Je ferai observer cependant que les différents écrivains qui en
attribuent la première idée à Héron paraissent n'avoir connu
que les appareils XXXVII et XLI de cette traduction ; ils avaient lu
très-légèrement l'ingénieur grec et n'avaient point remarqué les
appareils LI, LXIV et XLV où la vapeur joue un rôle important.

A plusieurs reprises on a essayé de produire, grâce à l'éolipyle,
un mouvement utile ; mais on n'a pu arriver à rien de pratique.
On a prétendu cependant qu'il avait été employé au XV⁰ siècle
dans les mines de Joachimsthal en Bohème pour faire tourner
un treuil destiné à extraire le minerai des puits. Il est certain
qu'à la même époque, en Angleterre, il servait à faire tourner la
broche (Ed. Fournier, *le Vieux-neuf*, t. I, p. 48). En 1597
Philibert Delorme (*Architecture*, liv. IX, chap. VIII, p. 270,
montre comment un éolipyle placé dans une cheminée, « par
l'évaporation causera un tel vent qu'il n'y a si grande fumée qui
n'en soit chassée. »

ʜ ꙩ à laquelle est adaptée une autre réglette ᴋᴀ mobile autour d'un axe ꙩ. A l'extrémité ᴋ de celle-ci est une autre réglette ᴋᴍ mobile autour d'un axe ᴋ ; l'extrémité ᴍ supporte une pyxide d'un certain poids et assez grande pour entourer le tube ᴀᴇᴢ.

Le cratère étant plein, si nous abaissons l'extrémité ᴀ de la réglette, la pyxide ᴺᴱ sera soulevée et l'eau qui est dans le cratère s'échappera par le tube ᴀᴇᴢ. Si, au contraire, nous soulevons l'extrémité ᴀ, la pyxide descendra et entourera le tube ᴀᴇᴢ ; l'air qui est contenu dans la pyxide, n'ayant pas d'issue, fera obstacle à l'eau qui est autour du tube ᴀᴇᴢ et l'empêchera de descendre vers l'orifice ᴢ. Mais, quand nous abaisserons de nouveau l'extrémité ᴀ, le courant se rétablira par le goulot.

XLIII

Construire une corne à boire telle que si on pose dessus une cloche de verre et qu'elle laisse couler un liquide, le liquide montera dans la cloche avant de s'échapper au-dehors.

Pl. XIV, fig. 1.

Soit ᴀʙᴦ la corne à boire fermée par un diaphragme ᴀᴇ ; de ᴀᴇ partent deux tubes ᴢʜ et ꙩᴋ dont l'un ᴢʜ aboutit au dehors [de la corne] et ꙩᴋ au dedans ; au-dessus de ce diaphragme on place une cloche de verre ᴍɴ. Dans le diaphragme ᴀᴇ et en dehors de la cloche de verre il y a un trou ᴈ par lequel on verse l'eau dans la corne. Lorsque celle-ci a été remplie par ledit trou, le tube ꙩᴋ se trouve rempli en même temps et l'eau finit par monter dans la cloche de verre de manière à ressortir par le tube ᴢʜ. Nous reproduisons ainsi la disposition d'un siphon re-

courbé dont ΘΚ est la petite branche et ΖΗ la grande ; cette
dernière attirera donc le liquide contenu dans la corne,
qui montera dans la cloche de verre ; mais auparavant elle
attirera l'air contenu dans cette cloche parce que l'air est
plus léger que le liquide. On verra donc le liquide s'élancer
dans l'espace où l'on a ainsi fait le vide et retomber ensuite par son propre poids, car le mouvement de bas en
haut est contraire à sa nature.

XLIV

**Il y a une autre disposition au moyen de laquelle le
liquide est porté peu à peu en haut et y reste, de
telle sorte qu'il semble avoir un mouvement ascen-
sionnel continu.**

Pl. XIV, fig. 3 et 3 bis.

Soit AB un piédestal fermé de toute part, muni d'un
diaphragme ΓΔ et d'une cloche de verre EZ, de forme cylindrique, également étanche. Dans cette cloche sont deux
tubes : l'un d'eux ΗΘ arrive presque jusqu'au sommet de EZ et traverse le diaphragme ; l'autre KΛ traverse la paroi supérieure du piédestal et descend
jusque près du diaphragme. Dans le piédestal, en dehors
de la cloche de verre, est une ouverture M qui sert à remplir le compartiment ΛΔ ; dans le bas de ce même piédestal
il y a encore un goulot N. Enfin, un autre tube ΞΟ, traversant le diaphragme et arrivant jusque près du fond du piédestal, sert à remplir le compartiment ΓB.

Fermant donc le goulot N [si nous versons du liquide
par le tube ΞΟ], l'air qui est dans ΓB s'échappera par les
tubes ΗΘ, K et par le trou M ; quand le compartiment

ΓB sera plein, nous remplirons ΑΔ par le trou M et l'air
sortira par le même trou (1).

Maintenant, si [après avoir fermé l'orifice Ξ] nous laissons
couler le goulot N, l'air de la cloche de verre passera par
le tube HΘ dans l'espace vide qui s'est formé dans ΓB, et le
vide créé dans la cloche sera rempli par un jet de liquide
venant du compartiment ΑΔ où l'air entrera par le trou M.
Cela se produira jusqu'à ce que la cloche de verre soit
remplie. — Il importe que les espaces ΑΔ, ΓB et ΕZ soient
de même volume pour que l'air et l'eau puissent prendre
la place l'un de l'autre. — Quand le compartiment ΓΔ
est vidé et que la continuité a été rompue par l'air,
l'eau redescendra de la cloche de verre dans le compartiment ΑΔ, l'air passant dans la cloche par le goulot N et le
tube HΘ. Quant à l'air qui est dans le vase ΑΔ, il s'échappera
par le trou M (2).

---

(1) Qu'on doit par conséquent faire un peu gros.

(2) Pour que l'écoulement du liquide contenu dans BΓ ait lieu
jusqu'au bout, il faut que l'orifice M, au lieu d'être simplement
percé dans le bas de ce compartiment, soit à l'extrémité inférieure
d'un tube qui descendra verticalement au-dessous du fond B
d'une quantité précisément égale à la différence de hauteur entre
la cloison ΓΔ et le niveau du liquide dans la cloche à la fin de
l'opération (Fig. 3 bis).

Il est en effet d'abord facile de voir que l'ascension de l'eau dans
KΛ sera d'autant plus difficile que le niveau de l'eau dans le
compartiment ΑΔ sera plus bas.

Prenons de suite le cas le plus défavorable, celui où les
compartiments ΓB et ΑΔ sont sur le point d'être vides, l'un par
l'écoulement en M, l'autre par l'ascension suivant KΛ; si à ce
moment nous trouvons les conditions d'équilibre du liquide, il
est clair qu'un instant auparavant il était en mouvement.

Soit donc P la pression atmosphérique qui s'exerce en M et en
N, p la pression de l'air contenu dans la cloche à l'instant considéré , h la longueur N T et h' la distance entre le point Λ et le

XLV

En insufflant de l'air par la bouche dans certaines figurines, celles-ci laissent échapper de l'eau par quelqu'autre orifice : ainsi, un satyre tenant une outre, l'eau sera chassée par cette outre.

Pl. XIX, fig. 4.

Soit A B Г Δ une base étanche sur laquelle repose la figurine. De la bouche de celle-ci par un tube E z qui aboutit dans la base et à la partie inférieure duquel est une petite plaque H Θ qui en ferme l'ouverture z. Cette plaque est retenue par des goupilles à tête qui l'empêchent de tomber. Soit K A un autre tube pénétrant dans le piédestal; son extrémité K doit aboutir au point par où l'on veut faire jaillir l'eau ; l'autre doit arriver presqu'au fond de la base n'y laissant que l'intervalle nécessaire pour le passage de l'eau. En K il doit y avoir un bouchon pour fermer l'orifice qu'on fera très étroit.

Versons maintenant une certaine quantité d'eau dans la base par un trou que nous boucherons après cette introduction, puis fermons l'orifice K et insufflons de l'air par le tube E z ; cet air repoussera la plaque et s'accumulera

---

niveau du liquide à l'instant considéré. Nous avons d'une part en considérant le compartiment A Δ :

$$P = p + h'$$

D'autre part, en considérant le compartiment B Г :

$$P = p + h$$

D'où : $p + h = p + h'$; d'où $h = h'$.

dans la base parce qu'il fera fermer la soupape. Enlevons
alors le bouchon de l'orifice κ et aussitôt l'air comprimé
chassera violemment l'air contenu dans la base par l'orifice κ jusqu'à ce que, toute l'eau étant projetée, l'air ait
repris son état naturel, c'est-à-dire qu'il ne soit plus soumis à aucune compression.

XLVI

**Il y a certains vases tels que si l'on y verse de l'eau, ils
la laissent immédiatement couler ; si l'on interrompt
le versement pendant quelque temps, l'écoulement
n'a plus lieu, même lorsqu'on recommence à verser :
mais, si on continue à verser jusqu'à ce que les vases
soient à moitié pleins, l'écoulement recommence ;
enfin, si alors on interrompt le versement, l'écoulement ne recommencera que lorsqu'ils seront complétement pleins.**

Pl. XVII, fig. 3 et 3 bis.

Soit A B un vase renfermant dans sa panse trois siphons Γ, Δ, E ; chacun de ces siphons a l'une de ses branches qui arrive près du fond du vase, tandis que l'autre en
sort et se termine par un goulot. Au-dessous de ces extrémités extérieures on place des vases H, Θ, Z dont le fond
doit être assez distant des orifices pour permettre le passage de l'eau (1) ; l'ensemble de ces vases est entouré d'un
autre vase K A M N semblable à un piédestal et pourvu d'un
goulot en Ξ. La courbure du siphon Γ est située vers le bas
du vase A B ; celle de Δ vers le milieu de la hauteur, et celle
de E au col lui-même.

---

(1) On verra par la note suivante qu'il n'y a besoin que de
deux vases et que ceux-ci doivent avoir une hauteur déterminée.

Si maintenant nous versons de l'eau dans le vase A B, cette eau ne tardera point à couler par le siphon Γ puisque son coude est près du fond ; si nous cessons de verser, le liquide déjà versé s'écoulera par le goulot Ξ , le vase Z restera rempli d'eau et le reste du siphon Γ se trouvera rempli d'air.

Si donc nous recommençons à verser de l'eau dans le vase, elle ne s'écoulera pas par le siphon Γ, grâce à l'air comprimé dans le siphon entre l'eau qu'on verse et celle du vase Z ; l'eau s'élèvera alors jusqu'à la courbure du siphon Δ située au milieu du vase ; arrivée là, elle recommencera à couler. Si on interrompt encore l'introduction de l'eau, les mêmes faits se reproduiront par les raisons que nous avons déjà exposées pour le siphon Γ. On comprend qu'il en sera encore de même avec le siphon E.

Il faudra [toujours] verser l'eau avec précaution pour que l'air qui est emprisonné dans les siphons ne soit pas chassé avec violence (1).

---

(1) Héron semble n'avoir eu qu'une idée vague de cette expérience et il part d'un principe faux en admettant que le siphon Γ ne se réamorcera pas après avoir été désamorcé.

Il est facile de démontrer que ce siphon se réamorcera dès que le niveau de l'eau versé dans le vase A B se sera élevé au-dessus de la courbure du siphon Γ d'une hauteur égale à la hauteur de la partie de la grande branche immergé dans le vase Z.

Soit, en effet, p la pression de l'air contenu dans le siphon, P la pression atmosphérique, h la distance verticale entre la courbure du siphon et le niveau du liquide dans A B et enfin h' la partie immergée de la grande branche dans l'éprouvette H. Considérons le moment extrême où le liquide est encore en équilibre et où la moindre adjonction d'eau dans A B déterminera l'écoulement par le siphon. A ce moment la pression p sera égale d'une part à P $+ h$, d'autre part à P $+ h'$, d'où il suit, que $h = h'$. De là résulte que pour que le siphon Γ ne s'amorce pas de nouveau avant le siphon E, il faut que la hauteur de l'éprouvette Z soit égale à la distance verticale entre les courbures des deux si-

XLVII

Construction d'une ventouse qui aspire sans le secours du feu.

Pl. XIV, fig. 4.

Soit A B Γ une ventouse pareille à celle qu'on applique d'ordinaire sur la peau et divisée par une cloison Δ E. A travers le fond que l'on fasse passer deux tubes glissant à frottement l'un dans l'autre, Z E étant le tube extérieur et Θ K l'intérieur ; dans ces deux tubes, mais en dehors de la ventouse, on perce deux trous A M qui se correspondent ; les extrémités des deux tubes situées en dedans de la ventouse doivent être ouvertes et l'extrémité extérieure de H K doit être fermée et munie d'une poignée. Au-dessous de la cloison Δ E on place un autre robinet N Ξ semblable à celui qui vient d'être décrit, sauf que les trous correspon-

---

phons, en supposant que les longues branches arrivent jusqu'au bas des vases et que ces vases soient assez étroits pour laisser déverser l'eau avant le moment considéré. Il est clair que, dans ces conditions, le siphon Γ ne s'amorcera pas quand le siphon Δ s'amorcera.

Un raisonnement analogue montrerait que, pour que le siphon Δ ne s'amorçât pas avant le siphon E, il faudrait que la hauteur du vase H fut égale à la distance verticale h'' entre les courbures des deux siphons.

Enfin on voit que le vase Θ est inutile.

Il faut remarquer que les choses ne se passeront ainsi que si le diamètre des tubes est assez large pour qu'on puisse ne point tenir compte de la capillarité. Sans cela les siphons ne se désamorcent jamais complètement, et il suffit d'une petite adjonction d'eau dans le vase A B pour que l'écoulement recommence.

La figure théorique serait donc celle que l'on voit dans la planche XVII, sous le n° 3 bis.

dants doivent être dans la ventouse et être eux-mêmes en communication avec un trou percé dans la cloison Λ E.

Tout étant ainsi établi, on tourne les poignées des robinets de telle sorte que les trous de celui qui est au fond de la ventouse se trouvent en ligne, tandis que le robinet qui est au-dessous de la cloison reste fermé, parce que les siens ne se correspondent point. La chambre Λ Γ étant pleine d'air, collons la bouche contre les orifices Λ M et aspirons une partie de cet air ; faisons ensuite tourner la poignée du robinet sans éloigner la bouche du tube ; nous pourrons ainsi maintenir la raréfaction de l'air dans la chambre Γ Δ. Plus souvent nous recommencerons cette opération, plus nous enlèverons d'air. Appliquons maintenant la ventouse sur la peau à la manière ordinaire et ouvrons le robinet N Ξ en tournant la poignée ; une partie de l'air contenu dans Λ Δ E passera dans Γ Δ et alors on verra attirées dans l'espace où l'air se trouvera ainsi raréfié, la peau ainsi que les matières sous-jacentes qui passeront par les interstices de la peau que nous appelons les espaces inexplorés (1).

XLVIII

L'instrument appelé Extracteur de pus agit d'après les mêmes principes.

Pl. XIV, fig. V.

On construit un tube creux et allongé A B ; à l'intérieur on en ajuste un autre Γ Δ dont l'extrémité Γ est bouché par

---

(1) M. Th. HENRI-MARTIN a fait observer *(Etudes sur le Timée,* t. II, p. 123) que Platon avait déjà indiqué le système des ventouses faisant le vide. Hippocrate les décrit. On en a trouvé plusieurs dans les fouilles de Pompéi.

une plaquette et dont l'autre extrémité ⅃ se termine par
une poignée E Z. On bouche l'ouverture A du tube A B par
une plaque dans laquelle est adaptée un canal mince H ⊙.

Lorsque nous voudrons extraire du pus, nous applique-
rons au point où est le pus, l'orifice ⊙ qui est à l'extrémité
du petit canal, et nous retirerons vers l'extérieur le tube
Γ ⅃ à l'aide de la poignée. Le vide se faisant ainsi dans le
tube A B, il est nécessaire que quelque chose vienne le
remplir ; or, comme il n'y a de communication avec l'extérieur que par l'orifice ⊙ du petit canal, il arrivera nécessairement que l'humeur voisine de cet orifice sera
attirée.

Inversement, si nous voulons injecter quelque liquide,
nous le placerons dans le tube A B et, poussant le tube
Γ ⅃ à l'aide de la poignée E Z, nous injecterons jusqu'à ce
que la quantité ainsi envoyée nous paraisse suffisante.

XLIX

**Étant donné un vase plein de vin et muni d'un goulot
d'écoulement, si on verse dans le col un cyathe (un
petit verre) d'eau, l'écoulement s'arrêtera ; puis, si on
verse un second cyathe, celui-ci s'écoulera en dehors
avec le premier, ou plutôt chacun des deux s'écoulera
par un goulot spécial ; puis, après l'expulsion totale
de l'eau, le vin recommencera à couler par le goulot
du milieu. Et cela se reproduira jusqu'à ce que la
totalité du vin soit écoulée.**

Pl. XVIII, fig. 1.

Soit A B un vase muni près du fond d'un goulot Γ et dont
le col soit fermé par la cloison Δ E à travers laquelle passe
un tube Z H recouvert d'un autre tube suffisamment distant de la cloison pour permettre le passage de l'eau

comme dans les diabètes à cloche. Qu'on fasse passer encore à travers la cloison un autre tube Θ κ s'élevant au-dessus de la cloison un peu moins que le premier et se bifurquant en deux goulots Λ et μ ; ce tube doit être recouvert d'un tube légèrement distant de la cloison comme le précédent. Que le vase soit percé d'un évent ν sous le diaphragme.

Si maintenant, ayant fermé les goulots, nous versons du vin, il s'introduira dans la panse du vase par le tube z μ ; l'air s'échappera en effet par l'évent ν. Mais, si nous fermons cet évent en ouvrant en même temps les goulots Λ et μ, le liquide contenu dans le tube Θ κ s'écoulera par les goulots Λ et μ et celui qui est dans la panse s'écoulera par le goulot г. — Mais maintenant si, pendant que le goulot г coule, nous versons un cyathe d'eau sur la cloison, l'air ne pourra plus entrer par le tube z μ et par suite le goulot г cessera de couler. Si nous versons un second cyathe, l'eau s'élèvera au-dessus du tube Θ κ, par lequel elle passera dans les goulots Λ et μ et sera épuisée toute entière. Alors le tube z μ permettra l'introduction de l'air et provoquera ainsi un nouvel écoulement par le goulot г, et cela se reproduira autant de fois que nous verserons des cyathes à la partie supérieure.

L.

Étant donné un vase plein de vin pur, faire que d'abord le vin coule, puis qu'en versant de l'eau dans le vase, il sorte de l'eau pure, puis encore du vin pur, et enfin, si on le désire, de l'eau mélangée avec le vin.

Pl. IV, fig. 2.

Soit Λ B un vase, muni d'une cloison г Δ près de son col; à travers la cloison passe un tube ε z qui se termine en dehors du fond par un goulot.

Dans le tube E Z, au-dedans du vase et près du fond est
un petit trou H ; il y a aussi un évent Θ au-dessous du
col (1).

Si maintenant, fermant le goulot Z, nous versons le vin,
ce vin passera dans la panse, l'air s'échappant par l'évent
Θ ; mais si nous fermons l'évent en dégageant le goulot, il
ne s'écoulera que le liquide contenu dans le tube Z E. Versons alors de l'eau, elle sortira pure. En dégageant l'évent,
il sortira un mélange d'eau et de vin ; enfin, si on ne
verse plus rien, ce sera le vin pur qui s'écoulera.

LII

**En allumant du feu sur un autel, des figures font des
libations et de petits serpents sifflent.**

Pl. IX, fig. 2.

Soit A B un piédestal creux sur lequel est un autel Γ,
dans l'intérieur duquel est un gros tube Δ E descendant du
foyer dans le piédestal et se divisant en trois petits tubes :
l'un E Z se rend à la gueule du serpent, l'autre E H Θ à un
vase propre à contenir du vin K Λ, dont le fond doit se
trouver au-dessus de l'animal figuré en M (2), ce tube devant

-----

(1) Cet appareil a été reproduit de nos jours sous la forme de
l'*Entonnoir magique*. Le texte grec et le dessin de Thévenot se
rapportent à un appareil en forme de vase ; le dessin que je
donne, d'après l'édition anglaise, représente un *Ryton* ou corne
à boire.

(2) Le fond doit être au-dessus de l'animal ou plutôt de l'orifice
extérieur des tubes par lesquels s'écoulent les libations, afin que
ces tubes forment des siphons qui, une fois amorcés, amèneront
sur l'autel la totalité de liquide contenue dans les vases. La
figure que je donne d'après l'édition anglaise ne tient pas
compte de cette condition.

se relier au couvercle du vase K Λ par un grillage (1) ; le troisième tube E N Ξ monte également à un vase O propre à recevoir du vin et est relié de la même manière à son couvercle ; les deux derniers tubes sont soudés aux fonds des vases, dans chacun desquels se trouve un siphon recourbé P Σ et T Υ. Chacun de ces tubes a une de ses extrémités plongée dans le vin, tandis que l'autre, qui aboutit à la main de la figure qui doit faire la libation, traverse d'une façon étanche la paroi du vase à vin. Quand tu voudras allumer le feu, tu projetteras d'abord un peu d'eau dans les tubes afin qu'ils ne soient point crevés par la sécheresse du feu et tu boucheras toutes les ouvertures pour que l'air ne s'échappe pas. Alors le souffle du feu (2), mélangé avec l'eau, montera par les tubes jusqu'aux grillages et, passant par ces grillages, elle pressera sur le vin et le fera écouler par les siphons P Σ et T Υ. Le vin sortant ainsi des mains des figures, celles-ci paraissent faire des libations tant que l'autel est en feu. Quant à l'autre tube, qui conduit le souffle à la gueule du serpent, il le fait siffler (3).

---

(1) L'extrémité du tube doit être déchiquetée de manière à présenter des languettes qui se fixent au couvercle, et, entre ces languettes, des vides par où peut passer l'air. Le grec dit que le tube doit être terminé *en forme de palissade*, ce qui exprime bien la série des pleins et des vides.

(2) Nous avons ici une véritable petite machine à vapeur. La description de Héron n'est pas tout à fait complète; on ne voit pas bien comment il introduit de l'eau dans le gros tube qui devait sans doute avoir une forme particulière pour favoriser la vaporisation de l'eau. Probablement il y avait sous le foyer de l'autel un vase disposé *ad hoc*, et d'où partait le tube Δ E.

(3) Suivant le père KIRCHER (*Œdipus Ægyptiacus*) un auteur qu'il appelle Bitho, rapporte qu'il y avait à Saïs un temple de Minerve dans lequel se trouvait un autel où, quand on allumait le feu, Dionysos et Artémis (Bacchus et Diane) répandaient du lait

LII

Etant donné un vase étanche muni d'un goulot ouvert et ayant auprès de lui un thyrse sous lequel on place une coupe pleine, si on abaisse la coupe, le goulot coulera un peu tant que la coupe sera dans cette position, mais si on la relève, le goulot cessera de couler.

Pl. XVIII, fig. 2.

Soit A B le vase en question avec la cloison Γ Δ qui ferme le col. A travers cette cloison passe un tube E Z qui y est exactement ajusté, et qui est surmonté d'un autre tube K Λ disposé comme dans le diabète à cloche. Avec ce tube K Λ communique un autre tube M N dont l'orifice M est ouvert tandis que sa branche extérieure est plongée dans une

---

et du vin pendant qu'un dragon, eu forme d'épervier, faisait entendre son sifflement.

Il est facile de voir comment on peut faire sortir d'un côté du lait, de l'autre du vin.

Après avoir indiqué la disposition, le père Kircher ajoute :

« C'est ainsi que Bacchus et Diane paraissaient répandre l'un du vin, l'autre du lait, et le dragon semblait applaudir leur action par des sifflements. Comme le peuple qui assistait à ce spectacle ne voyait pas ce qui se passait à l'intérieur, il n'y a rien d'étonnant à ce qu'il crût à une intervention divine. On sait, en effet, qu'Osiris ou Bacchus passait pour l'inventeur de la vigne et du lait, qu'Isis était le génie de l'eau du Nil, et que le serpent ou bon génie solaire était le principe de toutes ces choses; comme de plus on devait faire des sacrifices aux Dieux pour obtenir les biens susdits, l'écoulement du lait et du vin ou de l'eau, ainsi que le sifflement du serpent, aussitôt que la flamme du sacrifice était allumée, paraissait démontrer clairement l'existence des Dieux. »

coupe Ξ O où l'on a versé de l'eau de manière à la remplir. Il est clair que la partie de ce dernier tube qui est plongée dans la coupe est également pleine.

Dans le col du vase A B on verse un peu d'eau, juste assez pour empêcher l'introduction de l'air. Dès lors, le vase A B étant plein, le goulot H ne coulera pas, puisque l'air ne peut entrer à cause de l'eau versée dans le col. Mais, si nous abaissons la coupe, il se produira nécessairement du vide dans la partie du tube qui y est plongée ; l'air voisin sera attiré dans cette partie vidée et attirera lui-même l'eau qui est dans le col de manière à l'élever au-dessus de l'orifice Z. L'air trouvant alors une entrée, le goulot H coulera jusqu'à ce qu'on relève la coupe Ξ O, ce qui amènera de nouveau l'eau qui est dans le col à empêcher l'introduction de l'air ; celle-ci reviendra en effet à sa position primitive et le goulot H cessera de couler. Ceci se reproduira chaque fois qu'on abaissera et qu'on élèvera la coupe.

Il importe de ne point dégager totalement la coupe afin que la branche du siphon ne se vide point complètement.

On fait entrer le tube M N dans un thyrse comme celui qui est figuré en P N sur son pourtour afin que cela soit plus agréable à l'œil.

LIII

Construction d'un flacon qui rend un son quand il verse un liquide.

Pl. XIII, fig. 3.

Soit un flacon tel qu'il va être décrit : le col en est fermé par une cloison A B et l'orifice par une autre Γ Δ ; à travers ces deux cloisons on fait passer un tube E Z exactement ajusté avec chacune d'elles ; Η Θ est l'anse et Κ Λ un tube placé du côté opposé qui traverse la cloison Α Β en s'y ajustant exactement et qui aboutit à une distance suffisante de Γ Λ pour laisser passer l'eau ; enfin dans la cloison Γ Λ est fixé un petit tuyau Μ propre à rendre un son.

Le flacon sera rempli par le tube Ε Ζ, l'air sortant par le tube Κ Λ et par le tuyau Μ Saisissons-le alors par l'anse et inclinons le de façon à le vider ; le liquide s'écoulera à l'extérieur par le tube Ε Ζ et en même temps s'introduira par le tube Κ Λ dans le col Β Γ ; alors l'air contenu dans celui-ci, sera chassé par le petit tuyau Μ et produira un son.

Il faut encore un trou dans la cloison Α Β pour permettre la rentrée de l'air quand le flacon est redressé.

LIV

Un vase contenant du vin et muni d'un goulot étant placé sur un piédestal, faire que, par le simple déplacement d'un poids, on oblige le goulot à laisser couler une quantité donnée de vin, tantôt par exemple un demi-cotyle (0^{l}13), tantôt un cotyle, bref, telle quantité qu'on voudra.

Pl. XV, fig. 2.

Soit Α Β le vase dans lequel on doit mettre le vin ; il a près du fond un goulot Λ ; le col est fermé par la cloison Ε Ζ à travers laquelle passe un tube Η Θ qui descend jusqu'au fond du vase en laissant toutefois une distance suffisante pour le passage de l'eau. Soit Κ Λ Μ Ν le piédestal sur lequel est établi le vase, et Ξ Ο un autre tube, arrivant jusqu'auprès de la cloison et pénétrant dans le piédestal. Dans le piédestal il y a de l'eau de manière à boucher l'orifice du tube Ξ Ο. Soit enfin une réglette Π Ρ dont la moi-

tié est à l'intérieur du piédestal et l'autre moitié au dehors ; elle est mobile autour du point z et à son extrémité н est suspendue une clepsydre dont le fond est percé
d'un trou т.

Le goulot λ étant fermé, on remplit le vase par le tube
н ө avant de mettre l'eau dans le piédestal pour que l'air
puisse s'échapper par le tube z o : puis on verse l'eau dans
le piédestal, à travers un trou quelconque, de manière à
fermer l'orifice o ; alors on ouvre le goulot λ. Il est clair
que le vin ne coulera pas, puisque l'air ne peut entrer
d'aucun côté ; mais, si nous abaissons l'extrémité н de la
règlette une partie de la clepsydre sortira de l'eau, et,
l'orifice o étant dégagé, le goulot λ coulera jusqu'à ce que
l'eau soulevée dans la clepsydre, ait, en s'écoulant, refermé
ce même orifice o. Si lorsque la clepsydre est remplie de
nouveau, nous abaissons encore davantage l'extrémité н,
le liquide contenu dans la clepsydre mettra plus de temps
à s'écouler et par suite il coulera plus de vin par le goulot: si la clepsydre toute entière s'élève au-dessus de
l'eau, l'écoulement durera encore plus longtemps.

Au lieu d'abaisser avec la main l'extrémité н de la règle,
on peut prendre un poids ω mobile sur la partie extérieure н x de la règle, et capable de soulever hors de l'eau
la clepsydre toute entière quand il est placé près de н ; ce
poids en soulèvera donc une partie seulement quand il
sera plus éloigné. On procédera alors à un certain nombre
d'expériences sur l'écoulement par le goulot λ en faisant
des coches sur la règle н x et enregistrant les quantités de
vin qui leur correspondent ; de la sorte, quand on voudra
en faire écouler une quantité déterminée, il n'y aura qu'à
amener le poids à la coche correspondante et à laisser
faire.

LV

**Construction d'une corne à boire de laquelle s'écoulera
d'abord un mélange d'eau et de vin ; puis, en y versant
de l'eau pure, on verra couler à volonté de l'eau pure
et de l'eau mélangée avec du vin.**

Pl. IV. fig. 4.

Soit AB une corne à boire dont le col est fermé par une
cloison ΓΔ à travers laquelle passe un tube EZ aboutissant
à l'orifice d'écoulement et ayant, à l'intérieur de la corne,
un petit trou H.

En fermant l'orifice Z et en versant le mélange, celui-ci
passera dans l'intérieur de la corne par le trou H, si ensuite
nous ouvrons l'orifice Z, le mélange s'écoulera par cet
orifice, l'air rentrant par l'évent Θ. Fermons maintenant
l'évent Θ et versons de l'eau pure, celle-ci coulera, mais le
mélange ne coulera pas parce que l'air n'a point d'accès.
L'évent Θ étant débouché, tous deux s'écouleront : l'eau et
le mélange ou plutôt un mélange formé de l'un et de
l'autre.

LVI

**En versant de l'eau dans un vase placé sur un piédestal
et muni d'un goulot un peu au-dessus du fond, faire
couler tantôt de l'eau pure, tantôt un mélange d'eau
et de vin, tantôt du vin pur.**

Pl. VI, fig. 2.

Soit AB le vase placé sur un piédestal ayant un goulot ΓΔ dont l'orifice Γ s'ouvre au-dessus du fond du vase.

On ferme le col du vase au moyen de la cloison E Z à travers laquelle passe le tube H Θ formant une faible saillie au-dessus de la cloison et descendant jusqu'au fond du vase en laissant toutefois un passage pour l'eau. Soit K A un autre tube extérieur fixé à la panse du vase, au-dessous duquel on mettra une coupe K M. Soit enfin dans la cloison un tout petit trou N.

Ces dispositions prises, on verse de l'eau dans le col du vase ; la portion du liquide qui entoure la saillie du tube restera dans le col, mais la portion qui la dépasse s'écoulera dans la panse jusqu'à ce qu'elle atteigne l'orifice Γ ; alors l'eau pure coulera. Le goulot commençant à couler, le vin pur, qui est dans le vase K M, sera attiré, comme dans un siphon et il s'écoulera un mélange d'eau et de vin. Quand toute l'eau sera écoulée, le vin coulera pur, à cela près que l'eau (1), qui est au-dessus de la cloison E Z, sera attirée en même temps ; et lorsque toute cette eau se sera écoulée par le trou N, l'air entrant rompra la continuité et tout écoulement cessera.

LVII

Étant donné un vase plein de vin et muni d'un goulot au-dessous duquel est placée une coupe, faire couler le vin dans la coupe en quantité déterminée.

Pl. XV, fig. 3.

Soit A B le vase renfermant le vin, Γ Δ le goulot dont l'orifice supérieur est aplani avec assez de soin pour que la

---

(1) Il faut donc, pour que l'expérience se présente bien, que le diamètre du tube H Θ soit petit comparativement à ceux des goulots K A et Γ Δ.

superposition d'un disque ɛ z puisse empêcher l'écoulement
de l'eau ; à l'anse du vase on fixe la barre verticale ɪɪ ϴ sur
laquelle oscille une autre barre ᴋ ᴀ. Soit encore sous la
base du vase une autre barre ᴍ ɴ qui se meut autour de Ξ.
On établit enfin deux autres tiges ᴋ o et ᴀ ɪɪ mobiles autour
de pivots de telle sorte que l'extrémité ᴍ de la barre étant
abaissée, la rondelle ɛᴢ s'élève, le goulot s'ouvre et le liquide s'échappe, et que le goulot se referme quand la
barre revient à sa première position. La barre ᴍ ɴ supporte
la coupe dans laquelle on veut recevoir une quantité
déterminée de liquide ; cette coupe ᴩ doit être placée
sous le goulot. Soit enfin un poids Σ qui peut glisser
au moyen d'un anneau le long de la saillie ᴍo de la
barre.

On voit que, lorsque j'amène le poids vers le point ᴍ,
le goulot s'ouvre et le liquide tombe dans la coupe ;
mais, celle-ci devenant alors plus pesante, le poids Σ
remonte et le goulot se referme.

Pour que l'écoulement ait lieu suivant la mesure,
on verse dans la coupe un cotyle par exemple et, recevant
alors le liquide qui s'écoule du goulot dans un autre
vase (1), on fait glisser le poids jusqu'à ce qu'on ait
arrêté l'écoulement ; on marque alors sur la barre le
point où il se trouve et à ce point on note : *un cotyle.*
On procédera de même pour un demi-cotyle, deux cotyles
et ainsi de suite pour autant de mesures qu'on voudra. On
aura ainsi des marques correspondant à diverses quantités,
indiquant les points où l'on devra amener le poids pour
faire couler les diverses quantités.

Au lieu de la rondelle ɛᴢ, on peut employer une sorte

______

(1) Pour ne point changer le poids de la coupe.

de cloche renversée sur l'orifice supérieur du tube ΤΔ et renfermant de l'air, de telle sorte que, dès que cet orifice se trouve plongé dans cet air, l'écoulement s'arrête (1).

LVIII

Étant donné un vase contenant du vin et muni d'un goulot au-dessous duquel est placée une coupe, faire que, quelle que soit la quantité de vin qu'on enlève de la coupe, il en coule une égale par le goulot.

Pl. XV, fig. 4.

Soit ΑΒ le vase du vin, ΓΔ le goulot avec une rondelle ΕΖ et des barres ΗΘ, ΚΛ disposées comme plus haut. Au-dessous du goulot est la coupe Η; à la tige ΚΛ on fixe un petit bassin Ρ enfermé dans un vase ΣΤ; enfin un tube ΤΦ met en communication les vases ΣΤ et Η.

Les choses étant ainsi disposées et les vases Η et ΣΤ étant vides, le petit bassin Ρ sera au fond du vase ΣΤ et laissera ouvert le goulot ΓΔ. Le liquide qui s'écoule alors du vase ΑΒ se rendant dans les deux vases Η et ΣΤ, le petit bassin sera soulevé et fera refermer le goulot jusqu'à ce que nous enlevions de nouveau du liquide dans la coupe; cela se reproduira chaque fois que nous retirerons du vin.

---

(1) Le texte n'expliquant pas suffisamment cette disposition qui est reproduite dans l'appareil LXI, je ne me suis point astreint à une traduction littérale de ce dernier paragraphe.

LIX

Construction d'un coffre muni d'une de ces roues
d'airain mobiles qu'on appelle purificatrices et que
ceux qui s'approchent des sanctuaires ont coutume
de faire tourner.

Pl. VIII, fig. 4.

Soit ABΓΔ un coffre traversé par un axe EZ. Cet axe
auquel est fixée la roue ΘK destinée à tourner (1), doit être
facilement mis en mouvement. On fixe également sur ce
même axe deux autres roues A et M ; l'une A est accompagnée d'un treuil, l'autre M est dentée. Autour du treuil
s'enroule une corde à l'extrémité duquel est suspendu une
cloche (*litt.* un étouffoir) N muni d'un tube Ξ qui se termine par un petit sifflet donnant le chant de la fauvette.
Sous la cloche on place un vase plein d'eau ΠP. Du sommet
du coffre descend un petit axe ΣT qui est très mobile ; à
son extrémité Σ on fixe une fauvette, et en T un disque
denté qui s'engrène avec le disque M.

On voit que, si l'on fait tourner la roue ΠΘ, la corde
s'enroule autour du treuil et soulève la cloche ; mais,

---

(1) On a déjà vu un exemple de roue sacrée dans l'appareil
XXIV ; on en retrouve d'analogues dans le temple du Japon et du
Thibet. Il est très probable qu'elles ont été introduites dans les
religions primitives par suite de l'admiration qu'a dû exciter
dans l'origine la production du mouvement de rotation continu.
Il y a encore des peuplades dont le génie mécanique ne s'est
point élevé au-dessus de la notion du mouvement de rotation
alternatif produit par deux cordes enroulées en sens inverse sur
un cylindre.

quand on lâche la roue, la cloche redescend dans l'eau par
son propre poids et produit le son par l'expulsion de l'air ;
en même temps la fauvette tourne entraînée par la rotation des disques (1).

LX

**Il y a des siphons qui, placés dans des vases, coulent
jusqu'à ce que les vases soient vides ou que la surface de l'eau soit descendue au-dessous du niveau de
l'orifice extérieur du siphon. On demande que l'écoulement cesse brusquement au moment voulu.**

Pl. XVI, fig. 3.

Soit un vase A B renfermant un siphon Γ Δ E dont la
branche intérieure se redresse comme on le voit en Γ Z H.
Soit encore une barre fixe verticale Θ K à laquelle en est
adaptée une autre Λ M. De celle-ci part une tige M N mobile
autour d'un pivot et munie à son extrémité N d'un vase
capable d'entourer la partie recourbée H Z du siphon.

Au point Λ de la barre Λ M est suspendu un poids, de telle
sorte que quand le vase enveloppant s'élève au-dessus de
la partie redressée du siphon, celui-ci coule. Lorsqu'on
veut faire cesser l'écoulement, on n'a qu'à soulever le poids
qui est en Λ de manière à abaisser le vase qui est en N et à
entourer la partie redressée Z H ; alors le siphon cessera

---

(1) Il faut qu'il y ait : ou bien un arrêt à la roue extérieure
pour empêcher la rotation dès que la corde a été toute entière
enroulée sur le treuil ; ou bien un vase H P assez grand pour que
la cloche retombe toujours dedans après avoir basculé par dessus
le treuil.

de couler. Si on veut faire recommencer l'écoulement, il
n'y a qu'à faire agir de nouveau le poids (1).

LXI

**Du feu étant allumé sur un autel, des figures paraîtront
exécuter une ronde. Les autels doivent être transparents, en verre ou en corne.**

Pl. XI, fig. 2.

Du foyer part un tube allant jusqu'à la base de l'autel,
où il tourne sur un pivot pendant que sa partie supérieure
tourne dans un tuyau fixé au foyer. Au tube doivent être
ajustés d'autres tubes (horizontaux) en communication avec
lui, qui se croisent entre eux à angle droit et qui sont recourbés à leurs extrémités en sens contraire. On lui fixe
également un disque sur lequel sont attachées des figures
qui forment une ronde. Lorsque le feu de l'autel est
allumé, l'air, s'échauffant, passera à travers le tuyau dans
le tube, mais chassé de ce tube à travers les petits tubes
recourbés et (2) . . . . il fait tourner le tube
ainsi que les figures qui forment la ronde (3).

---

(1) Héron néglige de dire que l'obturation se fait ici à l'aide de
l'air retenu au fond de la petite cloche x, ainsi qu'il l'a expliqué
dans l'appareil LVII.

(2) Le texte est corrompu et incompréhensible en ce point.

(3) Le père Kircher, dans son *Œdipus Egyptiacus* (t. II, p. 338),
dit que le roi Ménès s'amusait beaucoup à voir tourner ces
chœurs. J'ignore où le père Kircher peut avoir pris ce rensei-
gnement.
Kircher prétend à tort que la disposition indiquée par Héron
n'aurait produit aucun mouvement, et il en propose une autre.
L'air placé sous le foyer se rend d'abord dans un tambour qui
surmonte la cage cylindrique en verre où tournent les figurines

LXII

Construction d'un candélabre tel qu'en posant dessus une lampe, lorsque l'huile se consume, il en vient par la poignée telle quantité qu'on veut, et cela sans avoir besoin de placer au-dessus aucun vase servant de réservoir à cette huile.

Pl. X. fig. 3.

Il faut faire un candélabre creux, avec une base en forme de pyramide. Soit A B Γ Δ cette base pyramidale et dans cette base une cloison E Z. Soit encore H Θ la tige du candélabre qui doit être également creuse ; au-dessus on place un gobelet K Λ pouvant renfermer une grande quantité d'huile. De la cloison E Z part un tube M N qui la traverse et qui arrive presque jusqu'au couvercle du vase K Λ sur lequel est placée la lampe, de manière à laisser seulement un passage pour l'air. Un autre tube Ξ O passe à travers le couvercle K Λ et, descend d'une part jusqu'au fond du vase en corbeille, de manière toutefois à permettre à un liquide de s'écouler et de l'autre forme une légère saillie sur le couvercle. A cette saillie on ajuste soigneusement un autre tube Π bouché à sa partie supérieure, qui, traversant le fond de la lampe, fait corps avec lui, et se trouve renfermé tout entier dans l'intérieur de la lampe. Au tube Π on

___

puis de là, il descend par un tube dans une espèce de roue à tympan fixée au-dessous du plateau mobile qui supporte les figurines. Cette roue est munie sur son pourtour de petites ailettes disposées de manière à être frappées par l'air qui sort du tuyau, de telle sorte qu'elle est mise en mouvement à peu près comme la roue d'un moulin.

en soude un autre très-fin en communication avec lui et arrivant à l'extrémité de la poignée de la lampe ; ce tube débouche dans la poignée de façon à pouvoir déverser dans le creux de la lampe où il y a un orifice de la grandeur des autres. — Sous la cloison E z on soude un robinet conduisant dans le compartiment Γ Λ E z de telle sorte que, quand il est ouvert, l'eau de la chambre A B E z passe dans le compartiment Γ Λ E z. Dans la plaque de dessus A B on perce un petit trou par lequel le compartiment A B E z peut-être remplie d'eau, l'air intérieur s'échappant par le même trou (1).

Maintenant enlevons la lampe et remplissons le gobelet d'huile à l'aide du tube Ξ o ; l'air s'échappera par le tube M N et ensuite par un robinet qui est ouvert près du fond Γ Λ, quand l'eau qu'il peut y avoir dans le compartiment Γ Λ E z sera écoulée. Posons la lampe sur son pied en l'emboîtant avec le tube Π ; quand il y aura besoin d'y verser de l'huile nous ouvrirons le robinet qui est près de la cloison E z, l'eau qui est dans le compartiment A B E z descendra dans le compartiment Γ Λ E z et l'air qui est dans celui-ci, refoulé par le tube M N dans le gobelet, fera monter l'huile ; celle-ci passera dans la lampe par le tube Ξ o et celui qui lui fait suite. Quand on veut arrêter l'arrivée de l'huile, on ferme le robinet et l'écoulement cesse. On peut répéter cela aussi souvent qu'il est nécessaire.

On peut produire le même effet plus simplement avec les mêmes dispositions générales, sauf la base où se trouve l'eau (2). (Pl. x, fig. 4).

---

(1) On voit que cet appareil, comme l'appareil xxix, n'est autre chose que ce que nous appelons la *Fontaine de Héron*.

(2) Le texte est ici fort altéré et la traduction est conjecturale dans plusieurs points, mais le sens général ne me paraît pas

Toutes les dispositions sont les mêmes, sauf pour la base et pour l'eau qu'elle contient. Le tube M N doit avoir l'orifice M faisant saillie au-dessous du fond de la tige qu'il traverse en y étant soudé tout autour.

Si alors on applique la bouche à cet orifice extérieur et qu'on souffle, on enverra de l'air dans le gobelet, et l'huile montera par le tube Ξ O et tout se passera comme précédemment ; aussi souvent qu'on soufflera dans le tube l'huile montera dans la lampe ; mais il faut que l'extrémité de la poignée arrive perpendiculairement au trou de la lampe, pour que l'huile ne soit pas projetée violemment au-dehors.

LXIII

Construction d'une lampe [telle qu'en y versant de l'eau on alimente la mèche d'huile] [1].

Pl. X, fig. 2.

Au-dessous de la lampe on place un vase A B hermétiquement clos, qui peut, soit être fixé à la lampe, soit en être indépendant ; de la lampe partent deux tubes Γ Δ et E Z communiquant avec le vase. L'extrémité Γ doit arriver

---

douteux. C'est tout simplement l'appareil précédent dans lequel on a supprimé le compartiment E Z Γ Δ : on remplace alors l'action refoulante de l'eau par une insufflation directe. On voit que si ce candélabre est placé sur un autel, de manière que le tube M traverse la table de l'autel, il suffira qu'un prêtre vienne de temps en temps souffler par l'ouverture M pour faire monter de l'huile dans la lampe. La figure 1 est restituée d'après le sens et la figure des manuscrits.

(1) La phrase entre crochets est restituée ; le texte manque dans tous les manuscrits. Cette lampe n'est point dans le texte de Thévenot à la place que j'ai adoptée d'après les manuscrits anglais ; on la trouvera à la page 212 de ce texte.

au fond de celui-ci, de manière toutefois à laisser un passage pour l'eau. Le tube г л ira jusqu'à la partie supérieure de la lampe et aura à son extrémité л une petite soucoupe dans laquelle on doit verser l'eau. Le tube е z traverse le fond de la lampe auquel il est luté.

Si maintenant on verse de l'huile par l'ombilic de la lampe, cette huile se rendra d'abord dans le vase л в; puis, quand celui-ci sera plein, elle remontera par les tubes г л et е z et la lampe se remplira aussi. Quand la lampe brûlera, elle se videra, si alors nous versons de l'eau dans la coupe qui est en л, cette eau passera dans le vase л в, l'huile montera et remplacera ce qui manque à la lampe en arrivant jusqu'au bec. Lorsque l'huile aura encore baissé, nous recommencerons, répétant l'opération chaque fois que la provision sera dépensée.

Si on veut pouvoir enlever le vase л в en gardant la lampe pleine d'huile, il faudra que la partie des tubes г л et е z qui est dans le vase л в se termine de manière à pouvoir s'emboîter à frottement dans les parties de ces mêmes tubes qui sont dans la lampe, et munir ces derniers de robinets, de telle sorte que quand ces robinets sont fermés, l'huile reste à sa place ; alors le vase pourra être enlevé. Quand on le voudra, on pourra réunir encore les deux parties et ouvrir les robinets.

Il convient de faire arriver le tube е z près de la poignée de la lampe et le tube г л un peu en arrière en le terminant à sa partie supérieure par un vase en forme de coupe dans lequel on versera de l'eau, de telle sorte que lorsqu'on verse l'eau, c'est de l'huile qu'on voit sortir de la poignée (1).

---

(1) La figure que je donne d'après les manuscrits rend mal les dispositions indiquées par Héron.

LXIV

Construction d'un calorifère tel que, si l'on place dessus une figure d'animal qui semble souffler, cette figure soufflera sur les charbons et la combustion du calorifère sera activée; de plus, si un robinet est placé sur le pourtour de la partie supérieure du calorifère, rien n'en sortira, bien que ce robinet soit ouvert, à moins qu'on n'ait d'abord versé de l'eau froide dans la coupe; enfin, l'eau froide ne se mélangeant pas avec la chaude jusqu'à ce qu'elle arrive au fond, il sortira de l'eau très chaude.

Pl. XXIE fig. 1.

Supposons un calorifère de forme quelconque. On établit dans la partie réservée à l'eau et à l'aide de deux cloisons verticales, un compartiment hermétiquement clos. Ce compartiment communique avec l'une des extrémités de l'un des tubes qui passent sous les charbons; on choisit un tube près du fond et on bouche l'autre extrémité de ce tube pour que l'eau du calorifère n'y entre point; quant aux autres, ils communiquent avec le compartiment où est l'eau, de telle sorte qu'il n'y en a qu'un seul, celui qui communique avec le petit compartiment, qui, par la combustion des charbons, engendre de la vapeur.

Par le moyen d'un tube qui traverse la paroi supérieure du calorifère, cette vapeur est portée jusqu'à la bouche de l'animal et de là sur les charbons, car la figurine est disposée de manière à souffler de haut en bas; et l'animal souffle tant qu'il y a production de vapeur.

C'est le feu qui produit le souffle. Si nous versons dans le petit compartiment une petite quantité d'eau nous produirons une plus grande quantité de vapeur (1), et, comme dans le cas des chaudières placées sur le feu où nous voyons monter la vapeur qui provient de l'eau (2), la figurine soufflant avec violence, embrasera encore plus le calorifère.

La figurine doit être rendue mobile à l'aide d'un tube qui entre à frottement dans un autre tube. Nous pourrons ainsi introduire la petite quantité d'eau; de plus, quand nous ne voudrons pas que la figure souffle sur les charbons, nous pourrons la retourner de l'autre côté.

Sur la paroi supérieure, on place également une petite coupe, d'où part un tube qui descend jusqu'au fond du calorifère, afin que l'eau que nous y versons puisse aller jusqu'au fond. Pour que la chaudière puisse être remplie quand on verse de l'eau et qu'en même temps l'eau ne puisse s'en échapper en bouillonnant par-dessus, il faut faire passer à travers la paroi un autre tube qui se déverse dans la coupe, et à sa partie intérieure pour qu'on ne l'aperçoive pas (3).

Nous allons maintenant exposer la construction de cette chaudière.

Etablissons un cylindre creux dont A B soit la surface

---

(1) Héron a bien vu qu'il y avait production de souffle par l'action de la chaleur sur l'air contenu dans le compartiment et sans qu'il fût besoin d'eau, du moins au commencement, mais il ne s'est point rendu un compte exact du phénomène, aussi son explication est-elle assez embarrassée.

(2) J'ai traduit en admettant la transposition de deux membres de phrase dans le texte grec.

(3) La figure ne rend pas compte de cette disposition qui est plus élégante. Le petit tube sert, comme le dit Héron, non-seulement au passage de l'air qui s'échappe quand on remplit d'eau le calorifère, mais aussi plus tard au passage de la vapeur qui, sans cela, presserait sur la surface de l'eau et la ferait jaillir par la coupe.

inférieure, Γ Δ la face supérieure ; construisons un second cylindre avec le même axe que le premier, dont Ε Ζ et Η Θ soient les surfaces inférieure et supérieure. [Dans l'espace annulaire compris entre les deux cylindres, fixons des plaques comme pour maintenir ces cylindres ensemble et couvrons cet espace annulaire] (1). Dans le cylindre Ε Ζ Η Θ on place les tubes Ο Κ, Λ Ξ, Μ Ν : le tube Λ Ξ est ouvert d'un seul côté, en Ξ ; les deux autres sont percés à chaque extrémité, et leurs orifices s'ouvrent dans l'espace qui sépare les cylindres (2) Dans ce dernier espace, on place deux cloisons Ε Η, Ζ Θ, qui isolent le compartiment Η Θ Ε Ζ, dans lequel débouche le tube ouvert d'un seul côté dont il a été parlé. Sur le couvercle, c'est-à-dire sur Η Θ, on place un petit tube auquel est fixée la figurine ; celle-ci, percée d'outre en outre, communique avec le tube et doit être inclinée de haut en bas de manière à regarder dans les charbons. Pour qu'elle cesse de souffler à volonté, le tube qui la porte doit entrer à frottement dans un autre de telle sorte que, quand on la tourne en sens contraire, elle ne souffle plus sur les charbons, mais du côté opposé à la chaudière. Cette disposition nous sera également utile pour verser de l'eau dans le compartiment Η Ζ Ε Θ, car, en enlevant la figure du tube dans lequel elle est enfoncée, on peut y verser de l'eau, et il passera alors une plus grande quantité de vapeur par la figurine.

---

(1) La phrase entre crochets doit être une interpolation ; elle fait double emploi avec une des phrases suivantes. Le texte en est du reste corrompu.

(2) Ces tubes, analogues à ceux des chaudières tubulaires des machines à vapeur, servent à augmenter la surface de chauffe. On sait qu'en 1828, deux ingénieurs, l'un français M. Séguin, l'autre anglais M. Stephenson, s'en disputèrent l'invention.

Sur le couvercle on pose une coupe P Σ, qui communique avec l'intérieur, et dont le fond est adapté à un tube qui descend jusqu'au fond de la chaudière, en laissant toutefois un passage pour l'eau. Quand on désire faire sortir de l'eau chaude, on verse par P Σ de l'eau froide; celle-ci descendra par le tube qui pénètre dans le compartiment à eau chaude; l'eau chaude montera et passera par le robinet Δ placé sur le pourtour de la partie supérieure, car l'eau froide que l'on vient d'introduire n'a encore pu se mélanger avec l'eau chaude qui est au-dessus. Aussi souvent que cela sera répété, nous obtiendrons de l'eau chaude en remplacement de celle que nous verserons froide.

Pour savoir quand la chaudière est prête à déborder, on place un évent, percé d'outre en outre, sur la face supérieure où l'on a fait un trou : ce sera un petit tube tourné vers la coupe P Σ, pour que, si l'eau chaude s'élève, elle soit envoyée dans la coupe (1).

Telle est la construction de la chaudière. Si on ne veut pas occuper le compartiment Z Η Ε Θ dans toute sa longueur mais seulement en partie, on fera les cloisons à mi-hauteur et on en placera une autre au-dessus, à travers laquelle on fera passer un tube qui monte jusqu'à la figurine. Quand le feu sera allumé, il s'élèvera un jet de vapeur de la petite chambre, dans laquelle on pourra verser de l'eau comme ci-dessus.

---

(1) C'est une erreur; le petit tube n'est point destiné à donner passage à l'eau chaude, mais bien à la vapeur. C'est ce que l'auteur a déjà expliqué plus haut. Si la vapeur ne s'échappait pas en assez grande quantité par ce tube, l'eau jaillirait par la coupe.

LXV

Construction analogue où l'on peut produire |en outre| le son de la trompette et le chant du merle.

Pl. XXIF, fig. 2.

On fait un calorifère semblable au précédent, dans lequel tous les tubes placés dans le foyer sont percés aux deux bouts (1); en dehors du foyer on place un tube femelle ΦE dans lequel est ajusté à frottement un tube mâle KA qui communique avec une chambre à air chaud et qu'on peut faire tourner à l'aide d'une clavette K. Ce tube est percé de trois trous M. N. Ξ; trois trous sont également percés dans le tube ΦE en face de M, N et Ξ Près de Ξ on établit un support qui contient un tube relié à ce trou Ξ, et sur lequel on dresse une figurine analogue à celles que nous avons décrites plus haut. De M et de N partent deux tubes MO et NH, recourbés à leurs extrémités supérieures, qui viennent se souder à des trous percés dans le couvercle du calorifère. A travers ces trous passent d'autres tubes entrant à frottement dans les tubes H et O. Sur un de ces tubes on place un petit oiseau creusé à l'intérieur de façon à pouvoir contenir de l'eau. Le tube sur lequel est fixé l'oiseau est recourbé et pourvu d'un tuyau à anche, choisi de manière à produire les sons voulus; sa partie recour-

----

(1) Le texte doit être ici corrompu; en tout cas il n'est point d'accord avec la figure qui indique, comme dans le texte précédent, un tube débouchant dans la chambre à air chaud. Il faut nécessairement que l'autre extrémité de ce tube soit bouchée, sans cela l'eau entrerait dans le compartiment.

bée pénètre dans l'eau de manière à produire le chant du merle quand le son du tuyau s'effectue dans l'eau.

De même le tube N Π reçoit à frottement un autre tube sur lequel on place une figurine en forme de triton ayant une trompette à la bouche. Le tube sur lequel est placé le triton est de plus muni, comme d'ordinaire, d'une anche et d'un pavillon. Lorsque la vapeur atteint ces pièces elle produit le son de la trompette. On cherchera par tâtonnement quand les trous du tube K Λ se trouveront en face des trous des tubes M O et N Π ou du tube Ξ qui supporte la figure. Cela connu, on fera des marques correspondantes près de la clavette K Λ afin de pouvoir à volonté faire sonner la trompette, souffler la figure ou siffler le merle. Les dispositions relatives à la coupe et à la montée de l'eau chaude sont celles qui ont été décrites plus haut.

LXVI

Construction d'un orgue hydraulique [1]

Pl. XXε fig. I.

Soit Α Β Γ Δ un autel (2) de bronze contenant de l'eau ; soit encore, dans cette eau, un hémisphère creux renversé, qu'on appelle éteignoir, E Z H Θ, laissant un passage pour l'eau tout autour de son fond (3) et du sommet du-

---

(1) L'orgue hydraulique fut le plus bel instrument que connut l'antiquité ; tous les auteurs s'accordent pour constater l'admirable beauté de ses sons.

Pétrone (*Sat.* 36) rapporte que les athlètes et les gladiateurs combattaient au son de l'hydraule. Néron avait, au dire de Suétone (*Vie de Néron*) une véritable passion pour cet instrument, au point d'en toucher même dans les circonstances les plus critiques ; il en fit graver la représentation sur ses monnaies (RICH,

quel deux tubes, qui sont en communication avec son intérieur, s'élèvent en dehors de l'autel. L'un de ces tubes
ΗΚΛΜ se recourbe à l'extérieur et communique avec une
pyxide ΝΞΟΠ dont l'ouverture est en bas et dont la surface
intérieure est alésée de manière à recevoir un piston ΡΣ qui
doit joindre très-exactement pour ne point laisser passer
l'air. A ce piston on fixe une tige ΤΥ extrêmement forte à
laquelle est adaptée une autre tige ΥΦ mobile autour d'une
goupille en Τ; ce levier doit se mouvoir sur une tige verticale ΨΧ solidement fixée. Sur le fond de la pyxide ΝΞΟΠ
on place une autre petite pyxide Ω qui communique avec la
première et qui est fermée à la partie supérieure par un

Dict. des ant.: HYDRAULUS, exemple qui fut imité par Valenti-
nien. Dans ces figures comme dans celles des manuscrits, l'orgue
n'a que 8 tuyaux.

La construction a été décrite par Héron et par Vitruve. La
description de l'un permet de comprendre dans presque tous ses
détails celle de l'autre qui en diffère par quelques points. La
plupart des traducteurs et commentateurs de l'architecte latin
ayant négligé de recourir à l'ingénieur grec ont fort mal rendu
l'instrument.

Au commencement du XVIIᵉ siècle, Porta en fit construire un
à Naples; quelques années après, en 1617, le père Kircher en fit
construire un second à Rome, pour le pape Innocent X. Ces deux
orgues avaient le défaut (SCOTT. *Magia nat..* t. II. p. 304) de ne
point conserver la note, mais de donner successivement les har-
moniques en montant ou descendant. En revanche, ils produisaient un tremolo extrêmement agréable et c'est sans doute cette
variation inusitée du son qui lui valut son succès auprès des
anciens. Tertullien (*De animâ*, cap. XIV) attribue l'invention
de l'hydraule à Archimède, mais on a vu dans la notice sur
Ctésibios (p. 68) que l'opinion commune l'attribuait à ce savant.

Quelques passages des auteurs anciens (Tertul. *loc. cit.*; POL-
LUX, *Onomasticon*, IV, 9) qui parlent du bouillonnement de l'eau
dans les orgues ont fait supposer que ces orgues étaient mues à
la vapeur. La description donnée par Héron ne laisse subsister

couvercle percé par un trou de manière à permettre à l'air de pénétrer dans la pyxide ; sous le trou de ce couvercle, et pour le fermer, on dispose une plaque mince soutenue au moyen de quatre chevilles qui passent à travers des trous de la plaque et qui ont des têtes pour empêcher la plaque de tomber ; on appelle cette plaque *Platysmation*.

L'autre tube zz' monte de l'hémisphère z н ; il aboutit à un tube transversal $A'B'$ [*sommier*] sur lequel s'appuient des tuyaux communiquant avec lui, ayant à leurs extrémités comme des embouchures de flûte qui communiquent elles-mêmes avec ces tuyaux et dont les orifices B' sont ouverts. Transversalement à ces orifices, des couvercles per-

---

aucun doute sur la nature de ce bouillonnement qui est produit par l'excès de l'air s'échappant de l'éteignoir. Mais il ne serait point impossible que la vapeur eût joué un rôle comme moteur dans les orgues au moyen âge. On sait quelles proportions considérables atteignaient ces instruments ; celui de Winchester nécessitait l'action de 72 hommes robustes pour mettre en jeu la soufflerie ; le P. Scott (*Mag. nat.* t. II, p. 294), en cite un existant en Allemagne qui avait 1152 tuyaux et 24 registres. D'autre part, Guillaume de Malesbury cité par Ducange (Éd. Didot, t. IV, p. 732) parle d'orgues hydrauliques dans lesquels « *Aquæ colefactæ violentia ventus emerget implet concavitatem barbiti* ». Vincent de Beauvais (*Speculum majus* 1ʳ part.) est encore plus explicite ; il raconte que le moine Gerbert construisit d'après les principes de la mécanique des orgues hydrauliques dans lesquelles le soufle, s'introduisant d'une manière surprenante par la force de *l'eau chauffée* remplit les cavités de l'instrument et s'échappant par des tuyaux d'airain fait rendre des sons modulés à leurs mille ouvertures. Pour ma part, je crois qu'il n'y a là qu'une série de fausses interprétations de compilateurs.

(2) Vitruve parle d'un ARCA *ex ære fabricata* ; le texte de Héron montre qu'il faut lire ARA.

(3) Vitruve explique qu'on obtient ce résultat en plaçant sous l'hémisphère des tasseaux d'environ trois doigts d'épaisseur.

cés de trous [*registres*] glissent de telle manière que, quand
on les pousse vers l'intérieur de l'orgue, leurs trous correspondent aux orifices des tuyaux, et que, quand on les retire,
la correspondance n'existant plus, les tuyaux soient fermés.

Si maintenant on abaisse en Φ la tige transversale $[\Upsilon \Phi]$,
le piston $\mathrm{P}\,\Sigma$ se relèvera et comprimera l'air de la pyxide
$\mathrm{N}\,\Xi\,\mathrm{O}\,\Pi$ et cet air fera fermer l'ouverture de la petite pyxide
au moyen du platysmation décrit plus haut. Il passera alors
au moyen du tube $\mathrm{M\,\Lambda\,K\,H}$ dans l'éteignoir; puis de l'éteignoir, dans le tube transversal $\mathrm{\Lambda'\,B'}$ par le tube zz', et enfin,
du tube transversal dans les tuyaux, si leurs orifices correspondent aux trous des couvercles, ce qui aura lieu
quand tous les couvercles ou seulement quelques-uns
d'entre eux auront été poussés vers l'intérieur.

Pour que, quand on veut faire résonner certains tuyaux
déterminés, leurs orifices soient ouverts et pour qu'ils
soient fermés quand on veut faire cesser le son, on emploiera la disposition suivante.

Considérons isolément une de ces embouchures placées
à l'extrémité (pl. **XXI**, fig. 1 bis) : soient : $\gamma\,\delta$ cette embou-
chure, δ son orifice, ε le tuyau de communication, $\rho\,\sigma$ le
registre qui y est adapté, et enfin η le trou de ce registre
qui, en ce moment, ne coïncide pas avec le tuyau ε. Soit
maintenant un système articulé composé de trois tiges
$\zeta\,\overset{\alpha}{\theta}\,\overset{\beta}{\mu}\,\mu$, la tige $\zeta\,\theta$ étant attaché au couvercle $\rho\,\sigma$ et l'ensemble du système se mouvant autour d'une goupille $\overset{\gamma}{\mu}$.
On voit que si nous abaissons avec la main l'extrémité
$\overset{\beta}{\mu}$ du système vers l'orifice des embouchures, nous ferons
marcher le couvercle vers l'intérieur, et lorsqu'il y sera
arrivé, son orifice coïncidera avec l'orifice du tuyau. Pour
que, en retirant la main, le couvercle soit spontanément
ramené vers l'extérieur et ferme toute communication, on

peut employer l'un des moyens suivants. Au-dessous des glossocomes on établit une règle égale et parallèle au tube Α′υ′, à laquelle on fixe des lames de corne solides et recourbées telles que $\overset{\zeta}{\mu}$ qui se trouve en face de $\gamma\delta$; une cordelette est fixée au bout de cette lame de corne et va s'enrouler à l'extrémité η, de telle sorte que quand le registre est ramené vers l'extérieur, la cordelette soit tendue. Si alors on abaisse l'extrémité $\overset{\beta}{\mu}$ et qu'on pousse ainsi le registre à l'intérieur, la cordelette tirera sur la lame de corne et la redressera ; mais dès qu'on cessera la pression, la lame reprendra la position primitive et tirera en arrière le couvercle, de manière à empêcher son orifice d'établir la communication. Cette disposition étant adoptée pour chacune des embouchures, on voit que, pour faire résonner l'un quelconque des tuyaux, il suffira d'abaisser la touche correspondante avec le doigt ; quand, au contraire, nous voudrons faire cesser le son, nous n'aurons qu'à élever le doigt et l'effet se produira par le déplacement du couvercle.

On verse de l'eau dans le petit autel afin que l'air comprimé (celui qui est chassé de la pyxide $\mathrm{N\,\Xi\,O\,\Pi}$) puisse, grâce à la pression de cette eau, être contenu dans l'éteignoir et alimenter ainsi les tuyaux.

Le piston $\mathrm{P\,\Sigma}$, quand il est levé, chasse donc l'air de la pyxide dans l'éteignoir, comme cela a été expliqué ; puis, quand il est abaissé, il ouvre le platysmation de la petite pyxide ; par ce moyen la pyxide $[\mathrm{N\,\Xi\,O\,\Pi}]$ se remplit d'air venu du dehors, que le piston, relevé de nouveau, chasse encore dans l'éteignoir.

Il vaudrait mieux rendre la tige $\mathrm{T\,T}$ mobile en T autour d'une clavette et fixer au fond $\mathrm{P\,\Sigma}$ du piston une bride à travers laquelle passerait cette clavette de telle façon que

le piston n'ait pas de mouvements latéraux, mais qu'il
monte et descende d'aplomb.

LXVII

Construction d'un orgue qui fait résonner des tuyaux quand le vent souffle.

Pl. XXI, fig. 2.

Soient A les tuyaux, B Γ le tube transversal qui communique avec eux, Δ E un tube vertical, E Z un autre tube
horizontal mettant en communication Δ E avec la pyxide ΙΙΘ
dont la surface intérieure est alésée de manière à y ajuster
un piston K Λ qui doit pouvoir s'y mouvoir librement. A ce
piston on ajuste une tige M N et à celle-ci une autre tige N Ξ
mobile à l'extrémité d'un axe Π Ρ. En N est une clavette
jouant facilement et en Ξ est fixée une palette Ξ Ο. Celle-ci
est placée à portée d'une barre Σ mobile sur des pivots en fer
placés sur un bâtis qui peut être changé de place. Sur la
barre Σ sont calés deux petits disques Υ et Φ : le premier
est muni de cames placées près de la palette Ξ Ο ; le second a
des ailes semblables à celles des moulins à vent (1). Quand
ces ailes, mues par le vent, font tourner le disque Φ, la barre
Σ tourne aussi, entraînant dans son mouvement le disque Υ

---

(1) On voit que les Grecs d'Alexandrie connaissaient le moulin
à vent. Les Romains paraissent s'en être très peu servis. VITRUVE
Arch.. lib. X, cap. V; et VARRON (*De re rusticâ*, lib. I, cap. XLII)
ne parlent que des moulins à eau. La connaissance des moulins
à vent nous vint par les croisades au XIIᵉ siècle. VIOLLET LEDUC
(*Dict. rais. d'arch.*, t. IV, p. 405) dit qu'on les appelait en Nor-
mandie, au XIVᵉ siècle, *moulins turquois*, en souvenir de cette
origine.

et ses cames qui, venant à frapper sur la palette, soulèvent le piston ; quand une came est dégagée, le piston redescend, chasse l'air de la pyxide H Θ dans les tubes et les tuyaux et produit le son.

On peut faire mouvoir le bâtis qui soutient la barre de manière à profiter toujours du vent régnant et à produire ainsi un mouvement de rotation plus rapide et plus continu.

LXVIII

Séparer un animal en deux et le faire boire.

Pl. XXII, fig. 2, 2 *bis* et 2 *ter*.

Dans la bouche d'un animal on place un tube A B et dans le cou, un autre Γ Δ qui va passer par l'un des pieds de derrière. Entre ces tubes est un cylindre mâle (1) E Z auquel sont attachées des crémaillères H et Θ. Au-dessus de Θ on place un segment de roue dentée K ; et, au-dessous de H, un autre segment de roue dentée Λ. Sur le tout se trouve une roue M dont le bord extérieur est plus épais que le bord intérieur et qui est coupée par trois cercles ν, ξ et ξ, de manière que l'intervalle entre chaque division soit égal au rayon de la roue ; les sections opérées par ces cercles feront que le pourtour de la roue ne sera plus circulaire.

Faisons maintenant une incision Ο Π dans la partie supérieure du cou ; séparant la tête au-delà de cette section, nous y creuserons une cavité circulaire plus large au fond

---

(1) *Un tube cylindrique s'engageant dans les tubes* A B *et* A Γ. Cette description se rapporte à la fig. 2 *bis*.

qu'au bord, comme un tube femelle en forme de hache (1),
de manière à contenir deux côtés de l'hexagone inscrit
dans le cercle. Soit P Σ cette cavité dans laquelle la jante
entière tourne de telle sorte que, avant qu'une des saillies
la quitte, le commencement de la seconde se présente et
ainsi pour la troisième ; on voit que, si l'on passe une
cheville à travers la roue et qu'on donne à celle-ci un
mouvement de rotation, on fera ainsi adhérer la tête au
cou de l'animal.

Si alors on fait descendre une lame de couteau dans
l'incision OH, elle entrera dans une des entailles ξ du con-
tour de la roue et, *faisant tourner celle-ci dans la cavité
circulaire, elle passera au-delà sans rompre la liaison qui
a lieu entre la tête et le corps, grâce à la jante de la roue* (2).

Descendant encore plus bas, elle viendra buter contre
la partie saillante de la roue dentée K qui, mise en mouvement, introduira ses dents dans celles de la crémaillère Θ.
Celle-ci, ramenée en arrière, entraînera le cylindre hors
du tube AB ; la lame, passant dans l'ouverture qui se produit, descendra encore et tombera sur la partie saillante A
de l'autre roue dentée. Celle-ci, mise en mouvement à son
tour, ajustera ses dents avec celles de la crémaillère Θ,
retirera le cylindre de $\Gamma \Lambda$ et le poussera dans AB [ce cylindre est un tube se mouvant à frottement doux à l'intérieur
des deux autres : celui qui va à la bouche de l'animal et
celui qui, partant de l'incision du cou au pied de der-
rière] (3)...........

Quand la lame a complètement traversé le cou et que le
tube EZ est revenu se mettre en contact avec les tubes AB

---

(1) *Comme un fragment de tore creux à section trapézoïdale.*
(2) La phrase en italique est une restitution, le texte paraissant
incompréhensible à cet endroit.
(3) La partie entre crochets doit être une interpolation. Ce mem-

et ΓΔ, on présente de l'eau à l'animal et on fait tourner le
système de tubes concentriques placés sous le bouvier.
La rotation de celui-ci fera ainsi couler l'eau de haut en
bas et l'air attiré par l'écoulement de l'eau attirera avec lui
le liquide présenté à la bouche de l'animal. Il est bien
entendu que les tubes concentriques sont disposés de telle
sorte qu'on peut arriver à faire coïncider leurs ouvertures
en faisant tourner le bouvier.

On peut obtenir le même résultat de la même manière
sans faire intervenir un courant d'eau (Fig. 2).

Soit encore un piédestal ΑΒΓΔ clos de tous côtés, muni
d'un diaphragme ΕΖ ; soit un tube ΗΘΚ allant de la bouche
au piédestal. Un autre tube ΛΜΝ, traversant la plate-forme
ΛΔ du piédestal et le diaphragme ΕΖ, devra être percé d'un
trou Ξ au-dessus du diaphragme ΕΖ. Enfin, un autre tube
ΟΠ, tournant à frottement doux à l'intérieur de ΛΜΝ, aura
un trou Ρ placé à la hauteur de Ξ et portera une figurine
représentant soit un Pan, soit un autre personnage armé
d'un bâton. Cette figurine étant tournée du côté de l'animal, celui-ci ne boira pas, comme terrifié ; mais, si elle se
détourne, il boira.

Si maintenant nous versons de l'eau dans le compartiment ΑΛΕΖ par un trou Ϙ que nous boucherons ensuite
avec de la cire ou quelque autre substance, il arrivera que,

---

bre de phrase reproduit l'explication que j'ai donnée dans la
note de la page 201. Après, il y a certainement une lacune que le
sens général permet de combler.

Héron devait décrire, en cet endroit, le piédestal et la disposition adoptée pour produire l'aspiration, grâce à un cours d'eau et
un siphon, comme cela est indiqué dans l'appareil X. La suite du
texte montre qu'il parlait aussi d'une disposition qui permettait
de produire l'aspiration à volonté par la rotation d'une figurine
de bouvier ; c'est à cette disposition qu'il fait allusion dans la
première phrase qu'on va lire.

quand les trous ᴘ et Ξ seront en regard l'un de l'autre,
l'eau que nous avons versée passera dans le compartiment
ᴇʙᴦᴢ et le vide qui se produit dans ᴀ Δ ᴇ ᴢ attirera l'air
par la bouche de l'animal. Celui-ci boira donc.

LXIX

Voici comment se produit le son de la trompette quand on ouvre la porte d'un temple (1)

Pl: VIII, fig. 2.1

Derrière les portes on place un vase ᴀʙᴦΔ contenant
de l'eau, dans lequel on abouche un éteignoir, c'est-à-dire
un vase conique renversé ᴢ. Le fonds de ce vase est percé
et on y adapte une trompette munie de son pavillon et de
son anche. On adapte ensuite au tube de la trompette une
tige ᴀᴍ fixée à la fois au tube de la trompette et à
l'éteignoir, et dont l'extrémité porte un arrêt ᴍ, c'est-à-
dire une griffe sous laquelle passe une règle ɴΞ supportant
l'éteignoir à une distance convenable de l'eau ; la règle ɴΞ
se meut autour d'un pivot o et à son extrémité Ξ s'attache
une corde ou une chaîne qui va se fixer par l'autre bout à
l'extérieur des portes en passant sur une poulie ᴨ.

On voit que, quand la porte s'ouvre, la corde se tend et
soulève l'extrémité Ξ de la règle, de telle façon que la règle
ɴΞ ne se trouve plus supporter la griffe ᴍ ; celle-ci se dé-
plaçant, l'éteignoir tombe dans l'eau et fait sonner la
trompette parce que l'air qu'il contient sort par l'anche et
le pavillon.

---

(1) Cet appareil se trouve dans le texte imprimé et dans les
manuscrits à la suite de l'appareil X. C'est par erreur qu'on ne
l'a point mis à sa place ordinaire dans cette traduction.

DES PNEUMATIQUES

DE

PHILON DE BYSANCE

Expériences diverses démontrant la matérialité de l'air.

Puisque je sais, depuis longtemps déjà, ami Ariston, quel est ton désir de connaître les appareils ingénieux, soumis à ta volonté je réponds à ta demande. J'acquiesce volontiers à ta requête en composant ce livre, et je le propose à ton zèle, afin que tu aies un exemple commode relatif à tous les appareils de ce genre au sujet desquels tu voudras t'éclairer.

Avant de commencer à traiter ce sujet, j'affirme que, parmi les sages qui se sont occupés de la nature, il ne laisse pas que d'y en avoir qui ignorent la science de ces choses; ainsi, des philosophes qui ont étudié la physique, n'ont point adopté l'opinion du plus grand nombre et ont affirmé qu'un vase ne pouvait être vide, comme les autres le pensaient, mais qu'il était rempli d'air ou de quelque autre corps.

Quant à moi, désirant être bref, je ne veux, pour le

moment, reproduire ni les raisons des uns ni les objections des autres, de peur d'entacher mon discours d'une prolixité fâcheuse. Il est, en effet, constant et positif, il apparaît clairement à nos sens que l'air est un des premiers éléments qui se manifestent à nous par les choses et qui nous tombent sous le sens, non seulement par le nom mais par la chose elle-même; je me bornerai à dire ce qui suffit à expliquer ma pensée, et je vais d'abord prouver que l'air est un corps de la manière suivante.

Si je prends un vase vide (ou du moins supposé vide dans l'opinion commune), large au milieu et étroit au sommet comme les amphores fabriquées en Egypte, et si je le trempe dans de l'eau ayant une profondeur suffisante, il n'y entrera presque point d'eau jusqu'à ce qu'une partie de l'air en sorte, et l'entrée de l'eau ne se fera qu'après la sortie de l'air. Voici comment je le démontre : qu'on prenne un vase à goulot étroit, comme je l'ai indiqué, au fond duquel on ait pratiqué un petit trou que l'on a bouché avec de la cire ; qu'on le renverse ensuite, le goulot en bas, dans une eau suffisamment profonde, en ayant soin de le tenir droit de telle façon qu'il n'incline d'aucun côté ; puis, qu'on l'enfonce avec les mains jusqu'à ce qu'il soit complètement submergé. Si on le retire doucement et peu à peu, on le trouvera sec à l'intérieur et aucune de ses parties, sauf le goulot, n'aura été mouillée. De là ressort clairement que l'air est un corps ; si, en effet, il n'était point un corps et si la cavité intérieure était vide, l'eau affluerait dedans sans qu'il se produisît aucun empêchement.

Pour montrer cela encore mieux, qu'on plonge de nouveau le vase susdit avec les mêmes précautions et qu'on enlève la cire qui bouche le trou ; aussitôt la sortie de l'air deviendra sensible ; on verra des bulles dans l'eau si le trou est au-dessous du niveau de l'eau, et le vase se remplira d'eau à cause de la sortie de l'air par le trou. Ce qui fait que l'air sort nécessairement, c'est le mouvement et la pression due à l'eau, lorsque cette eau entre dans le vase.

Et voilà comment on démontre que l'air est un corps.

J'étudierai aussi le mouvement des autres éléments dans ce qu'ils peuvent avoir d'utile relativement à cette science.

Quelques sages admettaient que l'air se compose de corps extrêmement menus et de très petites particules qui, à cause de leur petitesse, ne tombent point sous le sens de la vue ou sous aucun autre quand elles sont séparées, à moins que ce ne soit par *suite d'une illusion ?* (*nisi fallaciter* ou *nisi fallantur*), mais qui, quand elles sont réunies, n'agissent plus ainsi.

Un des sages disait aussi que le vide faisait partie de leur nature et qu'il se mêlait au corps de l'air à tel point qu'il se trouvait répandu dans les parties menues et subtiles, comme aussi dans les parties de tout corps fluide et même d'un corps quelconque. J'ai déjà étudié cette question d'une manière suffisante dans le livre ou j'ai traité des *Equilibres merveilleux?* (*De arbitriis mirabilibus*).

Revenons à l'exemple précédent. Il est donné à l'air d'être continué par l'élément humide de préférence à tout autre de consistance solide et il n'y a pas d'intervalle entre eux ; c'est pour cela qu'il arrive souvent à l'eau de monter et d'être élevée avec l'air. Mais si l'air, vainquant la résistance de l'eau, grâce à son poids spécifique, qui est médiocre, prend le dessus, il la force à descendre, car c'est la propriété et la coutume de tous les corps pesants de descendre naturellement. Mais, que l'eau puisse souvent s'élever en haut, cela est manifeste ; elle est en effet entraînée avec l'air qu'on élève parce qu'elle lui est continue, ainsi que cela est patent par le vase au moyen duquel on goûte le vin. On sait que, lorsque quelqu'un tient à la bouche une des extrémités de ce vase et fait une aspiration, il attire l'air, et, avec l'air, tout corps mou très liquide qui est au-dessous, parce que ce liquide est continu à l'air comme s'il lui était attaché par de la colle ou quelque autre liaison de ce genre.

On met ce fait en évidence de la manière suivante :

On prend une corne de bœuf qu'on creuse à l'intérieur jusqu'à ce que ses parois soient minces et bien nettes ; elle doit avoir une capacité suffisante, une hauteur médiocre et la forme d'un vase à boire (Pl. XXIII, fig. 1). A la partie inférieure, on adapte une rondelle de bois bien sec afin d'obtenir le résultat que nous désirons. Cette rondelle doit être adaptée de telle manière que l'air ne puisse s'échapper nulle part, et l'on aura ainsi dans la corne une cavité fermée comme le sont les pyxides. On renversera ensuite cette corne dans un vase dont l'ouverture doit être large, dans une jatte par exemple ; puis on placera au-dessous ou à côté une autre pyxide en plomb disposée de manière à ne présenter aucune issue à l'air quand cela sera utile. Sur ces deux pyxides on adaptera un tube bien étanche dont les deux extrémités seront recourbées et s'arrêteront presque au fond des deux boîtes. La pyxide de plomb aura à la partie supérieure une petite ouverture légèrement en saillie, de telle sorte qu'on puisse s'en servir pour verser de l'eau dans l'intérieur avec un autre vase. Qu'on fasse aussi à la partie inférieure de cette pyxide un autre tube court et de petit diamètre par où l'eau s'écoulera quand nous le voudrons. Par exemple, soient : A la corne, B le vase semblable à une jatte, C la pyxide de plomb, D le grand tube commun et Z le petit orifice qui est à la partie supérieure de la pyxide de plomb. Tous ces objets étant assemblés comme nous l'avons indiqué, qu'on bouche le petit tube inférieur, qu'on remplisse d'eau la pyxide de plomb par l'orifice supérieur et, après cela, qu'on bouche cet orifice de telle manière que rien ne puisse sortir par là. Qu'on verse aussi dans l'autre vase, qui est semblable à une jatte, de l'eau en quantité telle qu'elle puisse remplir la corne qui s'y dresse.

Qu'on ouvre maintenant le tube inférieur qui était bouché, et l'eau s'écoulera. L'air qui est dans la corne sera attiré et, en sortant, il entraînera avec lui l'eau qui est dans le vase (1), *et ce qui arrive là est semblable à ce qui se manifeste aux yeux par ce tube, si l'on fait attention que, selon la quantité d'air qui sort de la corne, il s'élèvera une partie de l'air avec l'eau qui peut l'élever,* parce que l'eau fluide est continue d'une façon tenace avec l'air ; et, selon la quantité d'air qui sort, une partie de l'eau suit et remplit sa place sans laisser d'intervalle. L'eau s'en allant, l'air entre par dessous afin de remplir sa place ; et, lorsque toute l'eau qui est dans la pyxide sera complètement écoulée, l'eau qui a été élevée redescendra parce qu'il est dans sa nature de descendre, ainsi que nous l'avons démontré. Voici la figure de cette chose (2). (Pl. XXXIII, fig. 1).

Maintenant que nous avons éclairci ce phénomène, il aut rappeler un autre appareil semblable au précédent, par lequel on montrait que, par la nature de l'eau, son

(1) Je suppose que le membre de phrase suivant, écrit en italiques, est une interpolation ; il n'ajoute rien au sens et coupe la phrase.

(2) Cette figure est restituée d'après le croquis informe qu'en donnent les manuscrits.

mouvement est toujours en bas comme le mouvement des autres corps pesants, ainsi que nous l'avons dit. Mais un mouvement artificiel, de préférence modéré, la fait quelquefois monter et devient plus rapide à cause de la force de l'attraction. Aussi est-ce pour cela que les eaux dans un lieu plan, qui n'a point de pente, restent tranquilles et immobiles ; lorsqu'on veut les élever par un mouvement artificiel jusqu'à un lieu élevé, il faut un appareil particulier. Cela est ignoré par quelques-uns qui ne savent pas que l'on peut tirer les eaux des lieux susdits autrement que par des seaux comme pour les puits, ou avec d'autres instruments qui sont mus et traînés par des animaux, ou encore à l'aide de tuyaux d'eau courante si on les tire d'un fleuve ou d'une source qui descend d'en haut ; mais nous, nous montrerons plus loin comment on peut arriver à ce résultat d'une façon bien plus ingénieuse, quoiqu'il y ait eu quelques personnes qui, pensant connaître ce procédé, se soient vantées de composer un livre sur ce qu'elles ignoraient complètement, abusant ainsi elles-mêmes et leurs auditeurs. Laissons-les donc de côté et revenons à notre proposition.

A l'aide d'un tuyau recourbé que l'on appelle quelquefois le COMPAS ÉGYPTIEN, l'eau qui est dans un étang sera élevée à un lieu haut, mais à condition de s'écouler ensuite en descendant jusqu'à un lieu plus bas que celui où elle était auparavant.

L'eau, dans de semblables conditions, ne saurait être élevée sans cet appareil ; et, si elle est élevée à l'aide de ce tube, ce n'est que pour la raison que je vais dire. Quand donc nous aurons placé l'extrémité de ce tube recourbé dans un vase plein d'eau, et que nous aurons attiré une certaine partie de l'air en aspirant avec la bouche, l'eau y entrera comme nous l'avons dit, et, après qu'elle aura commencé à monter, son ascension se continuera jusqu'à ce que tout le vase soit vidé, et enfin l'eau. Cette eau ne se séparera jamais, à moins que l'air n'intervienne. Si celui-ci entre dans le tuyau il rompra la ténacité de l'eau et divisera cette eau qui était réunie, celle qui n'était point en mouvement restant en place à cause de ce que nous avons dit.

La démonstration s'en fera par cet exemple : soit un vase oblong parfaitement étanche, que l'on a placé dans l'eau et qu'on y a enfoncé jusqu'à ce qu'il soit bien plein ; le conservant ainsi, on le renverse rapidement sous l'eau, puis on l'élève peu à peu jusqu'à ce que le vase presque tout entier émerge, l'extrémité du goulot restant seule sous l'eau ; cela fait, ce vase sera plein quoique renversé, et cela sera visible si ce vase est de verre, de corne ou de quelque autre matière translucide. Il n'y a pas d'autre procédé qui permette à ce vase d'élever l'eau. Mais si, dans ce vase, il existe le plus petit trou par lequel l'air puisse s'introduire, l'eau retournera en tombant au lieu où elle était. Il est clair, par tout ce que nous venons de rappeler, que l'eau est continue à l'air qui est en contact avec elle, et que c'est pour cela qu'ils se suivent toujours l'un l'autre.

L'air et le feu sont aussi en communion par leur nature, et c'est pour cela que le premier est attiré par le second, ainsi qu'il résulte de ce que nous allons dire.

Que l'on fasse un ballon de plomb, vide à l'intérieur et d'une capacité médiocre ; qu'il ne soit pas trop mince, pour ne pas se rompre facilement, ni pesant, mais qu'il soit bien sec pour que ce que nous désirons se produise mieux. Qu'on y adapte un canal recourbé descendant presque jusqu'au fond ; qu'on place l'autre extrémité de ce tube dans un autre vase plein d'eau, en le faisant descendre presque jusqu'au fond comme dans le premier, afin que l'eau puisse plus facilement s'écouler. Soit A le ballon, B le canal et G le vase. Je dis donc que si vous exposez le ballon au soleil, quand le ballon sera échauffé, une partie de l'air enfermé dans le canal sortira à l'extérieur, et cela sera visible parce que l'air tombe du canal dans l'eau, l'agite et produit de nombreuses bulles l'une après l'autre. Si maintenant on replace le ballon à l'ombre ou dans un lieu quelconque, à l'abri des rayons du soleil, l'eau montera par le tube jusqu'à ce qu'el'e descende dans le ballon. Si ensuite vous le posez de nouveau au soleil, l'eau retournera dans ce vase, et ainsi de suite, aussi souvent que vous voudrez renouveler l'expérience. Les mêmes faits se reproduiront si vous chauffez le ballon avec du feu ou si, après l'avoir trempé dans l'eau chaude, vous le refroidissez (Pl. XXIII, fig. 2).

Ce que je vais dire est analogue au phénomène précédent et n'a pas lieu pour d'autre raison que celle-ci ; c'est qu'un lieu ne peut être vide, et si l'air en est chassé, immédiatement il est remplacé par quelqu'un des corps qui sont en communion avec lui parce qu'ils y sont poussés par leur nature. C'est ce qu'affirment les professeurs de la science naturelle, et nous pensons comme eux. Nous allons démontrer maintenant qu'un lieu ne peut être vide d'air ou d'un autre corps quelconque par l'exemple suivant.

Versons de l'eau dans un vase A, au milieu duquel nous poserons verticalement un support B en forme de chandelier, s'élevant au-dessus de l'eau, et, au sommet de ce support, une chandelle allumée C, sur laquelle nous renverserons un vase D de telle façon que l'ouverture du vase soit près du niveau de l'eau et que la chandelle soit au milieu Cela fait, vous verrez peu après l'eau qui est dans le vase inférieur s'élever dans le vase supérieur. Cela n'arrive que pour la raison que nous avons rappelée ; en effet, l'air contenu dans ce vase périt à cause de la combustion du feu, parce qu'il ne peut vivre avec le feu ; et, après que cet air aura péri par l'effet du feu, le feu élèvera l'eau proportionnellement à la quantité d'air qui aura péri ; ce phénomène est semblable à celui qui s'est présenté dans le canal (1). Je reprends : Dans le vase qui est renversé sur la chandelle, l'air est consumé parce qu'il vieillit, pour ainsi dire, usé par le feu ; et c'est pour cela que l'eau qui lui est contiguë s'élève et, entrant dans le vase remplit sa place où le vide se faisait (Pl. XXIII, fig. 3).

Siphons

Il résulte de ce qui précède que, si l'on place une extrémité d'un tube (coudé) dans un vase plein d'eau et qu'on aspire à l'autre bout, l'eau sera attirée jusqu'à ce qu'elle se soit écoulée complètement par ce tube. En voici un exemple (Pl. XXIII, fig. 4) :

Qu'on perce un vase A presque au sommet B de sa paroi ; qu'on introduise par là un tube (coudé) C jusque près du fond du vase et qu'on l'adapte solidement au vase dans le trou ; que la partie extérieure du tube descende un peu plus bas que la partie intérieure. Ensuite qu'on remplisse ce vase d'eau jusqu'à ce que le niveau dépasse la partie la plus élevée du tube ; l'eau commencera à s'écouler. En effet, l'eau est plus élevée (dans le vase) lorsque la partie intérieure du (tube) C est remplie ; par l'addi-

---

(1) La pensée de l'auteur paraît être celle-ci : Quand la chaleur entre dans le ballon, elle en chasse l'air pour se faire de la place ; mais quand c'est le feu lui-même qui est introduit dans le vase il fait périr en partie l'air qui y est enfermé et il se produit un appel de l'air ou de l'eau extérieurs. Dans le premier cas, en effet, il y a dilatation par la chaleur, et dans le second cas, disparition d'une partie de l'oxygène par la combustion.

tion d'eau elle pousse l'air qui est dans (le tube) C et elle suit ce qui est poussé, ne cessant de couler jusqu'à ce que toute l'eau qui est dans le vase soit évacuée.

Quelques-uns des constructeurs des appareils de ce genre ont cherché à présenter une disposition plus curieuse du vase en cachant le tube à l'intérieur (Pl. XXIII, fig. 5). Soit un vase A B C percé au milieu du fond au point G ; on a introduit par ce trou le tube G D qu'on y adapte bien exactement et qu'on élève verticalement presqu'au sommet A B ; on renfermera ensuite dans un autre E T R qui sera fixé par la partie inférieure au vase, de manière toutefois à laisser des trous en T et R pour que l'eau puisse passer. Si on verse de l'eau dans le vase, celle-ci montant peu à peu des trous R et T vers E, arrivera jusqu'au (sommet de) G D et descendra en s'écoulant dans le récipient.

Après cela, il faut parler d'autres phénomènes.

Soit un vase A B au fond duquel on a percé de petits trous en H, E... (Pl. XXIII, fig. 6). Lorsque vous aurez rempli ce vase en l'enfonçant dans l'eau, si vous bouchez le goulet du vase avec le doigt, rien ne sortira ; mais, quand vous ôterez le doigt du goulot, l'eau commencera à couler. Il faut toutefois prendre garde que le vase ne soit d'une trop grande capacité, à cause du poids de l'eau qui la ferait descendre si ce poids était trop considérable. De même, si, un vase étant rempli d'eau, vous placez sur le goulot une feuille ou quelque chose d'analogue et que, appliquant cette chose sur l'ouverture avec la main, vous renversiez le vase complétement, la feuille y restera suspendue pendant quelque temps comme si elle y était fixée ; bien plus, si vous placez un crible sur le goulot et que vous retourniez le vase, il ne sortira presque point d'eau. La raison de ceci est que l'eau arrivant de tous les côtés remplira ces petits trous et ne descendra pas plus loin, parce que l'air ne peut entrer par-dessous quand l'eau ne s'en va pas et qu'il a été démontré plus haut que rien ne peut rester vide ; par conséquent, lorsque l'air ne peut entrer quelque part, l'eau reste immobile et ne rentre pas en arrière. En voici la figure (Pl. XXIII, fig. 6).

Appareils à niveau constant.

Supposons encore (Pl. XXIV, fig. 1) un vase A B à goulot étroit qui soit percé, au fond, d'un trou D par lequel entre verticalement un tube C D E recourbé à son sommet et arrivant jusqu'au col du vase ; soit D E la partie verticale située dans le vase et soit C D le reste du tube qui se prolonge à l'extérieur et dont l'extrémité C entre dans un vase G H Z, qui sera aussi percé d'un trou à la partie inférieure. Que ces deux vases soient fixés sur un réceptacle quelconque M N de telle sorte que l'eau qui s'écoule du fond du vase G H Z puisse arriver dans le lieu T et non ailleurs. Qu'à l'autre vase A B on adapte encore un second tube qui, sortant par le point R, soit disposé de telle manière que son extrémité P soit élevée au-dessus du vase G H Z ; soit P Q R ce tube. Lorsque vous aurez rempli le vase A B jusqu'à une hauteur moindre que D E et que vous aurez bouché le goulot avec un couvercle X Y, l'eau ne cessera pas de couler par l'orifice P dans le vase G H Z jusqu'à ce que, le réceptacle sur lequel il est fixé étant rempli, le niveau de l'eau arrive jusqu'en C ; quand cet orifice sera bouché par l'eau, l'air ne pouvant plus arriver dans le vase A B, l'eau cessera complètement de couler jusqu'à ce que l'orifice C soit de nouveau démasqué, et alors elle coulera comme auparavant ; de cette façon, le niveau de l'eau restera constant dans le vase G H Z.

On arrive au même résultat avec un autre vase de même genre, mais plus large (Pl. XXIV, fig. 2) : soit A B ce vase

posé sur deux colonnes D et E ; soient C son ouverture et
R P le tube qui en sort ; l'une des colonnes doit être creuse
et contenir un tube Q F Z qui, d'une part, entrera dans le
vase A B et d'autre part, dans le vase G H Z en Z ; que le
vase G H Z soit placé au-dessous de l'ouverture du tube
d'écoulement de telle manière que l'eau descendant de P
tombe dans ce vase. Le vase A B étant rempli jusqu'au
(dessus du) niveau de l'orifice R et l'ouverture C de ce vase
étant fermée, l'eau s'écoulera par P dans le vase G H Z
jusqu'à ce qu'il soit rempli (jusqu'au niveau de Z), et tout
se passera dans ce vase exactement comme dans le précédent (1).

De même encore, qu'on fasse (Pl. XXIV, fig. 3) deux vases
A B et G H Z avec leurs tubes P Q R et C D E exactement

---

(1) La fontaine intermittente attribuée dans les cours de physique à *Sturm* ou *Sturmius*, savant allemand du xviiᵉ siècle, n'est
autre chose que cet appareil.

On pourrait disposer l'expérience de manière à obtenir une
de ces petites machines qui, suivant Héron d'Alexandrie *Préface des Pneumatiques*, provoquaient chez nos ancêtres l'étonnement ou la terreur.

Il suffirait de transformer le fond A B du vase A B C en *voûte
céleste* percée de petits trous comme un crible. Au-dessous, le
vase G H Z serait remplacé par *l'urne d'un fleuve* ayant son ouverture supérieure à peu près du même diamètre que A B ; l'orifice Z aboutirait près du bord de l'urne et l'orifice d'écoulement
de cette urne aurait un débit moindre que la quantité d'eau qui
peut tomber par le fond A B. Il est facile de se rendre compte
de ce qui va se passer : supposons que le niveau de l'eau dans
l'urne se soit abaissé au-dessous de Z et que le vase A B C soit
plein d'eau ; l'air entrant dans la partie supérieure de A B C, il
va pleuvoir dans l'urne jusqu'à ce que le niveau soit remonté
au-dessus de Z ; la pluie cessera alors et le niveau dans l'urne
baissera de nouveau jusqu'au dessous de Z, pour remonter sous
l'influence de la pluie et ainsi de suite jusqu'à ce que A B C soit
vide.

comme plus haut, si ce n'est qu'on interposera une paroi
ST. Le vase A B étant plein presque jusqu'en P et son
ouverture O étant bouchée, l'eau descendra par C D, jaillira
par E et entrera par là dans le vase G H Z jusqu'à ce que le
niveau atteigne le point R, et alors il se produira le même
effet que plus haut.

Qu'on ait encore un autre vase A B C (Pl. XXIV, fig. 4)
avec deux tubes C D et B E sortant des deux côtés ; qu'un
autre tube vertical K L M N descende de ce vase jusqu'à
l'intérieur du vase G H Z et soit fixé aux deux vases en L et
M ; que le vase G O Z ait sur les côtés deux appendices sail-
lants dans le genre des lampes, et que ces appendices G T
et S Z soient placés respectivement sous les tubes C D et
B E. Lorsque vous aurez rempli d'eau le vase A B C jusqu'à
une hauteur moindre que N (et que vous aurez rebouché
l'ouverture A), le liquide s'écoulera par C D dans S Z, et
par B E dans G T ; de là et par suite coulant dans le vase
G H Z, il finira par arriver jusqu'à l'extrémité inférieure)
du canal L K ; alors, dès que cette extrémité sera remplie
d'eau, l'écoulement cessera par (les orifices) D et E. Si la
liqueur contenue dans le vase A B C est de l'huile, et si
l'on dispose dans le vase G H Z une mèche ou du papier
là où est l'huile, à mesure que celle-ci sera consumée en
brûlant dans G H Z, il en descendra peu à peu de A B C
par D et E. Ces deux appareils sont du même genre et reviennent au même.

Vase à plusieurs liqueurs.

De même, supposons (Pl. XXIV. fig. 5) un vase percé au
fond, ayant au-dessous un tube G, et divisé par autant de
cloisons A B, C D, E F, que vous voudrez, et que chacun
des compartiments soit percé d'un trou en haut (M, N, R, P)

et en bas [S, T, U, X]. Si vous remplissez ces compartiments de liqueurs diverses et que vous bouchiez les trous supérieurs, rien ne s'écoulera par les trous inférieurs ; mais si vous ouvrez l'un quelconque des supérieurs, la liqueur correspondante s'écoulera par le canal G du vase.

⟶⬦⬦⬦⟵

ERRATA ET ADDENDA

Page 31, ligne 8. — Euclides a également laissé un traité de catoptrique qui nous est parvenu, du moins en partie.

P. 70, l. 17. — *Ajoutez :* Le livre des Mochliques paraît avoir été connu du P. Kircher sous la forme d'une traduction latine ayant pour titre : *De quinque facultatibus staticis libellus.* Cet auteur l'a analysé dans son *Œdipus Ægyptiacus* (Tome II, part. ii, pp. 312-323.

P. 71, l. 10. — *Au lieu de :* J'en reproduis ici une partie, *lisez :* Je la reproduis.

P. 71, l. 32. — Le passage de Pappus (Préf. du livre VIII) dont il est question fait plutôt supposer que les ζυγα traitaient de la transmission des mouvements à l'aide de cordes ou courroies.

P. 121. — Après l'appareil X, les différents manuscrits et le texte imprimé donnent l'appareil qui, dans cette traduction, est décrit page 204 sous le n° LXIX, par suite d'une omission dans la mise en pages.

P. 172, l. 4 en remontant. — *Au lieu de :* fig. 2, *lisez :* fig. 4.

P. 173, note 1, l. 2. — *Au lieu de :* Le texte grec, etc..., *lisez :* Il est décrit sous une autre forme par Héron dans l'app. LV.

Pages	ligne		au lieu de	lisez
Pages 12,	ligne 6,	*au lieu de*	Cet isthme,	*lisez :* Ce crible.
— 136,	— 15,	—	Pl. XXII,	—	Pl. XII.
— 173,	— 11,	—	Pl. LII,	—	Pl. LI.
— 190,	— 12,	—	Pl. XXII,	—	Pl. XXI.
— 194,	— 3,	—	Pl. XXII.	—	Pl. XXI.
— 195,	— 18,	—	Pl. XXI,	—	Pl. XX.
— 200,	— 6,	—	Pl. XXI,	—	Pl. XX.
— 204,	— 8,	—	fig. 2,	—	fig. 1.
Table des planches, —	8,	—	XXIX	—	XXIV
—	19,	—	XXXV,	—	XLI.

TABLE DES PLANCHES

TABLE DES MATIÈRES

Grenoble, imp. MAISONVILLE ET FILS, rue du Quai, 8.

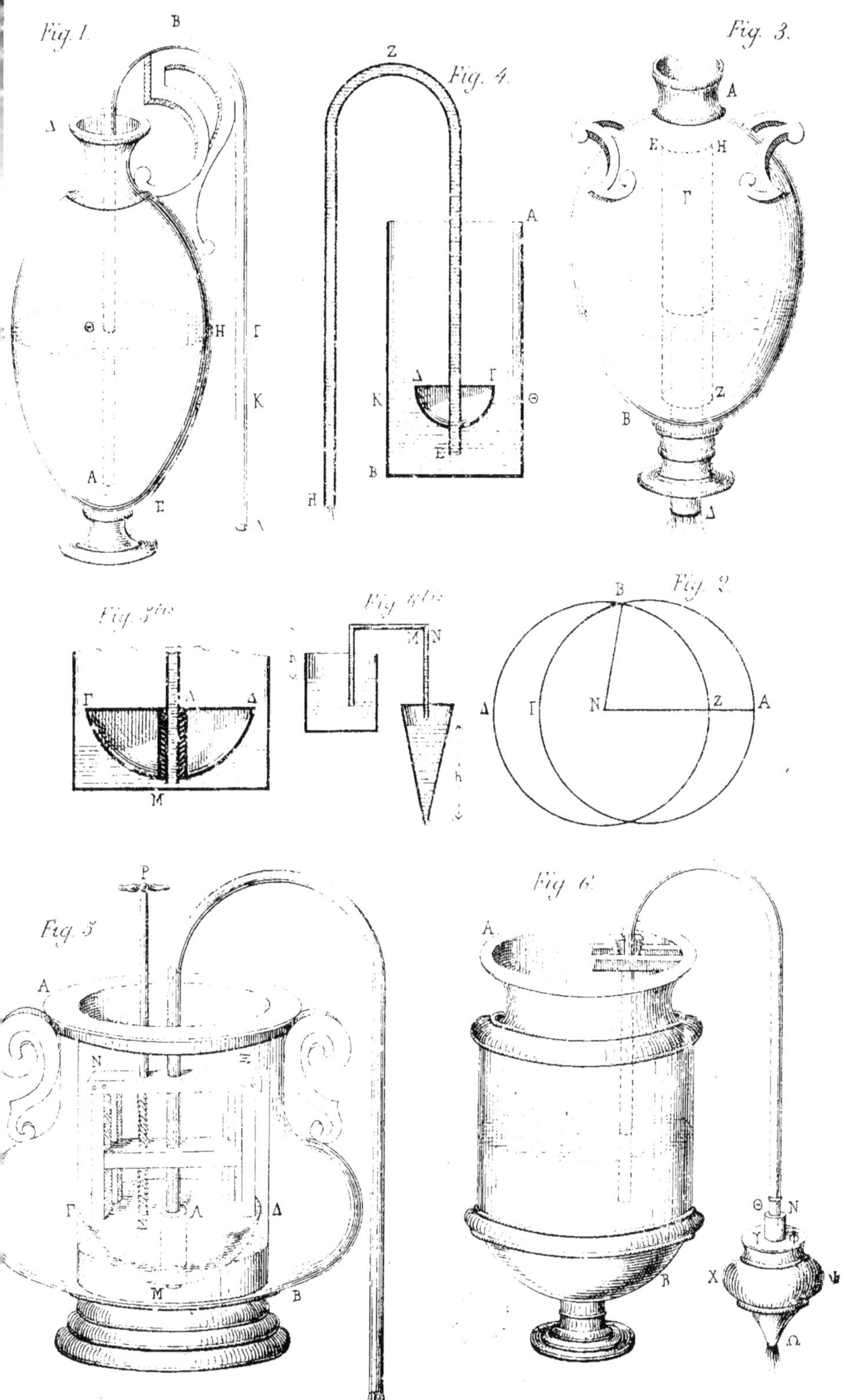
Fig. 1.
Fig. 4.
Fig. 3.
Fig. 2.
Fig. 5.
Fig. 6.

PLANCHE II.

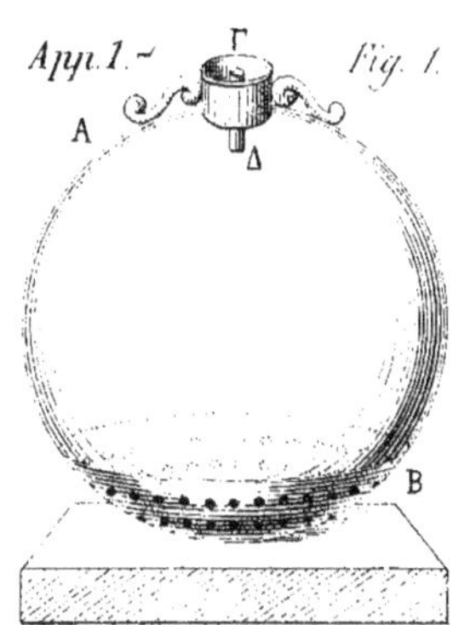

App. I. -   Fig. I.
Γ
A
Δ
B

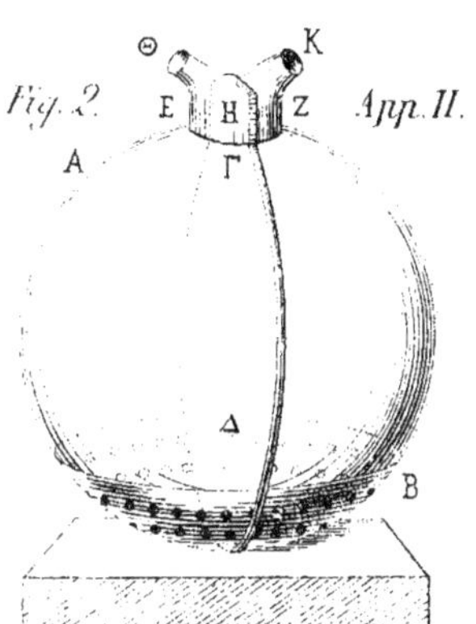

Fig. 2   Θ   K
E H Z   App. II.
A
Γ
Δ
B

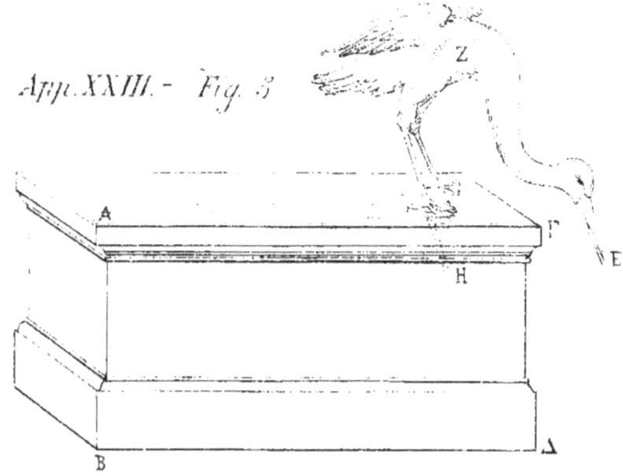

App. XXIII. - Fig. 3
Z
A
Γ
H
E
B
Δ

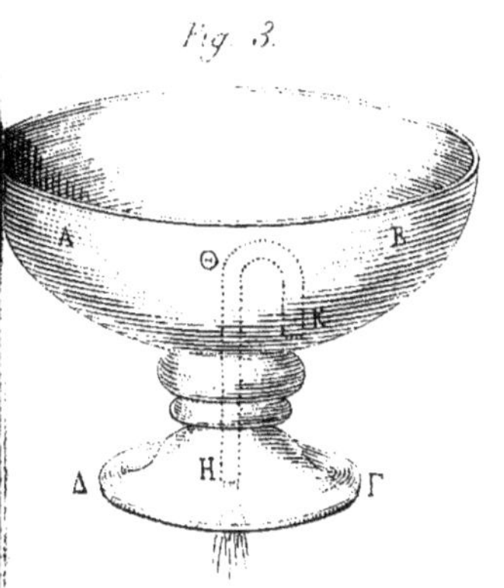

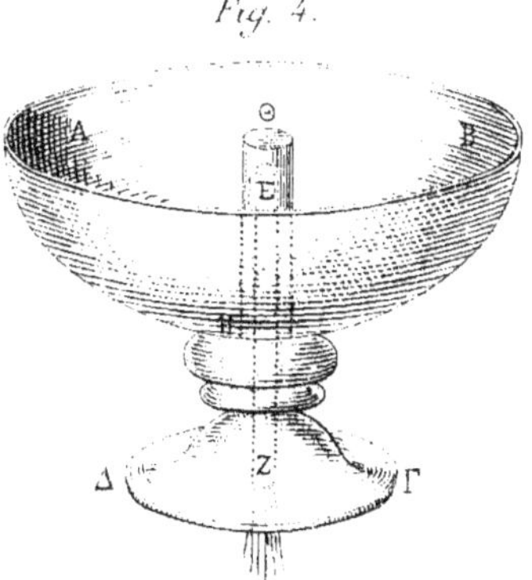

Fig. 3.   App. VI   Fig. 4.
A   B
Θ
K
Δ   H   Γ
Θ
A   B
E
Δ   Z   Γ

PLANCHE III.
Appl. IV
Fig. 1.
Fig. 1 bis
Fig. 1 ter
Fig. 2. - Appl. XX.
Fig. 2 ter
Fig. 2 bis

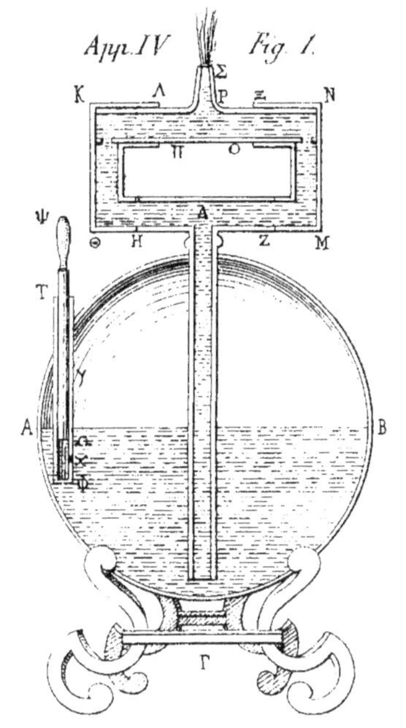
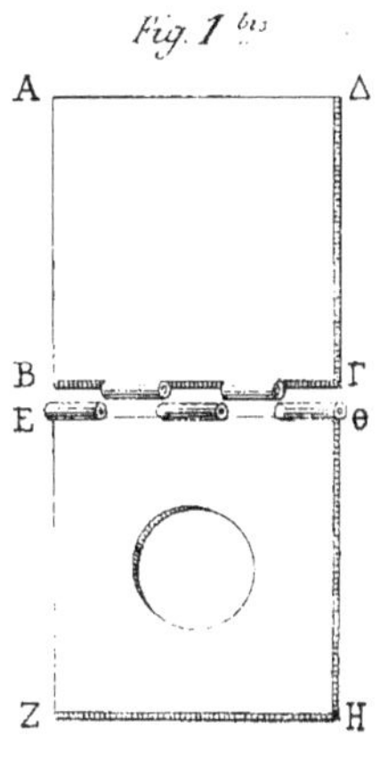
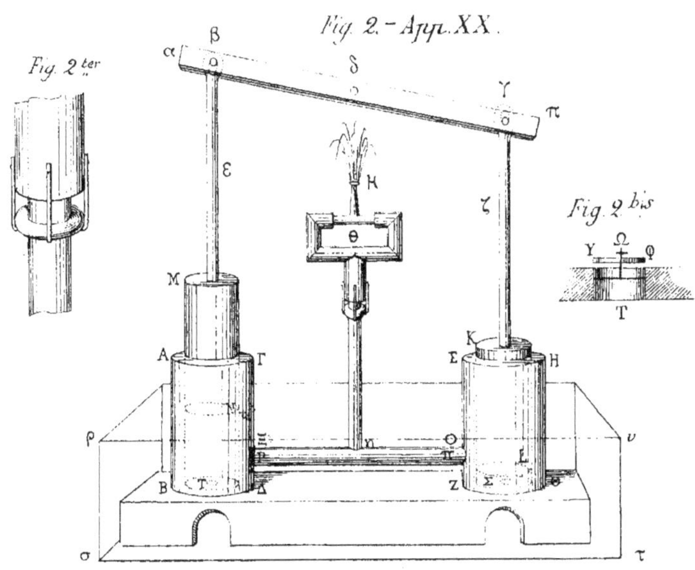

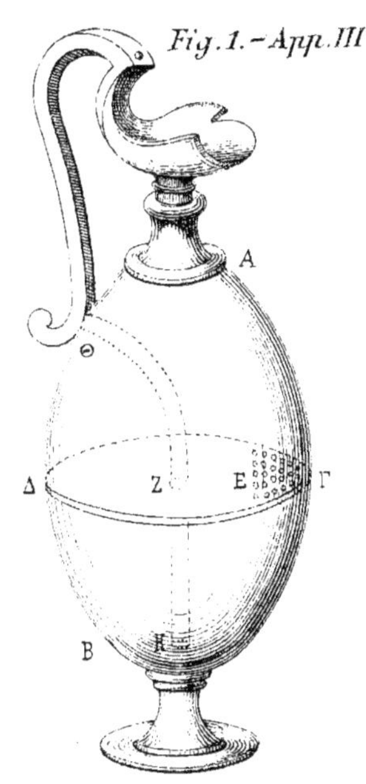

Fig. 1. – App. III

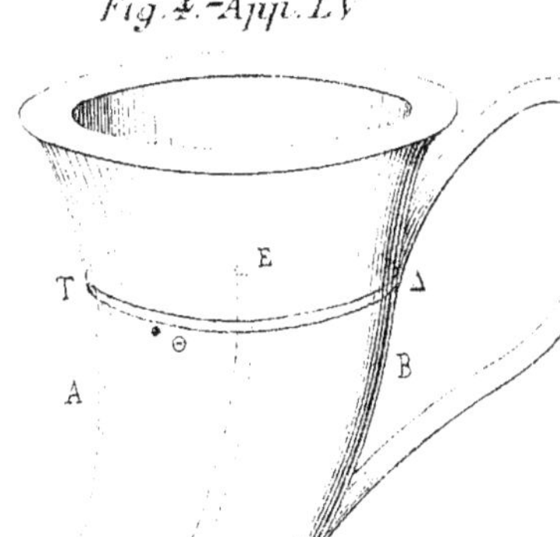

Fig. 4. – App. LV

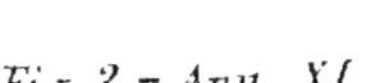

Fig. 3. – App. XI

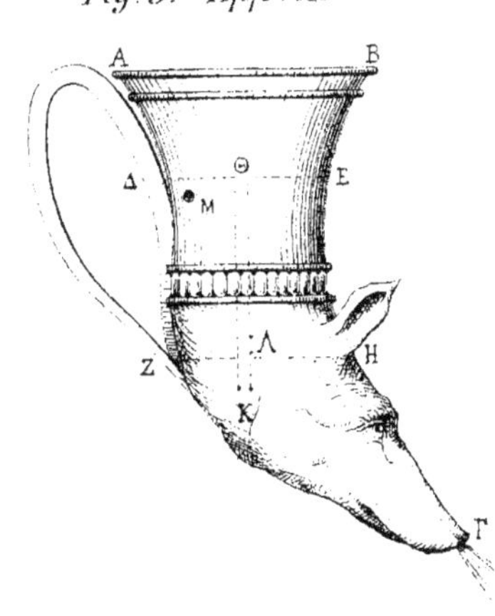

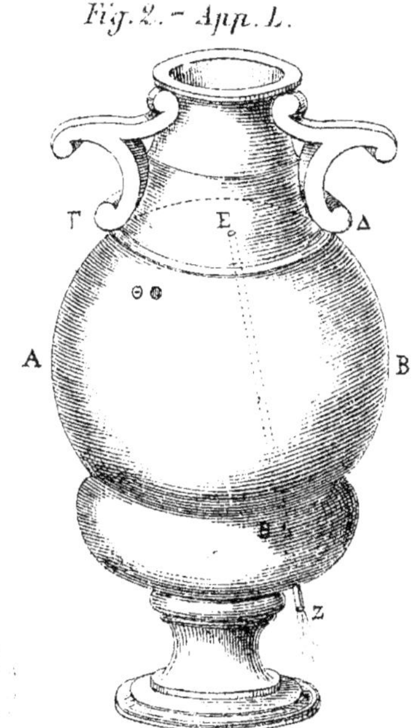

Fig. 2. – App. L.

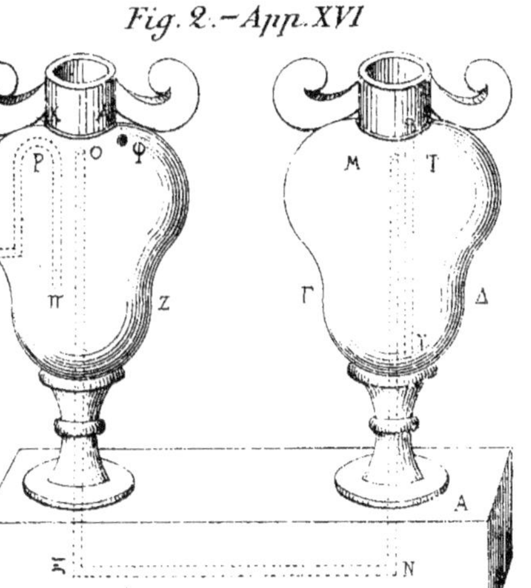

Fig. 2.—App. XVI

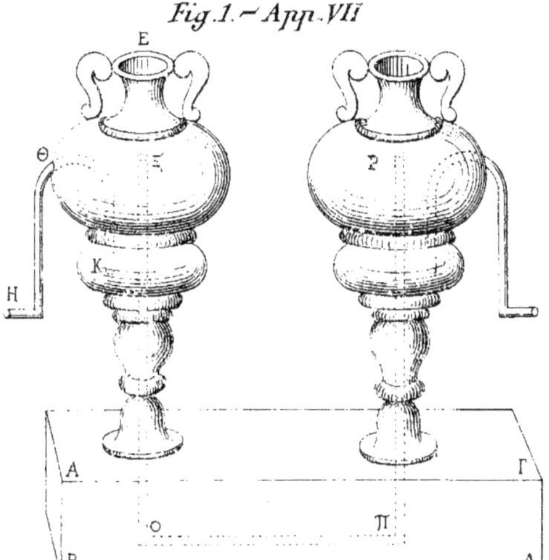

Fig. 1.—App. VII

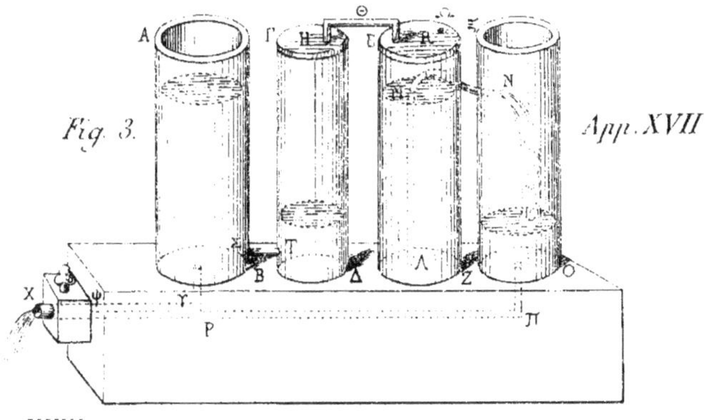

Fig. 3.   App. XVII

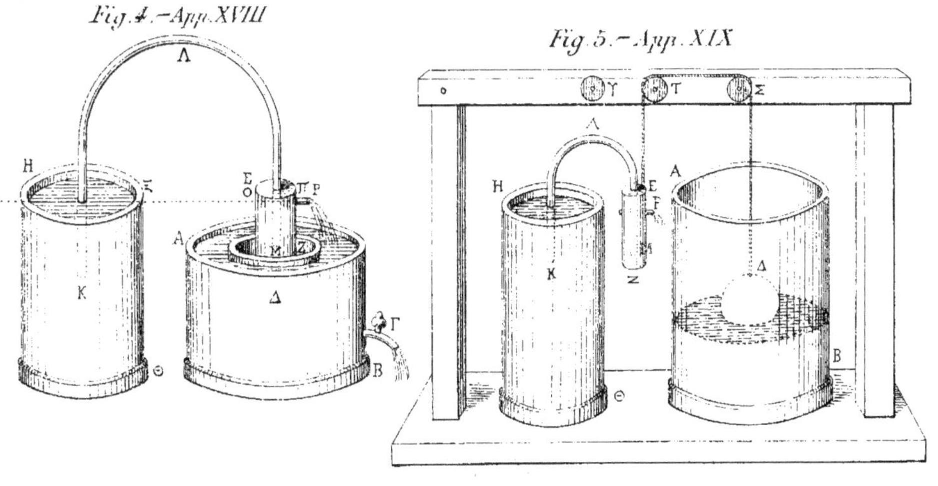

Fig. 4.—App. XVIII

Fig. 5.—App. XIX

Imp. et Lith. G. Dupont, Grenoble.

Fig. 2. – App. LVI

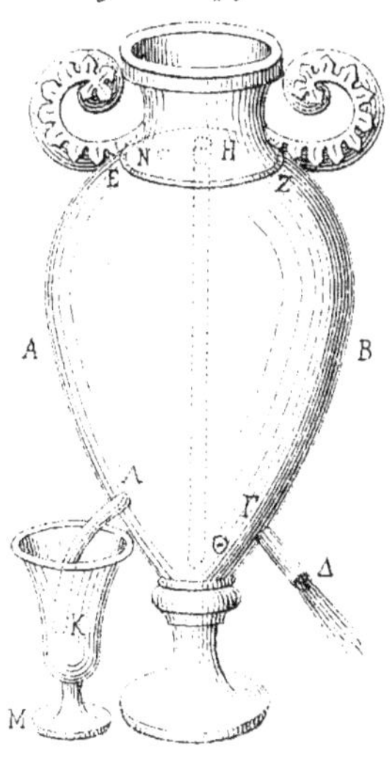

Fig. 1. – App. XXXI

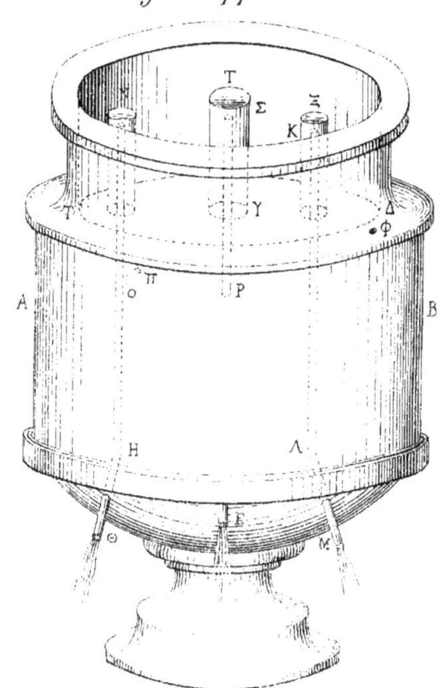

Fig. 4. – App. XV

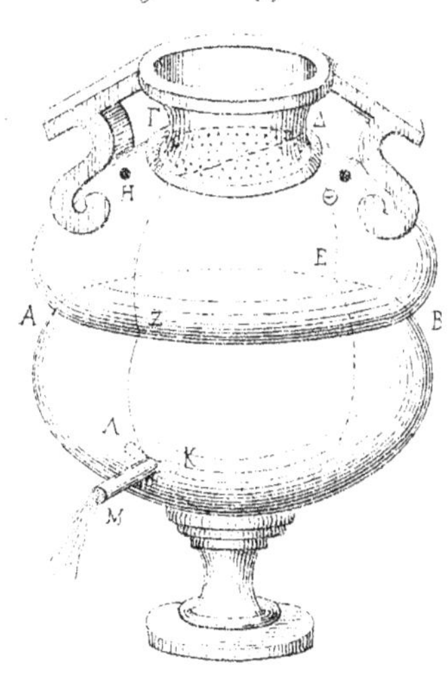

Fig. 3. – App. XXV

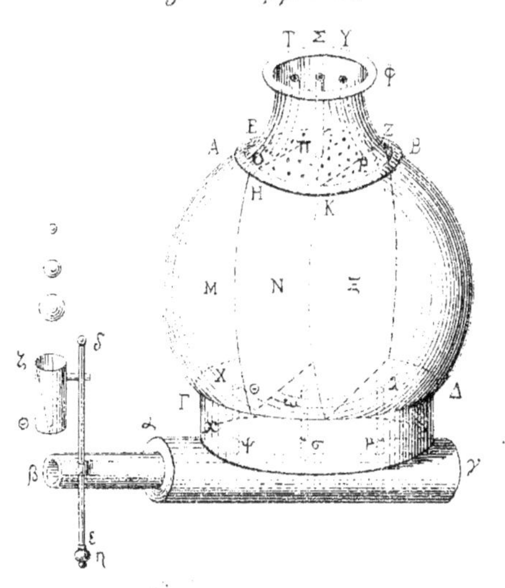

PLANCHE VII.

App. XXX.

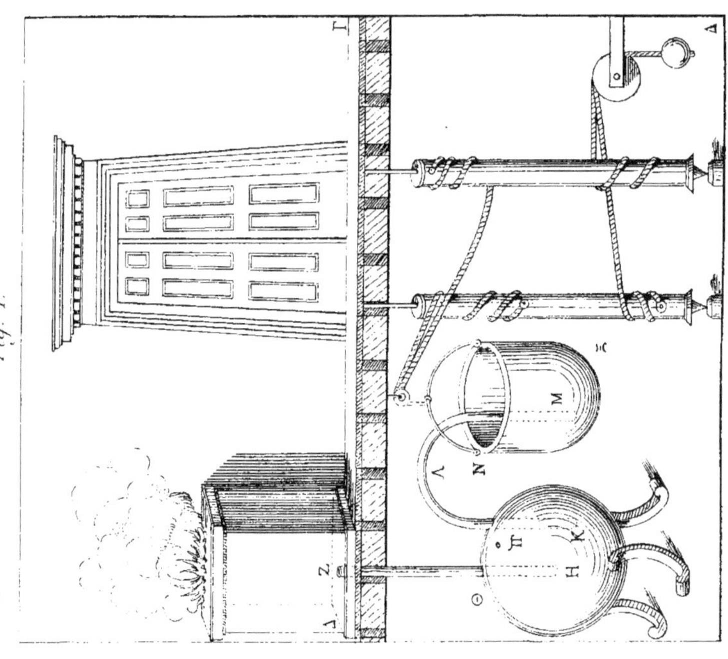

Fig. 1.

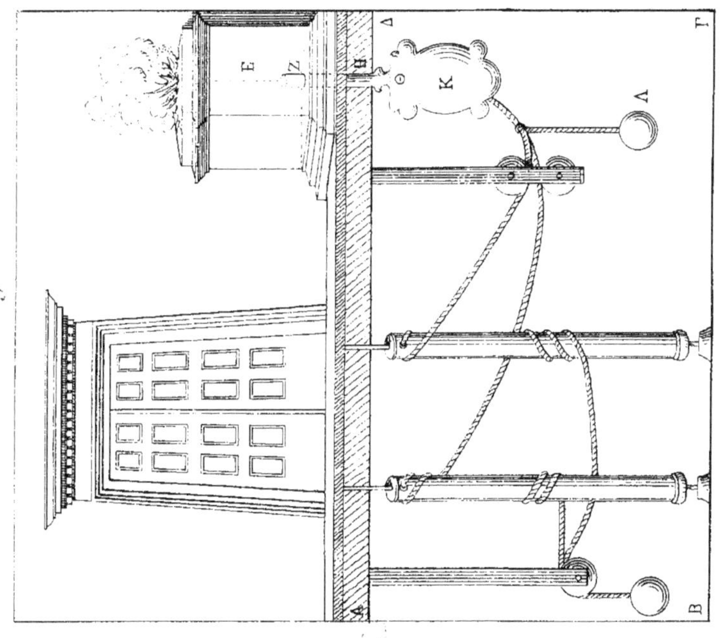

Fig. 2.

Fig. 2. – App. XIV

Fig. 1. – App. LXIX

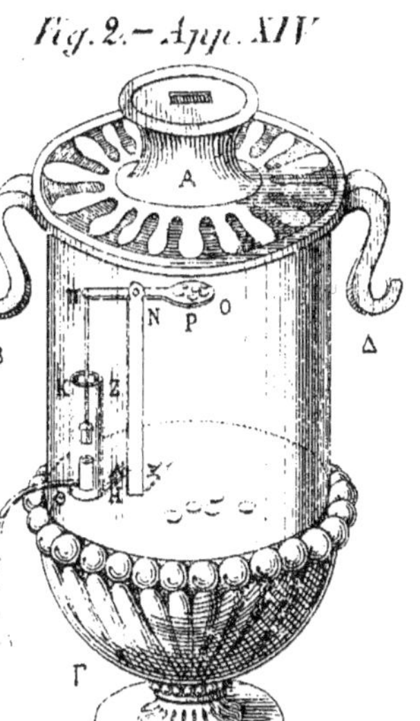
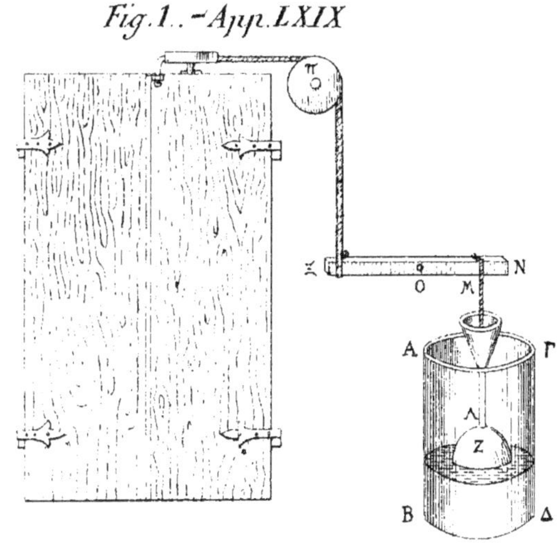

Fig. 3. – App. XXIV

Fig. 4.

App. LIX

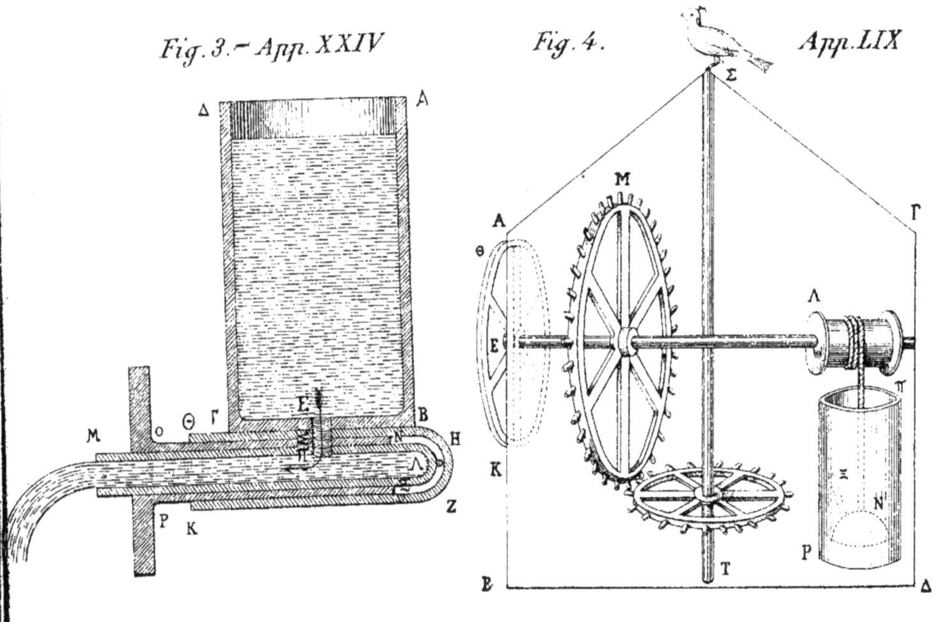

Fig.1.—App. V

Fig.2.—App. LI

Fig. 2 bis
Coupe de l'un des reservoirs

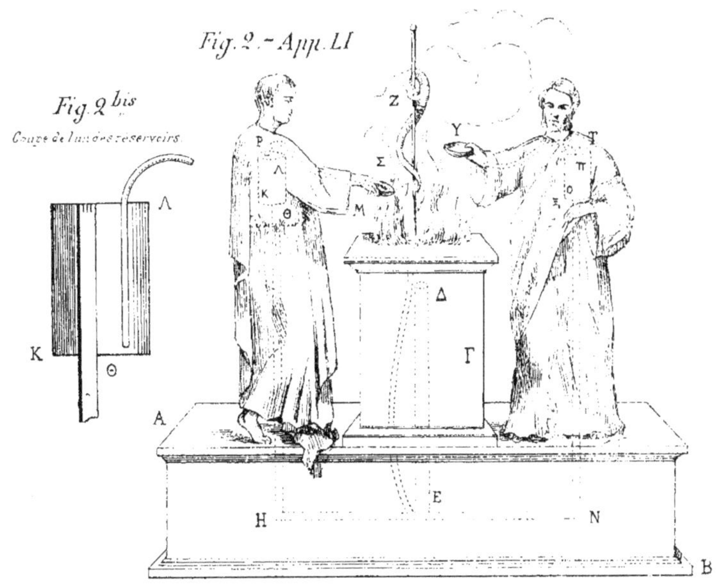

PLANCHE X.

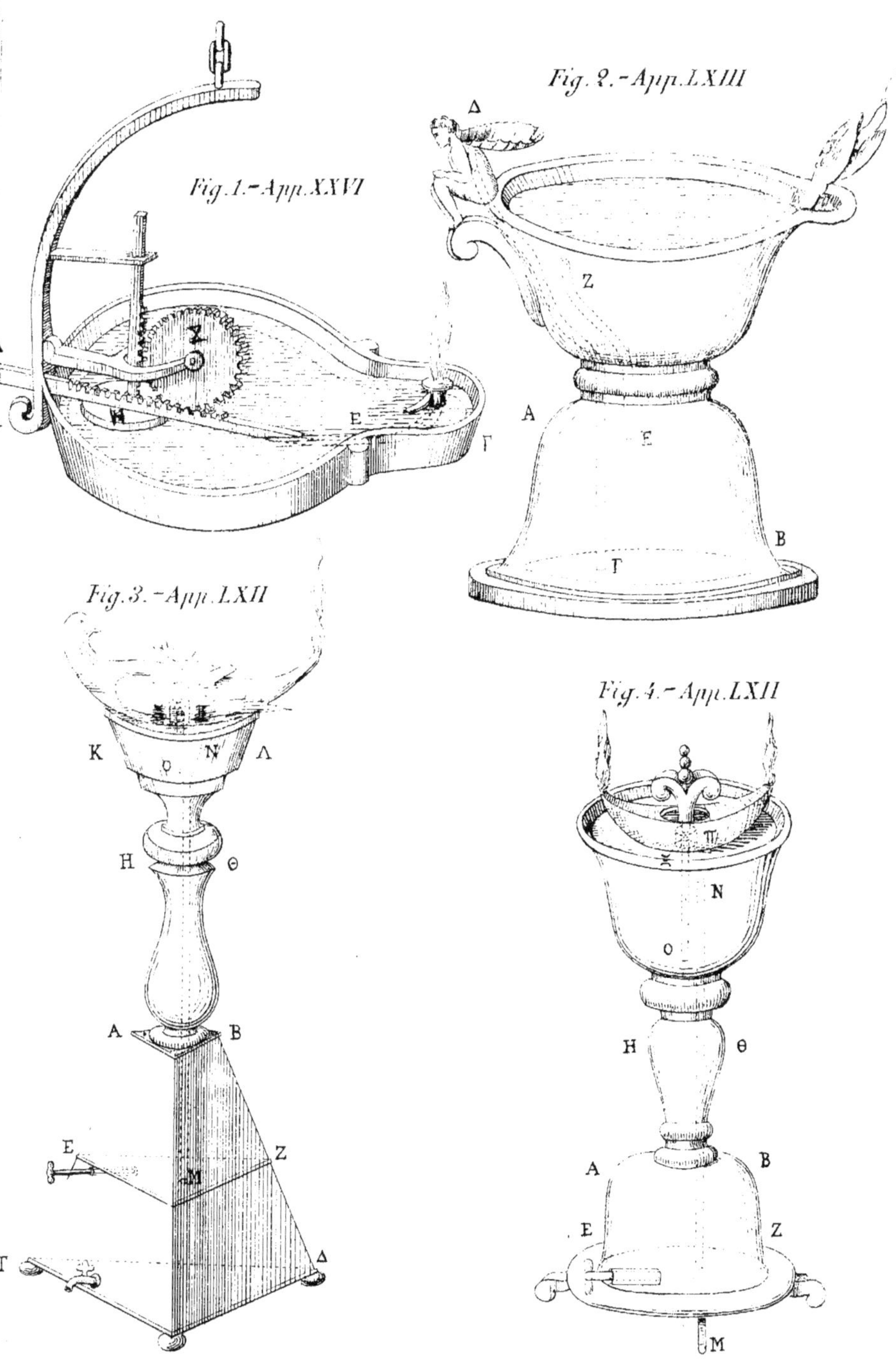

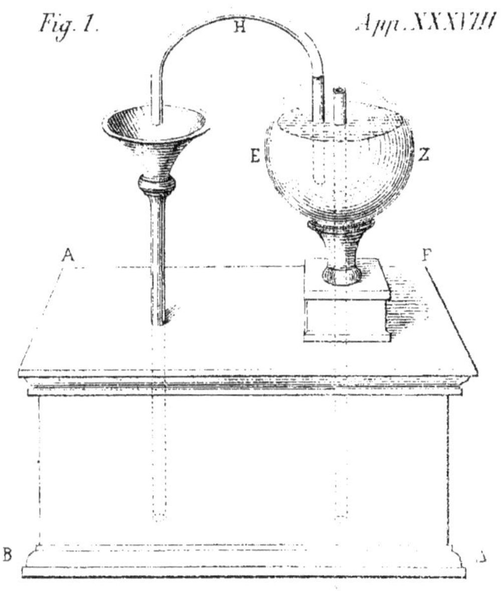

Fig. 1.   App. XXXVII

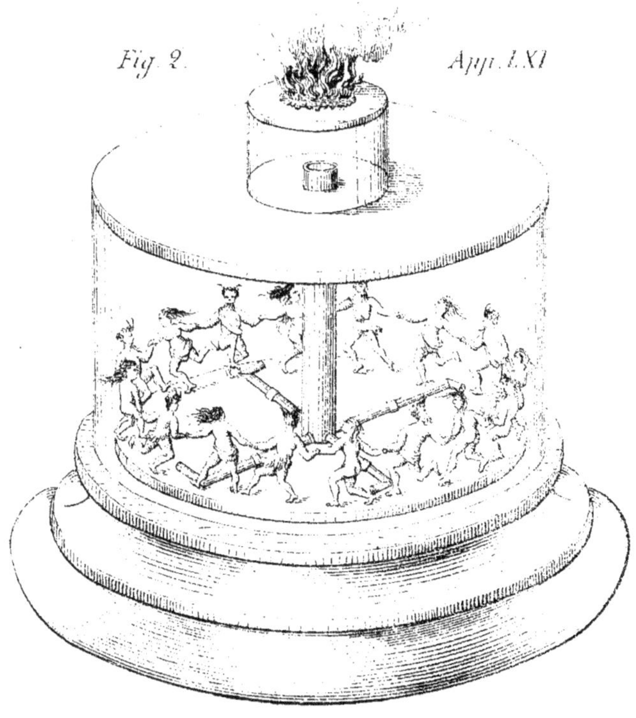

Fig. 2.   App. LXI

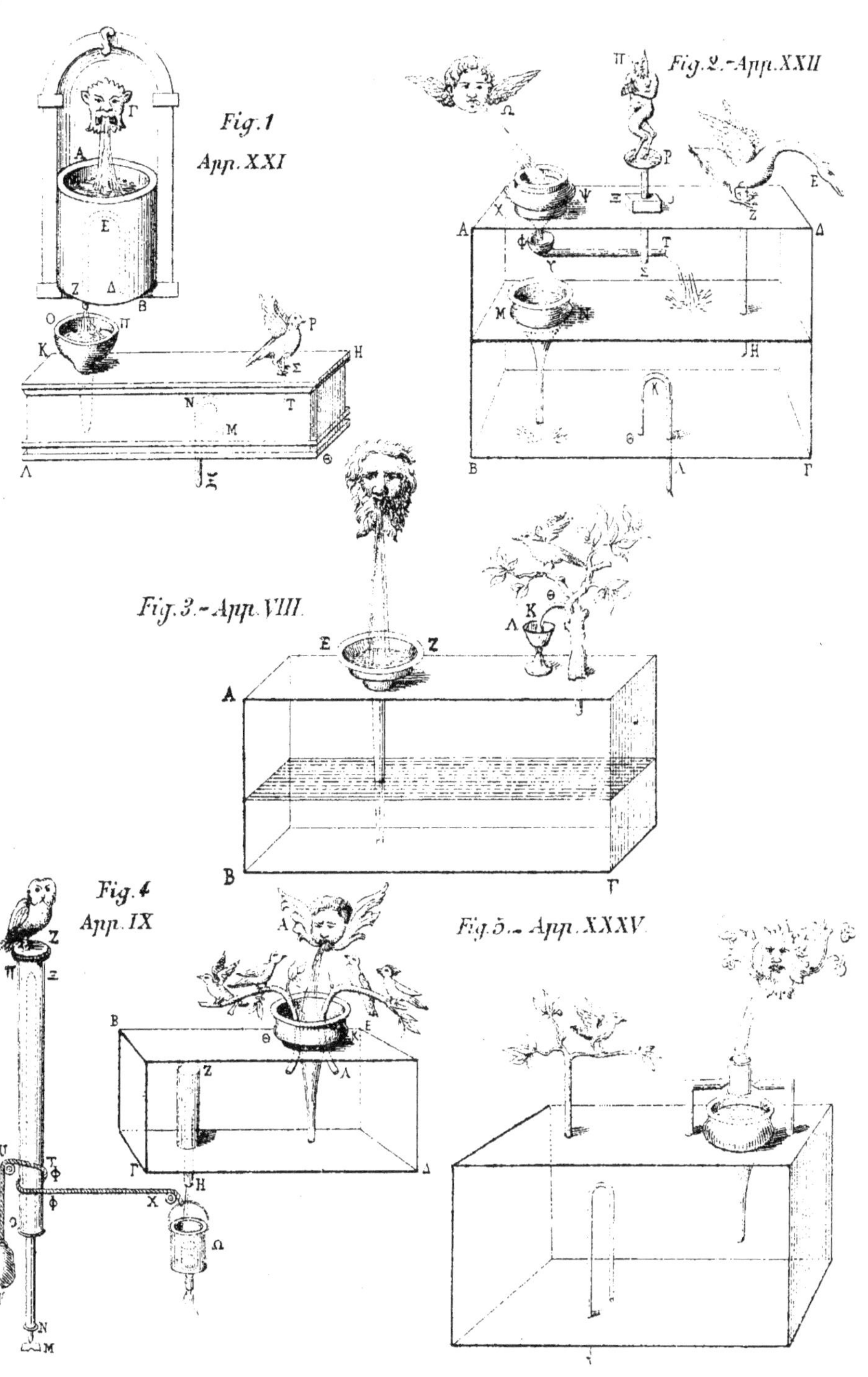

PLANCHE XII.
Fig.1
App. XXI
Fig.2.- App.XXII
Fig.3.- App. VIII
Fig.4
App. IX
Fig.5.- App.XXXV

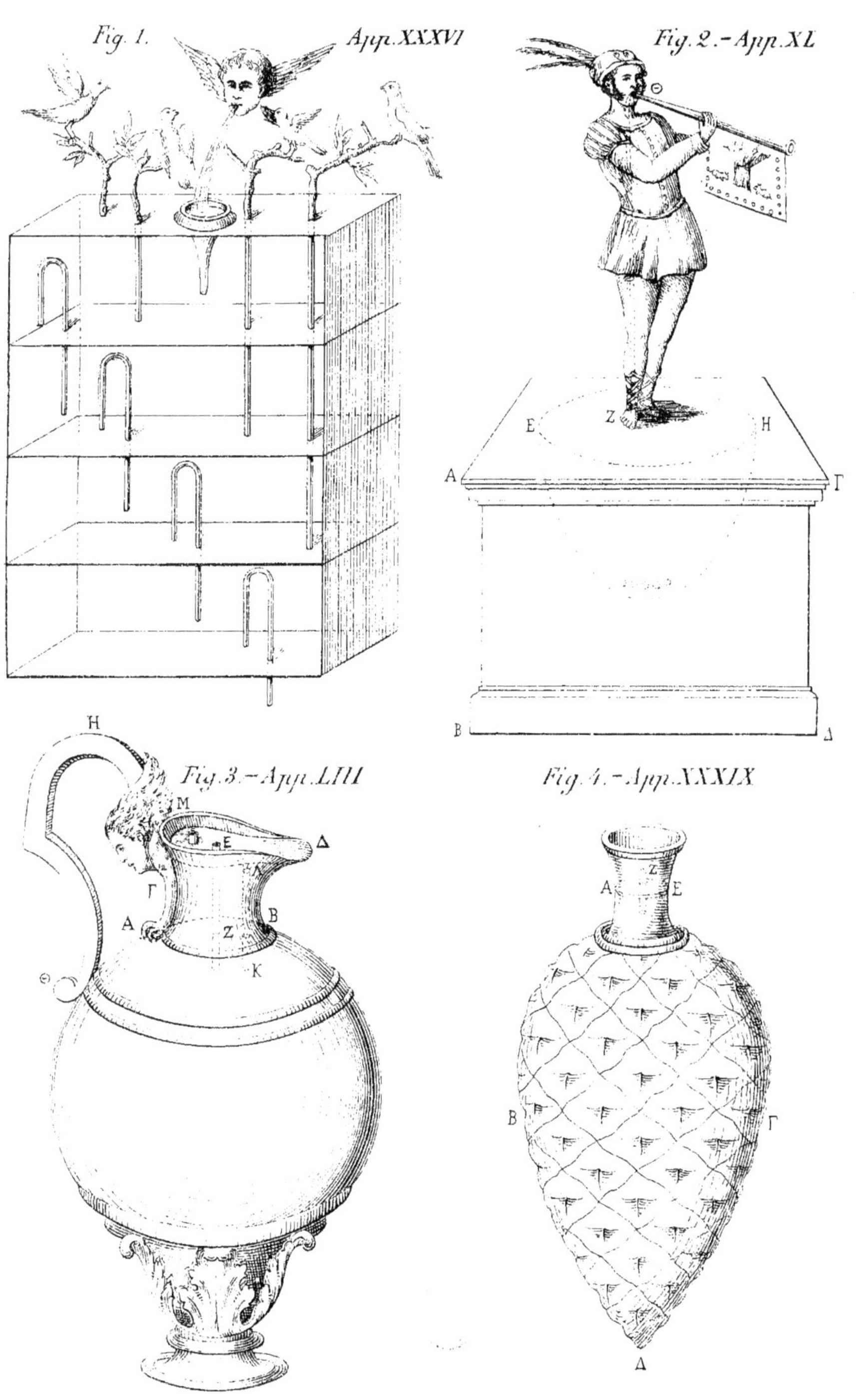

Fig. 1.
App. XXXVI
Fig. 2. - App. XL
E   Z   H
A   Γ
B   Δ
H
Fig. 3. - App. LIII
M
Δ
E
Γ
A   Z   B
K
Fig. 4. - App. XXXIX
Z
A   E
B   Γ
Δ

PLANCHE XIV
Fig.1.- App. XLIII 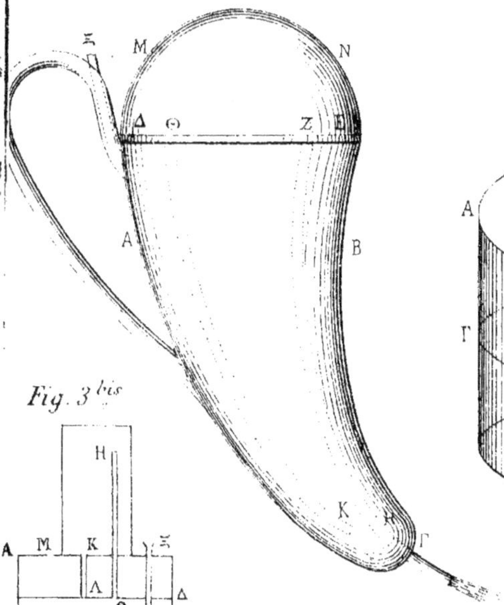
Fig. 2
App. XXIX 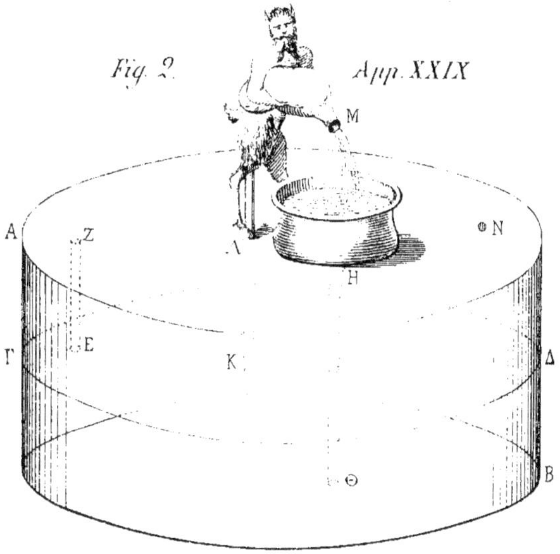
Fig. 3 bis 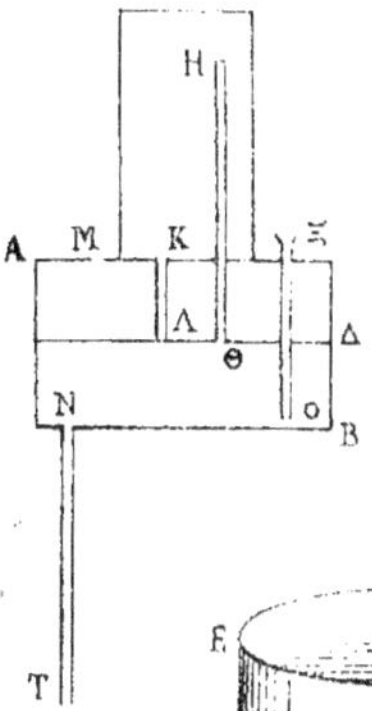 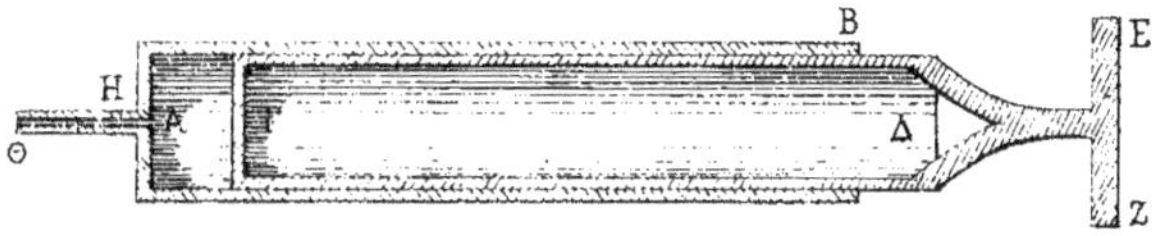
Fig. 5.- App. XLVIII 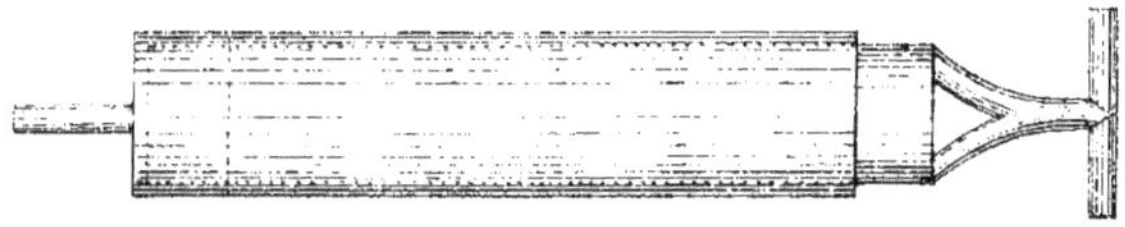
Fig. 3.
App. XLIV 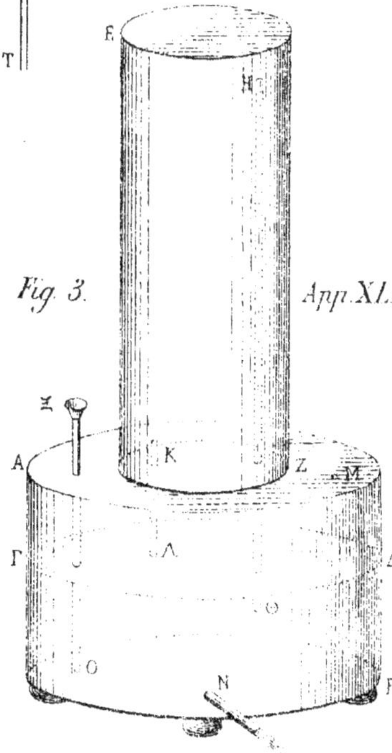
Fig. 4
App. XLVII

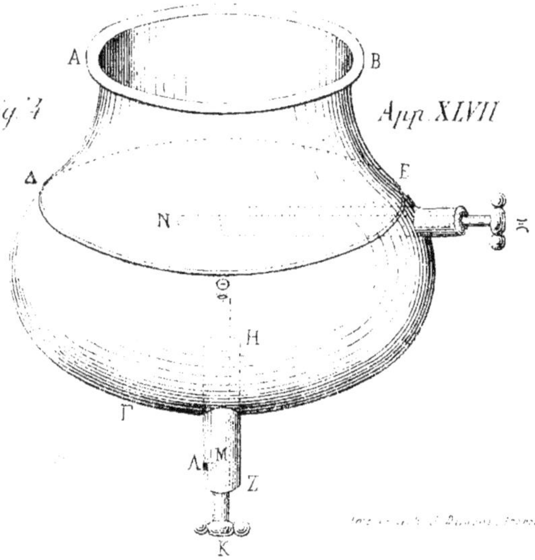

Fig. 1.- App. XXXIII

Fig. 2.- App. LIV

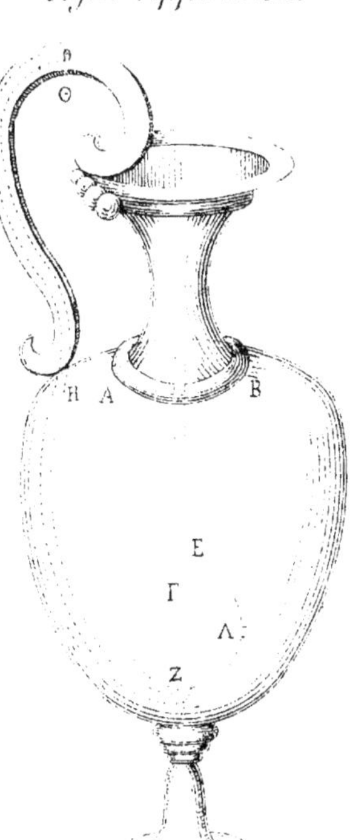

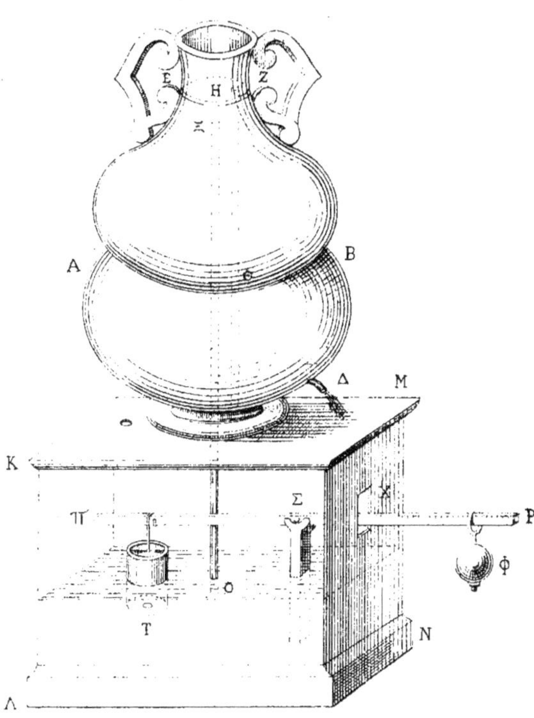

Fig. 3.- App. LVII

Fig. 4.- App. LVIII

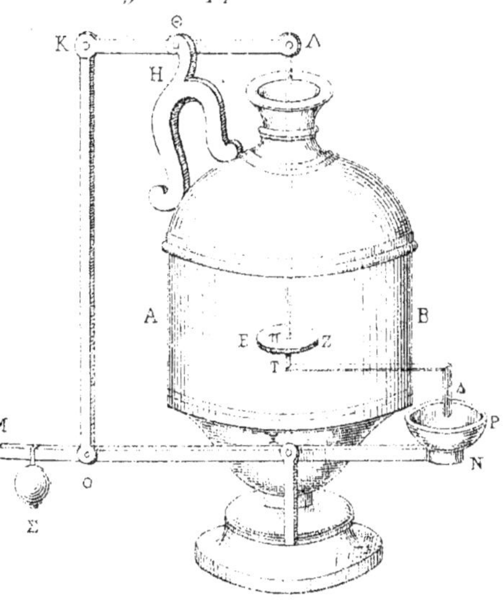

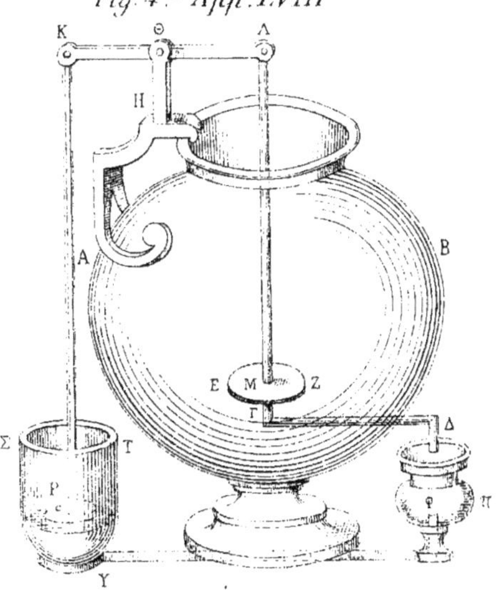

Fig. 1. - App. XII

Fig. 2. - App. XIII

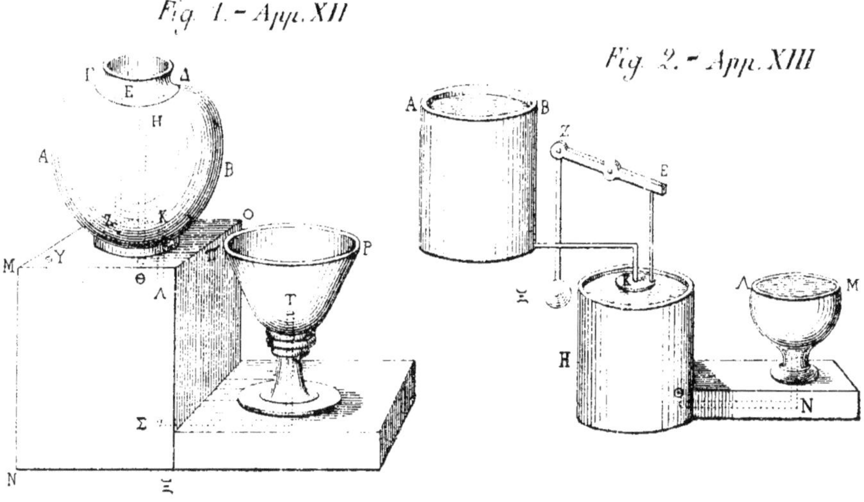

Fig. 3. - App. LX

Fig. 4. - App. XLII

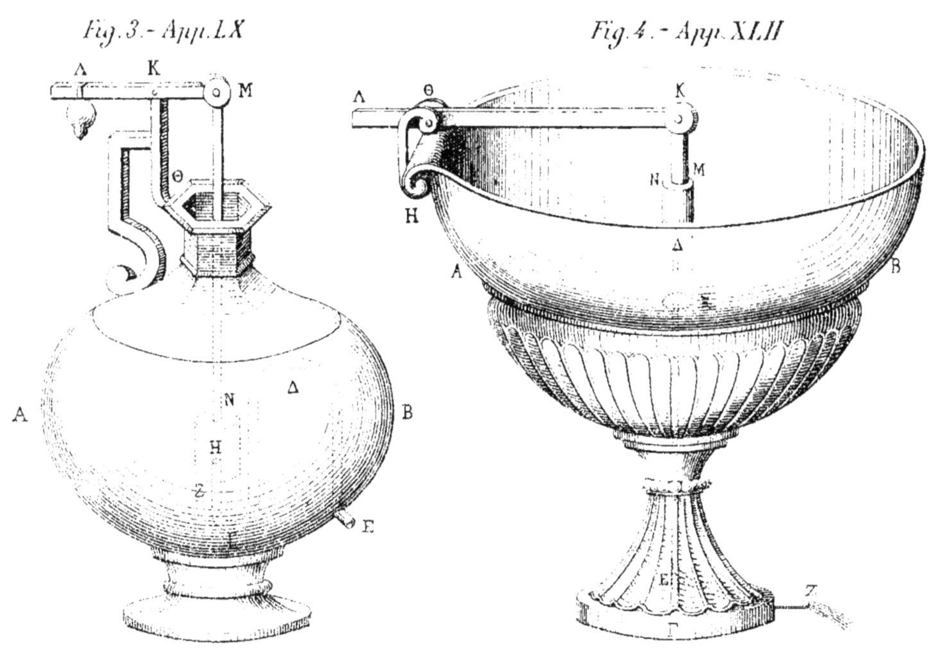

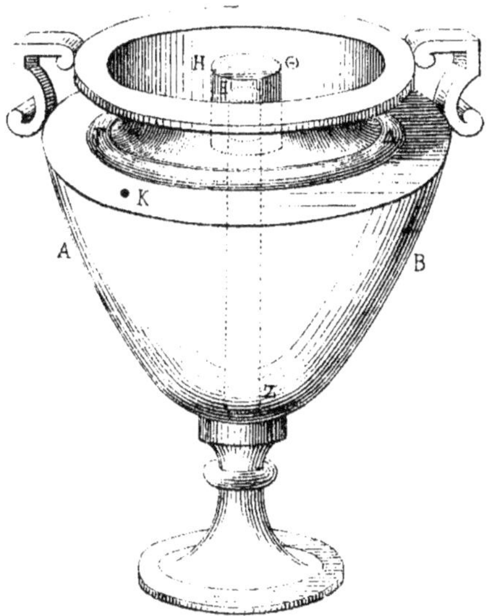

Fig. 2. - App. XXVIII

App. XXVII. - Fig. 1.

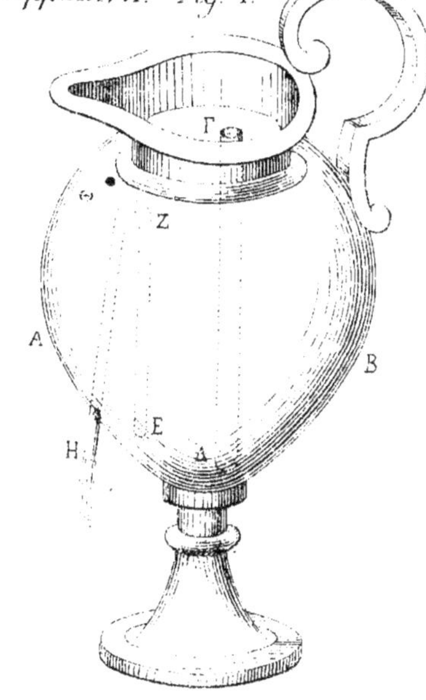

App. XLVI   Fig. 3.

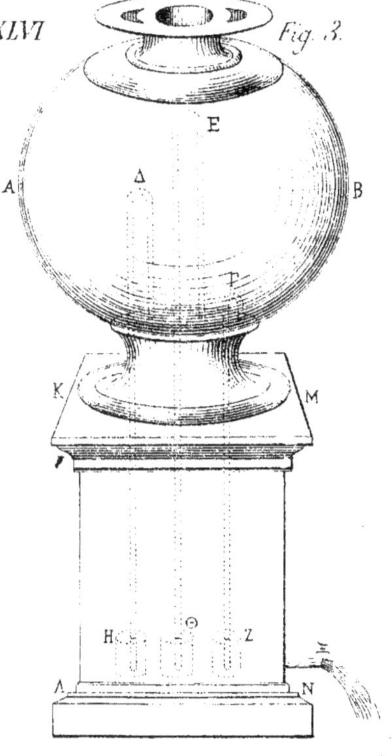

Fig. 3 bis

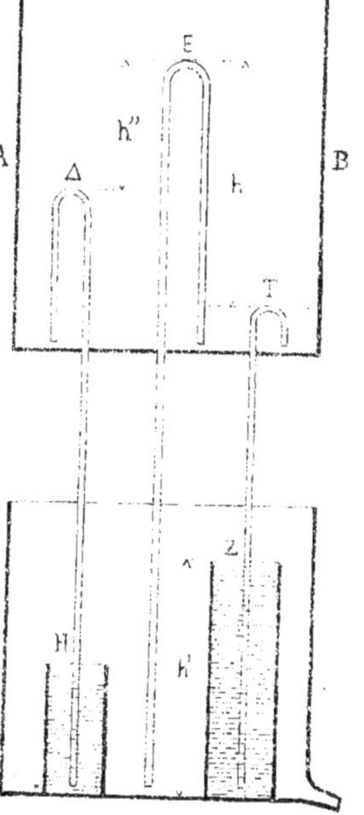

Fig.1.—App. XLIX

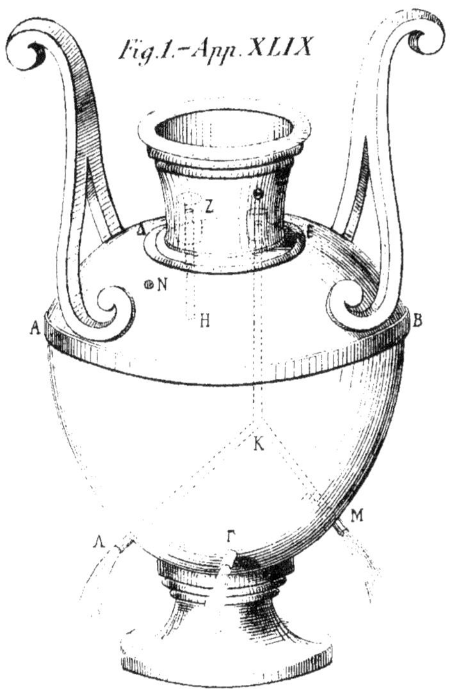

Fig. 2.—App. LII

PLANCHE XIX
Fig. 1.
App. XXXVII
Fig. 2
App. XLI
Z
H
Λ
M
Γ
E
K
N
Δ
A
B
Fig. 5
App. XXXVII
Note.
App. XXXIV
Fig. 3.
Fig. 4. – App. XLV
K
E
Λ
Γ
Z
H
B
Δ

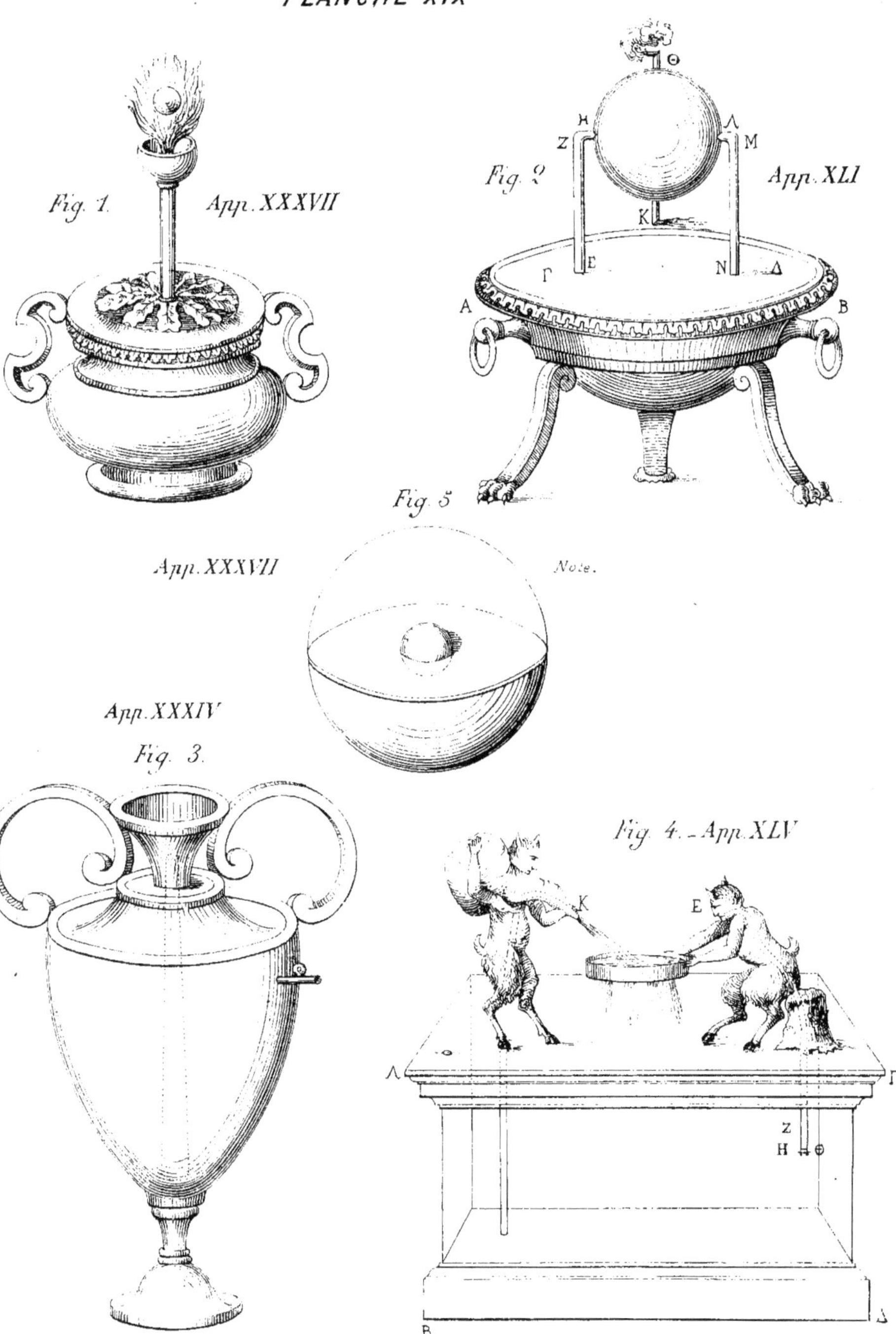

Fig. 1. — App. LXVI

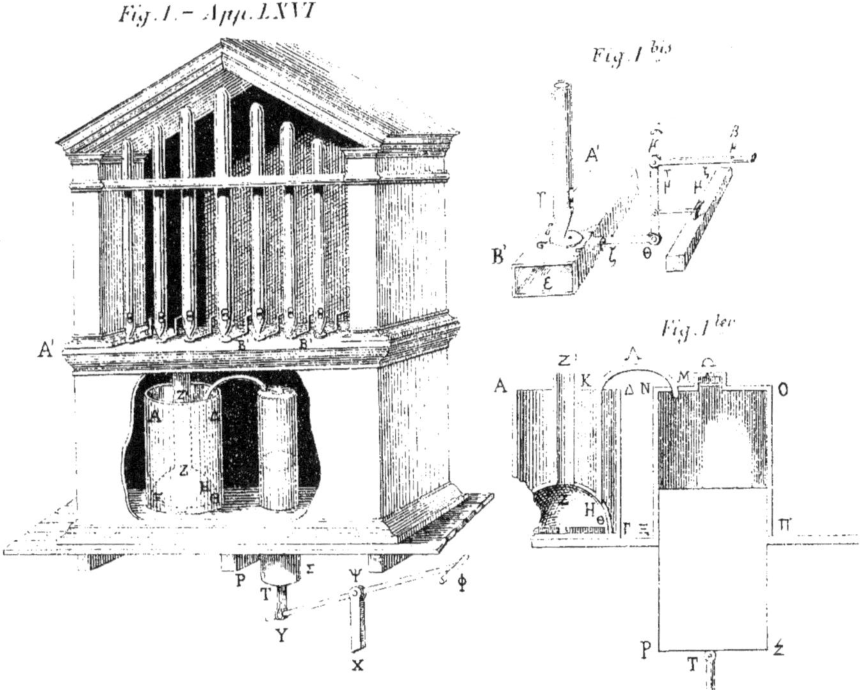

Fig. 1 bis

Fig. 1 ter

Fig. 2. — App. LXVII

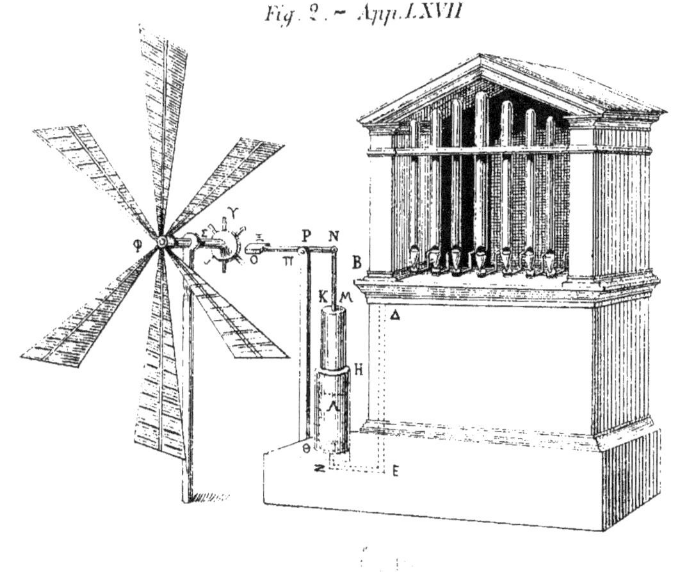

PLANCHE XXI.

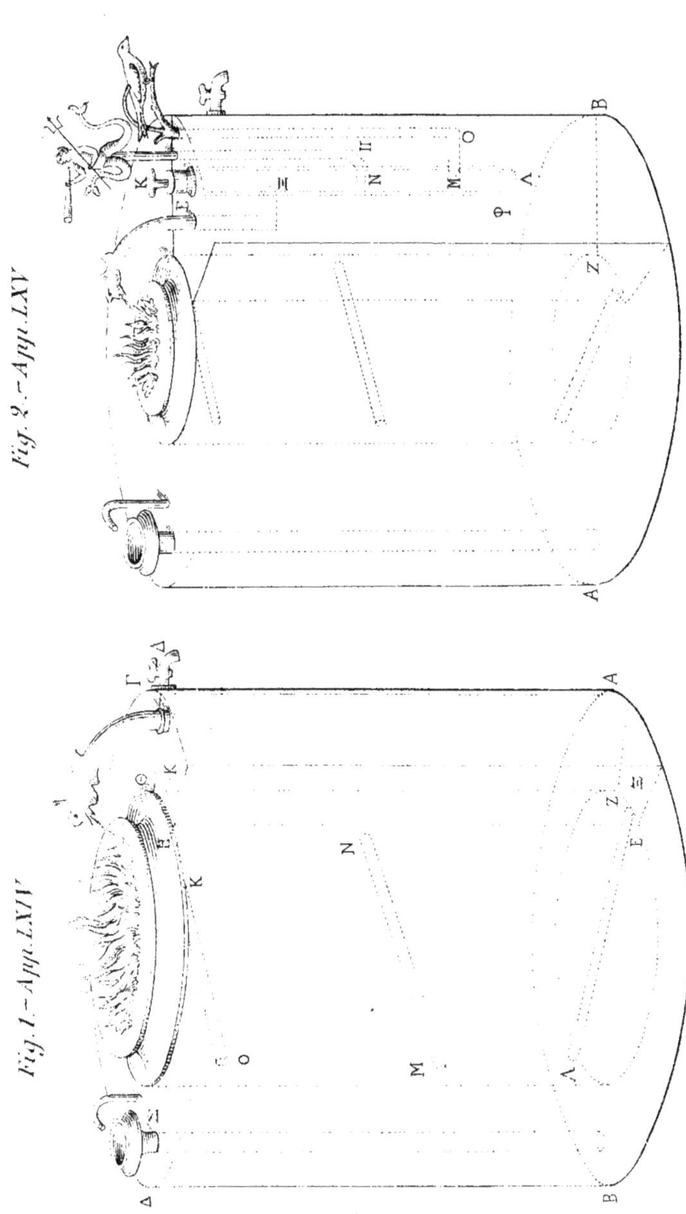

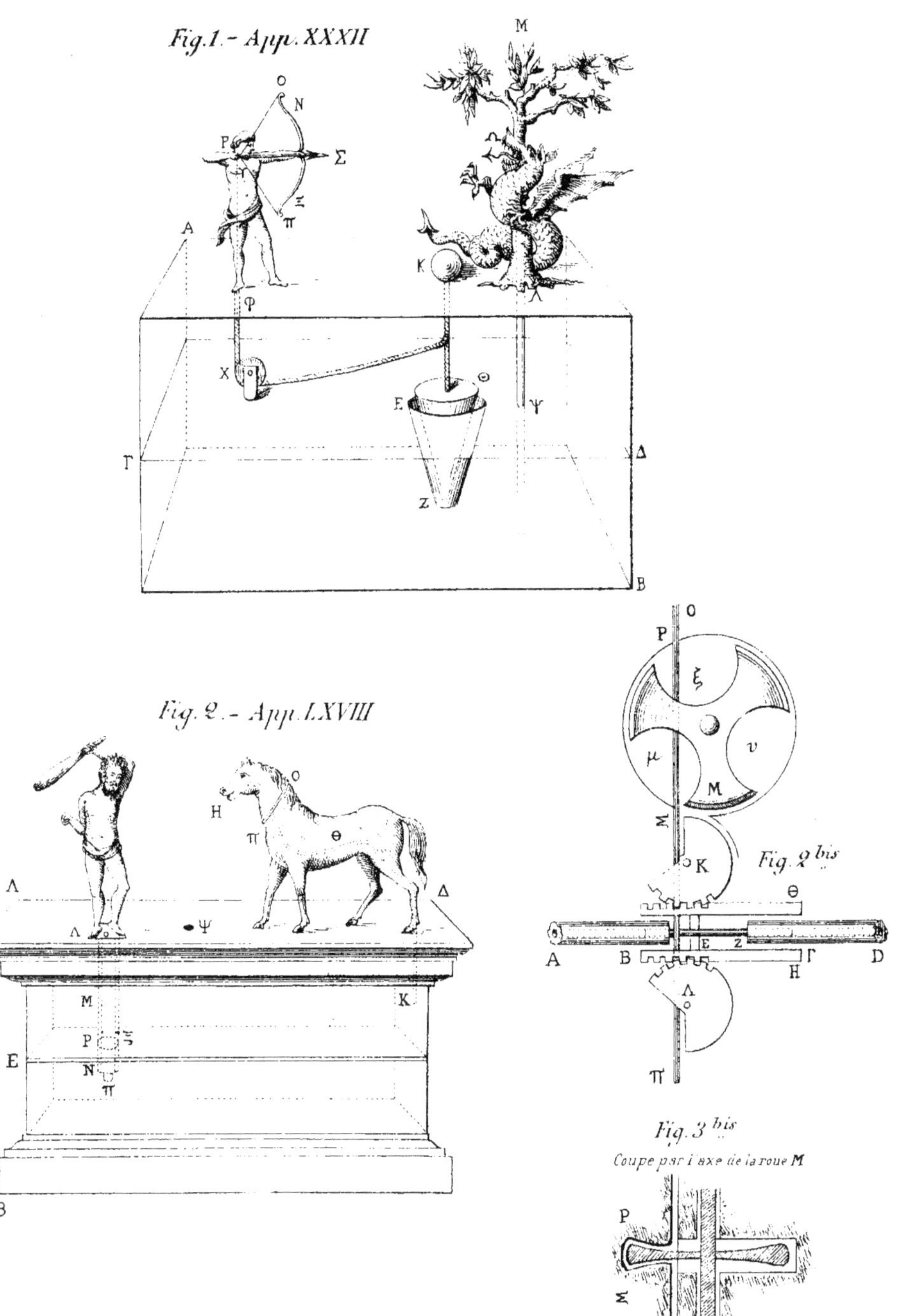

Fig. 1.- App. XXXII
Fig. 2.- App. LXVIII
Fig. 2 bis
Fig. 3 bis
Coupe par l'axe de la roue M

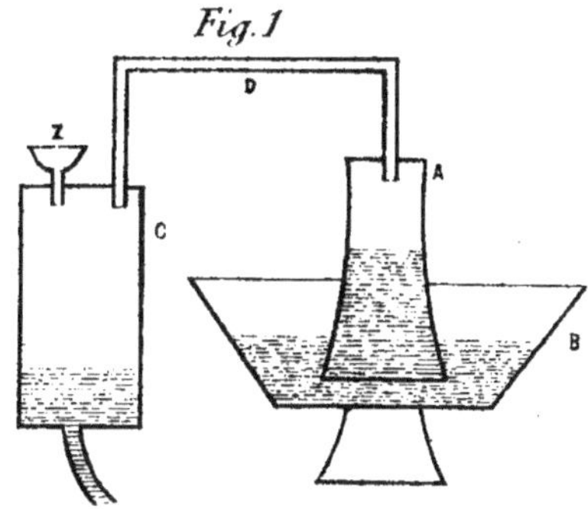

Fig.1

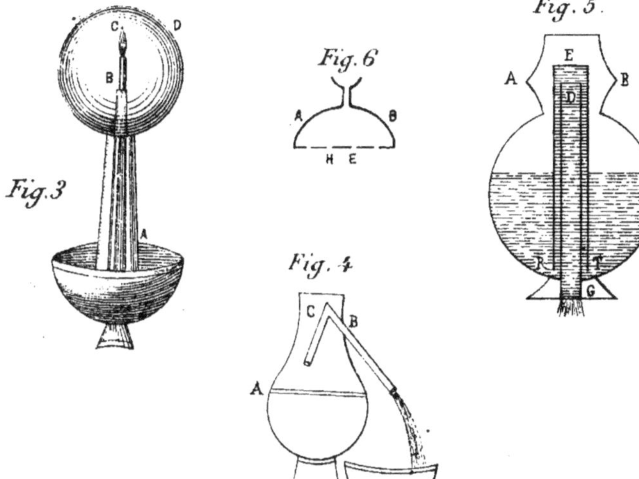

Fig. 3

Fig. 6

Fig. 5

Fig. 4

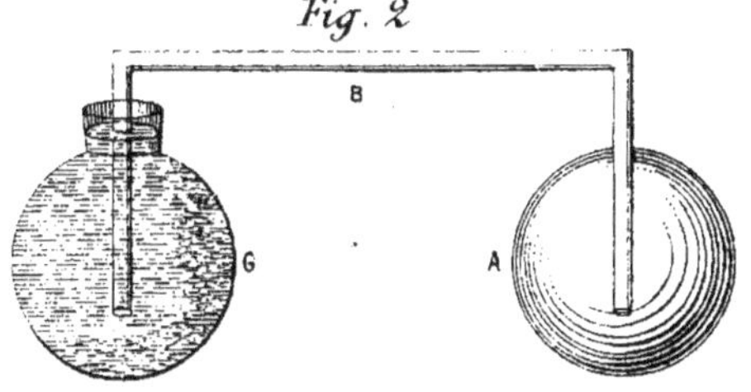

Fig. 2

PLANCHE XXIV

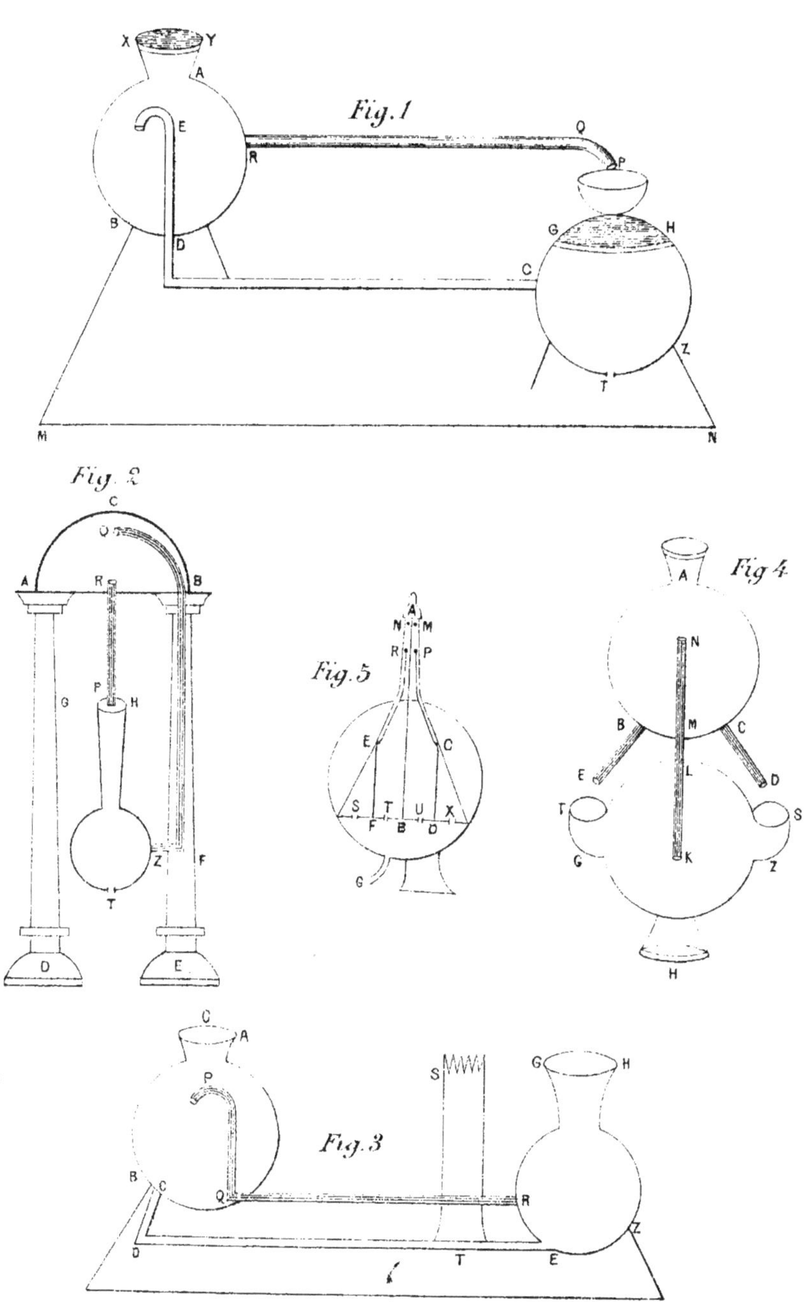